株主総会招集通知作成の実務Q&A

宝印刷 総合ディスクロージャー&IR研究所 編

商事法務

はしがき

　宝印刷株式会社は、昭和 27 年に創業以来、ディスクロージャー関連書類の印刷を専門とする会社として、証券市場の発展やディスクロージャー制度の充実とともに、事業を展開して参りました。当社は、多様な制度・規制の整備や新しい商品の登場を踏まえ、お客様のニーズに沿って、金融商品取引法に基づく開示書類、会社法による各種の法定文書等、ディスクロージャーに関する多様なサービスを提供しております。

　昭和 42 年にはディスクロージャー制度に関連した法令等の調査研究およびディスクロージャー関連書類の事例収集と分析を目的とする「証券研究会」を発足させました。それから年月を重ね、平成 19 年 4 月に「証券研究会」を発展的に改組し、ディスクロージャーの制度および実務に関する調査研究をより総合的な見地から追求するための専門機関として「総合ディスクロージャー研究所」(平成 27 年 7 月 1 日付で総合ディスクロージャー＆IR 研究所に所名変更) を開設致しました。

　今回は株主総会招集通知の作成に関する個別相談、電話対応により、お客様のニーズが高いと感じられた FAQ を取り上げ、読者の方々に情報をご提供することとなりました。

　是非、ご一読頂き、読者の方々に有益な書籍となれば幸甚に存じます。また、本書はそれぞれ平成 26 年および平成 27 年に上梓した『有価証券報告書作成の実務 Q&A』および『臨時報告書作成の実務 Q&A』の姉妹本となっております。あわせてご参照頂ければ望外の喜びであります。最後になりましたが、本書刊行に当たってお世話になった株式会社商事法務書籍出版部の岩佐智樹氏、木村太紀氏に衷心より厚く御礼申し上げます。

平成 28 年 1 月

宝印刷株式会社　代表取締役社長
宝印刷株式会社　総合ディスクロージャー＆IR 研究所長

堆　誠一郎

目 次

第1編　全般事項

- Q1　株主総会はどのようなスケジュールで進められますか。　2
- Q2　株主総会の招集通知（狭義の招集通知）に記載すべき事項にはどのようなものがありますか。　4
- Q3　狭義の招集通知、広義の招集通知とはどういう意味ですか。　10
- Q4　招集通知、事業報告のサイズ、体裁、文字のフォント・大きさに決まりはありますか。　11
- Q5　招集通知、事業報告に用いる用字、用語に決まりはありますか。　12
- Q6　招集通知、事業報告に記載する表示桁数に決まりはありますか。　13
- Q7　招集通知、事業報告に記載する単位未満の数字は四捨五入、切捨てのどちらを用いるべきですか。　14
- Q8　招集通知の電子化とはどういう意味ですか。　15
- Q9　発送後、招集通知、事業報告、計算書類、株主総会参考書類に誤りが見つかりましたが、どのように対応すればよいですか。　16
- Q10　ウェブ開示とウェブ修正の違いは何ですか。　17
- Q11　単元未満株主に株主総会の招集通知を送付する必要はありますか。　19
- Q12　株主総会終了後に株主に送付するものとしてどのようなものがありますか。　20
- Q13　株主総会で配当以外の一部議案が否決されてしまいました。決議通知は全議案賛成のものを準備済みで、配当も銀行振込み手配済みです。どのように対応すればよいですか。　24

第2編　狭義の招集通知

1　全般事項
- Q14　狭義の招集通知に証券コードや発送日などの記載は必要でしょうか。狭義の招集通知における必須記載事項と任意記載事項について教えてください。　26

2　発送日
- Q15　いつまでに招集通知を発送すればよいのでしょうか。また、当社ホームページ等において発送日より前に招集通知を開示することは可能ですか。　29

3　招集権者
- Q16　期末日後に代表取締役が変更になりました。狭義の招集通知に記載する招集権者はいつ

の時点の招集権者を記載すればよいでしょうか。　30

4　住所
Q 17　登記上の本店所在地と実際の本社機能がある所在地の場所が異なっている場合、狭義の招集通知の住所ではどちらを記載すればよいでしょうか。　31

5　議決権行使書制度
Q 18　書面投票制度を採用した場合に、狭義の招集通知において注意することはありますか。また、議決権を行使する方法として郵送（書面）による方法のほかにはどのような方法があるのでしょうか。　32

6　日時
Q 19　今回の定時株主総会から開催日（開催時刻）が変更になりました。何か注意することはありますか。　36

7　開催会場
Q 20　前回の株主総会から開催会場が変更になりました。何か注意することはありますか。　38

8　報告事項
Q 21　報告事項となる事項は何ですか。また、計算書類はどのような場合に報告事項となりますか。　40

9　決議事項
Q 22　決議事項とできる議案は何ですか。また、決議事項の掲載順に決まりはありますか。　43

10　株主提案
Q 23　株主総会で株主提案による議案を付議することになりました。狭義の招集通知で注意することはありますか。　45

11　ウェブ開示
Q 24　ウェブ開示を行う予定です。狭義の招集通知において、注意することはありますか。　47

第3編　事業報告

1　株式会社の現況に関する事項

(1)　全般事項
Q 25　記載が求められている事項について、該当がない場合はどうしたらよいでしょう

Q26 当社は連結計算書類を作成しているのですが、企業集団(連結)の状況で記載する必要があるでしょうか。また、その場合はすべての項目を企業集団(連結)の状況で記載するのですか。 54

Q27 原則として事業年度中の内容について記載するものと思いますが、事業年度末日後の内容を記載してもよいでしょうか。 56

Q28 事業年度の変更(決算期の変更)を行った翌期における「事業の経過および成果」の記載で留意すべき事項はありますか。 58

Q29 株式会社の現況に関する事項の内容として記載が求められる事項のうち、「事業の経過およびその成果」における当期業績や「使用人の状況」における使用人数など、部門別の内容を記載している会社が見られますが、そのように記載する必要があるのでしょうか。 60

(2) 事業の経過およびその成果

Q30 当期首に事業区分を変更した場合、当項目について何か留意することはありますか。 64

(3) 設備投資の状況

Q31 当社は、主要設備の新設と現有設備の拡充のほか、固定資産の一部の売却を行っていますが、当該内容についても記載する必要があるのでしょうか。 67

(4) 資金調達の状況

Q32 資金調達の状況には経常的な資金調達も記載するのでしょうか。 69

(5) 対処すべき課題

Q33 対処すべき課題にはどのような内容を記載すべきでしょうか。また、中期経営計画がある場合にはその内容も記載すべきでしょうか。 71

(6) 財産および損益の状況

Q34 直前3事業年度の財産および損益の状況において開示すべき「内容」に決まりはあるのでしょうか。 74

Q35 株式分割を行った場合、過年度分はどのように記載すべきでしょうか。 76

(7) 重要な親会社および子会社の状況

Q36 重要な子会社の基準とはどのようなものがあるのでしょうか。 79

Q37 重要な親会社および子会社の状況にはどのような内容を記載すればよいのでしょうか。 80

Q38 重要な(親会社または)子会社に異動(増加・減少、資本金の額の変動等)があった場合は、記載する必要があるのでしょうか。また、どのように記載するのでしょうか。 83

Q39 当社の親会社の親会社(間接保有の親会社)および当社の子会社の子会社(間接保有の子会社)も記載する必要があるのでしょうか。 85

(8) 主要な事業内容

Q40 主要な事業内容は、定款上の事業目的を記載すればよいのでしょうか。 87

(9) 主要な営業所および工場
　Q 41　当事業年度中の事業所の統廃合等について注記すべきですか。　89

(10) 使用人の状況
　Q 42　使用人数のみを記載していますが、それ以外の内容についても記載する必要があるのでしょうか。　90
　Q 43　当社は臨時従業員の占める割合が大きいのですが、臨時従業員についてどのように開示すればよいでしょうか。　92
　Q 44　合併に伴い、前期に比べ使用人数が大幅に増加しましたが、その内容を説明すべきでしょうか。　94

(11) 主要な借入先の状況
　Q 45　主要な借入先の状況に記載すべき借入先を判断する基準はありますか。　96
　Q 46　金融機関以外からの借入れについても主要な借入先の状況に記載してよいでしょうか。　97
　Q 47　シンジケートローンによる借入れがある場合、どのように記載すべきでしょうか。　99
　Q 48　コミットメントライン契約を締結している場合、どのように記載すべきでしょうか。　100

(12) その他株式会社の現況に関する重要な事項
　Q 49　その他株式会社の現況に関する重要な事項にはどのような内容を記載することが考えられるのでしょうか。　102

2　株式会社の株式に関する事項

(1) 大株主
　Q 50　記載する必要がある大株主はどのような株主でしょうか。　105
　Q 51　持株比率はどのように算出するのでしょうか。　107
　Q 52　大量保有報告書を受領しましたが、その内容を記載する必要があるのでしょうか。　108
　Q 53　大株主が逝去して相続手続中ですが、どのように記載すればよいのでしょうか。　110

(2) 種類株式発行会社
　Q 54　種類株式発行会社の場合はどのように記載すればよいのでしょうか。　112

(3) その他株式に関する重要な事項
　Q 55　「その他株式に関する重要な事項」としてどのような内容を記載することが考えられますか。　116

3　株式会社の新株予約権等に関する事項

(1) 当社役員が保有する新株予約権等
　Q 56　役員が保有している新株予約権等と当該新株予約権等の内容の概要はどのようなものでしょうか。　118
　Q 57　当事業年度中に退任した役員がいる場合には、退任役員が保有していた新株予約権も含

めて記載するのでしょうか。　120
- Q 58　役員が保有する新株予約権は当事業年度中に交付したもののみ記載すればよいのでしょうか。　121
- Q 59　当社使用人であったときに交付された新株予約権を保有している当社役員が在任している等、交付時から地位が異動している場合にはどのように記載すればよいのでしょうか。　122

(2)　その他新株予約権等に関する重要な事項
- Q 60　「その他新株予約権に関する重要な事項」としてどのようなものを記載することが考えられますか。　125

4　株式会社の会社役員に関する事項

(1)　全般事項
- Q 61　開示対象となる役員の範囲を教えてください。　128

(2)　取締役および監査役の氏名等
- Q 62　「重要な兼職」に判断基準はあるのでしょうか。　133
- Q 63　事業報告で開示する「重要な兼職」と選任議案で記載する「重要な兼職」の関連性を教えてください。　134
- Q 64　株主総会招集通知の発送後に、会社役員が重要な兼職を退任する予定がありますが、その旨について説明する必要はあるのでしょうか。　136
- Q 65　会社役員の地位、担当、重要な兼職の状況は、いつ時点の内容を記載する必要があるのですか。また、当事業年度中または当事業年度末日後に、異動があった場合には、当該異動の内容を記載する必要がありますか。　137
- Q 66　当事業年度中に辞任（または解任）により役員を退任した者がいます。その場合、事業報告で記載する必要がある事項は何ですか。また、任期満了により退任した役員についても同様の事項を開示する必要がありますか。　140
- Q 67　会社役員の状況において、財務および会計に関する相当の知見を有する者がいる場合は、その旨を記載することとされていますが、どのような場合に「財務および会計に関する相当程度の知見」を有しているといえるのでしょうか。　143
- Q 68　執行役員制度を採用している場合には、「会社役員に関する事項」において執行役員の氏名等も記載した方がよいのでしょうか。　145

(3)　責任限定契約に関する事項
- Q 69　会社法改正後も責任限定契約の締結者の範囲を拡大しないで、従来どおり、社外取締役および社外監査役と責任限定契約を締結できる旨の定款規定を設けていますが、事業報告のどの項目で開示すればよいのでしょうか。　147

(4)　取締役および監査役の報酬等
- Q 70　役員の報酬開示としてどのような開示が求められますか。　148
- Q 71　事業年度中の役員退職慰労引当金の増加額は記載事項となりますか。　151
- Q 72　当事業年度中に支払った役員退職慰労金は開示事項となりますか。　154
- Q 73　役員賞与がある場合、どのような開示事項がありますか。　157

Q 74 ストック・オプションがある場合、どのような開示事項がありますか。 160
Q 75 使用人兼務取締役の使用人分の給与を開示する必要はあるのでしょうか。 163
Q 76 前事業年度の事業報告において開示した役員退職慰労金・役員賞与の支給予定額を超える金額が当事業年度中に会社役員に対して支給されました。当該支給額と当該支給予定額の差額について開示しなければなりませんか。 165
Q 77 役員報酬の決定方針を定めている場合、どのような内容を記載しなければならないのですか。また、すべての会社が記載する必要があるのでしょうか。 167

(5) 社外役員に関する事項

Q 78 社外役員の重要な兼職先と当社との関係としてどのような内容を記載するのでしょうか。 169
Q 79 社外役員の重要な兼職先と当社との間には僅少な取引または一般的な取引条件に基づく通常の取引があるだけで、説明すべき関係はないと考えています。このような場合であっても当該関係について説明しなければならないのでしょうか。 172
Q 80 当事業年度中に社外役員が重要な兼職を退任しました。退任した重要な兼職先と当社との間の関係について記載しなければならないのでしょうか。 174
Q 81 社外役員の取締役会への出席状況の記載において、書面決議（会社法370条に基づく取締役会決議の省略）についてはどのように取り扱うのでしょうか。 176
Q 82 社外役員の親族関係に関する記載事項がありますが、具体的にどのような事項を記載すべきなのでしょうか。 178
Q 83 親会社等または当該親会社等の子会社または子会社から報酬を受けている場合には、当該金額を開示しなければならないのですか。開示する会社役員の対象は誰ですか。また、当該親会社等および子会社等には外国の会社も含みますか。 180

(6) 社外取締役を置くことが相当でない理由

Q 84 「社外取締役を置くことが相当でない理由」の記載義務が生じる会社はどのような会社でしょうか。 183
Q 85 期中に社外取締役がいたが、期末日時点で不在になった場合、記載義務はありますか。 185
Q 86 「社外取締役を置くことが相当でない理由」として求められる記載の程度はどのように考えればよいでしょうか。 187

5 会計監査人に関する事項

(1) 会計監査人の氏名等

Q 87 当事業年度中に退任した会計監査人の氏名等も記載する必要があるのでしょうか。 189
Q 88 会計監査人が複数いる場合には、どのように記載するのでしょうか。 191

(2) 会計監査人の報酬等

Q 89 当事業年度中に退任した会計監査人に報酬等を支払っている場合には当該報酬等も記載する必要があるのでしょうか。 193
Q 90 「当社および子会社が支払うべき金銭その他の財産上の利益の合計額」にはどのような金額を記載するのでしょうか。 195

Q 91　当社の子会社が当社の会計監査人に対して監査報酬を支払っているが、当該報酬についても当社の監査役会による同意理由を記載する必要があるのでしょうか。　197

(3)　非監査業務の内容
Q 92　当社の会計監査人が当社の子会社へ行った非監査業務の内容も記載するのでしょうか。　198

6　会社の体制および方針

(1)　内部統制システム
Q 93　内部統制システムの運用状況の概要としてどのような内容を記載すればよいのでしょうか。　199

(2)　会社の支配に関する方針
Q 94　買収防衛策を廃止する場合、会社の財務および事業の方針の決定を支配する者の在り方に関する基本方針においてどのような開示方法があるのでしょうか。　203
Q 95　買収防衛策を定めていない場合は、会社の財務および事業の方針の決定を支配する者の在り方に関する基本方針について記載しなくてもよいのでしょうか。　205

(3)　剰余金の配当等の決定方針
Q 96　剰余金の配当等の決定方針ではどのような内容を記載すべきなのでしょうか。　207

7　特定完全子会社に関する事項
Q 97　どのような会社が特定完全子会社に該当するのでしょうか。　209
Q 98　特定完全子会社に関する事項ではどのような内容を記載するのでしょうか。　212

8　親会社等との取引に関する事項
Q 99　当社と親会社等との間で取引がある場合には、事業報告において親会社等との間の取引に関する事項について記載しなければならないのでしょうか。また、記載する場合はどのような事項を開示しなければならないのでしょうか。　214

第4編　株主総会参考書類

1　剰余金処分議案

Q 100　その他資本剰余金を原資とする剰余金の配当を行う場合の留意点は、どのようなものでしょうか。　218
Q 101　配当財産の帳簿価額の総額または株主に支払う配当額に円未満の端数が生じる場合はどのように処理すればよいのでしょうか。　221
Q 102　期末において繰越利益剰余金はマイナスとなりましたが多額の別途積立金があります。株主に配当を支払うことができるでしょうか。　222
Q 103　剰余金の配当に伴って配当総額の10分の1を利益準備金に積み立てるのですが、この

積立ては会社法452条の「その他の剰余金の処分」として上程することが必要でしょうか。　224

　　Q 104　配当の効力発生日は株主総会当日ですか。それとも翌日ですか。　226

2　定款一部変更議案

　　Q 105　定時株主総会で本店所在地の定款変更を行う予定です。移転日（効力発生日）が未確定の場合、どうすればよいですか。　227

　　Q 106　事業目的を追加する場合、その事業内容を具体的に記載する必要がありますか。　229

　　Q 107　事業年度を変更する場合、どのように定款変更すればよいでしょうか。　230

3　資本金・準備金の額の減少議案

　　Q 108　資本金・準備金の額の減少と同時に剰余金の配当を行うことができるでしょうか。できるとしてその場合の留意点は、どのようなものでしょうか。　235

4　役員選任議案（取締役）

　　Q 109　取締役の任期が2年の場合、任期途中で辞任する（辞任した）取締役の後任として選任する取締役の任期は、いつまででしょうか。　240

　　Q 110　株主総会参考書類に「社外取締役を置くことが相当でない理由」の開示が求められるのはどのような場合でしょうか。また、事業報告に開示する「社外取締役を置くことが相当でない理由」の内容と違いはあるのでしょうか。　243

5　役員選任議案（監査役）

　　Q 111　任期途中で辞任する（辞任した）監査役の補欠として後任の監査役を選任するには、どうすればよいでしょうか。　246

6　役員選任議案（取締役・監査役共通）

　　Q 112　候補者氏名として通称名を記載することはできますか。　248

　　Q 113　略歴はどの程度の記載が必要ですか。　251

　　Q 114　3月末決算会社である当社役員が平成×年6月下旬の他社定時株主総会終結の時をもって兼務先の会社役員を退任する予定です。略歴にどのように記載すればよいでしょうか。　252

　　Q 115　重要な兼職先の「重要性」の判断基準はありますか。また参考書類に記載する「重要な兼職の状況」と事業報告で開示する「重要な兼職の状況」に違いはありますか。　254

　　Q 116　候補者の所有する株式数は役員持株会の所有数を合算してもよいですか。　256

　　Q 117　特別の利害関係とはどのようなものですか。　258

　　Q 118　役員候補者の中に当社株式を50％超保有している者がいますが、その候補者について特別に開示する事項はありますか。　261

　　Q 119　社外役員が他の会社の取締役等に在任していたときの法令定款違反の事実を開示する場合の「過去5年間」はいつからですか。　264

　　Q 120　候補者が「独立役員」である場合、追加すべき記載事項はありますか。　266

7　補欠役員選任議案

　　Q 121　補欠役員としての選任決議はいつまで有効ですか。　269

- Q122 複数の補欠監査役を選任する場合、現任監査役との紐付けあるいは補欠として就任する場合の順位を定めなければならないでしょうか。補欠社外監査役は、社外監査役ではない監査役の補欠として監査役に就任できるでしょうか。　271
- Q123 補欠監査役の選任の有効期間が4年の場合、監査役に就任した補欠監査役の監査役としての任期は、いつまででしょうか。　274
- Q124 補欠監査役の選任の効力を取り消したい場合はどのような手続をすればよいのでしょうか。　276
- Q125 補欠役員を選任するにあたって候補者の就任承諾は必要ですか。　278
- Q126 監査役会設置会社において社外取締役の欠員に備えて補欠の社外取締役を選任することはできますか。　279

8 会計監査人選任議案

- Q127 会計監査人候補者とした理由は、どのような観点から記載すればよいでしょうか。　282
- Q128 改正法により、会計監査人の選任議案の内容は、監査役会が決定することとなりましたが、株主総会に提出するのも監査役会でしょうか。　286

9 役員報酬改定議案

- Q129 取締役のストック・オプション報酬枠の新設・改定議案提出にあたり、新株予約権の内容はどの程度記載しなければならないでしょうか。　288
- Q130 役員報酬改定議案において、確定額報酬の算定の基準はどのように記載すればよいでしょうか。　293
- Q131 役員報酬改定議案において、社外取締役が存する場合に記載しなければならない事項はどのようなものでしょうか。　295
- Q132 内外の機関投資家の株式保有割合が高い場合、役員報酬改定議案に必要な任意の記載事項は、どのようなものでしょうか。　297
- Q133 監査役(または監査等委員である取締役)に業績連動報酬を支払えますか。　300
- Q134 報酬額を変更する理由とはどの程度の記載が必要ですか。　302
- Q135 年額方式の定額報酬枠を増額する株主総会決議を行う予定ですが、増額後の報酬枠を期首に遡って適用することはできますか。　304

10 ストック・オプション発行議案

- Q136 どのような場合に会社役員に対する有利発行のストック・オプション議案を上程するのでしょうか。その場合の作成の留意点は、どのようなものでしょうか。　306
- Q137 使用人、子会社取締役および使用人または社外の協力者にストック・オプションとしての新株予約権を割り当てる場合、株主総会決議が必要でしょうか。　309

第5編　その他

- Q138 ウェブ修正が行える範囲はどこまでですか。また、ウェブ修正後、株主総会当日におい

てどのような対応が考えられますか。　314

Q 139　事業年度末日後に生じた重要な事象（後発事象）について、事業報告ではいつまでの内容を記載することができるのでしょうか。　315

Q 140　事業年度末日後に生じた重要な事象（後発事象）について、株主総会参考書類ではいつまでの内容を記載することができるのでしょうか。　319

Q 141　事業年度末日後に生じた重要な事象（後発事象）について、計算書類ではいつまでの内容を記載することができるのでしょうか。　321

[本書の利用にあたって]

　本書は、招集通知を巡りよくある質問を抽出したうえ、「質問」「回答」「関連規定」「記載事例」という形式でとりまとめております。

　本書の編立ては、招集通知における、「全般事項」（質問数13）、「狭義の招集通知」（質問数11）、「事業報告」（質問数75）、「株主総会参考書類」（質問数38）および「その他」（質問数4）に分かれております。

　本書は、原則として、招集通知の一般的な構成に従ってQ&Aを配置しております。関連規定は、平成27年10月8日現在としております。記載事例は、原則として平成27年の招集通知を利用しております。また、記載事例は、株式会社インターネットディスクロージャーの検索サービスである「開示Net」を利用しております。

　そして、Q&Aの冒頭において、そこで扱うテーマが招集通知のどの記載事項に関するものかを示しております。

　なお、本書は宝印刷株式会社ディスクロージャー研究二部のスタッフが執筆したものであり、宝印刷株式会社の見解そのものではありませんので、ご留意ください。

[凡　例]

1　法令等

施行規則	会社法施行規則
計算規則	会社計算規則
改正法	会社法の一部を改正する法律（平成26年法律第90号）
改正省令	会社法施行規則等の一部を改正する省令（平成27年法務省令第6号）
開示府令	企業内容等の開示に関する内閣府令
財規ガイドライン	「財務諸表等の用語、様式及び作成方法に関する規則」の取扱いに関する留意事項について（財務諸表等規則ガイドライン）
連結財規ガイドライン	「連結財務諸表の用語、様式及び作成方法に関する規則」の取扱いに関する留意事項について（連結財務諸表規則ガイドライン）
上場規程	有価証券上場規程
上場規程施行規則	有価証券上場規程施行規則
CGコード	コーポレートガバナンス・コード
ISS	Institutional Shareholder Services Inc.

2　団体名等の呼称

全株懇	全国株懇連合会
経団連	一般社団法人日本経済団体連合会
日監協	公益社団法人日本監査役協会
東証	株式会社東京証券取引所
保振	株式会社証券保管振替機構

[執筆者]

植野　　隆（うえの・たかし）	ディスクロージャー研究二部担当部長
黒木　啓祐（くろき・けいすけ）	ディスクロージャー研究二部担当部長
吉沢　茂樹（よしざわ・しげき）	ディスクロージャー研究二部課長
石田　　強（いしだ・つよし）	ディスクロージャー研究二部課長代理
峯岸　弘和（みねぎし・ひろかず）	ディスクロージャー研究二部課長代理
新見麻里子（しんみ・まりこ）	ディスクロージャー研究二部主任
伊藤　修久（いとう・のぶひさ）	ディスクロージャー研究二部主任
新妻　　大（にいづま・だい）	ディスクロージャー研究二部主任
村上　勝俊（むらかみ・かつとし）	ディスクロージャー研究二部主任
南部　大輔（なんぶ・だいすけ）	ディスクロージャー研究二部
野中　翔太（のなか・しょうた）	ディスクロージャー研究二部

第1編

全般事項

Q1 株主総会はどのようなスケジュールで進められますか。

A 3月31日を事業年度の末日とする上場会社を例にすると定時株主総会に係る主な事務の流れは以下のようになります（土日曜日を考慮していません）。

事務内容	時期
定時株主総会会場を予約（大都市圏において貸し会場で開催する場合）	前年定時株主総会終了後
定時株主総会議案・議事運営の基本方針を確認	1月下旬～2月下旬
取締役会等の日程確定	1月下旬～3月中旬
代行機関・印刷会社との打合せ	3月下旬～4月上旬
3月31日	基準日
定時株主総会招集通知作成開始・想定問答作成指示（・株主確定）	4月初旬
決算取締役会・定時株主総会招集通知校了・シナリオ作成開始	4月下旬～5月中旬
定時株主総会招集通知発送・金融商品取引所に提出（TDnet）	6月14日以前
関係者ミーティング・定時株主総会リハーサル（・配当金支払い準備）	5月下旬～6月中旬
定時株主総会前日リハーサル	6月28日

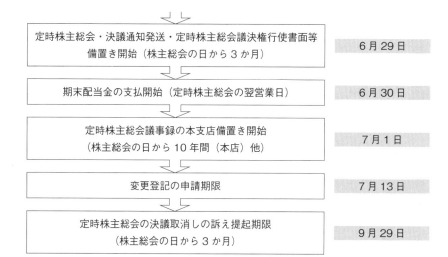

●関連規定●
【会社法】
　（基準日）
　第124条　株式会社は、一定の日（以下この章において「基準日」という。）を定めて、基準日において株主名簿に記載され、又は記録されている株主（以下この条において「基準日株主」という。）をその権利を行使することができる者と定めることができる。
　2　基準日を定める場合には、株式会社は、基準日株主が行使することができる権利（基準日から3箇月以内に行使するものに限る。）の内容を定めなければならない。

Q2 株主総会の招集通知(狭義の招集通知)に記載すべき事項にはどのようなものがありますか。

A 書面投票制度採用の場合、以下のような事項を記載することになります。

　　　　　　　　　　　　　　　　　　　　　　(証券コード　××××)*1
　　　　　　　　　　　　　　　　　　　　　　　平成○年○月○日*2
株　主　各　位*3
　　　　　　　　　　　　　　　　　東京都□□区□□　○丁目○番○号
　　　　　　　　　　　　　　　　　株式会社　□　□　□
　　　　　　　　　　　　　　　　　代表取締役社長　□□□□*4

　　　　　　　　　第○回定時株主総会招集ご通知*5

拝啓　平素は格別のご高配を賜り厚く御礼申しあげます。
　さて、当社第○回定時株主総会を下記により開催いたしますのでご出席くださいますようお願い申しあげます。
　<u>なお、当日ご出席願えない場合は、書面によって議決権を行使できますので、お手数ながら後記の株主総会参考書類をご検討くださいまして、同封の議決権行使書用紙に賛否をご表示いただき平成○年○月○日(○曜日)午後○時までに到着するようご返送いただきたくお願い申しあげます。</u>*6
　　　　　　　　　　　　　　　　　　　　　　　　　　　　敬　具

　　　　　　　　　　　　　　　記

1．日　時　平成○年○月○日(○曜日)　午前○時*7
2．場　所　東京都□□区□□　○丁目○番○号*8

　　　　　　　当社本店○階会議室
　　　　　　　（末尾の株主総会会場ご案内略図をご参照ください。）
３．目　的　事　項*9
　報　告　事　項　第○期（平成○年○月○日から平成○年○月○日まで）事
　　　　　　　　　業報告、計算書類および連結計算書類の内容報告ならびに
　　　　　　　　　会計監査人および監査役会の連結計算書類監査結果報告の
　　　　　　　　　件
　決　議　事　項
　（会社提案）
　　　第１号議案　　剰余金の処分の件
　　　第２号議案　　定款一部変更の件
　　　第３号議案　　取締役○名選任の件
　　　第４号議案　　監査役○名選任の件
　　　第５号議案　　補欠監査役○名選任の件
　　　第６号議案　　会計監査人選任の件
　　　第７号議案　　退任取締役および退任監査役に対し退職慰労金贈呈の件
　　　第８号議案　　役員賞与支給の件
　　　第９号議案　　取締役および監査役の報酬額改定の件
　　　第10号議案　　取締役に対するストック・オプション報酬額および内容決定
　　　　　　　　　の件
　（株主提案）
　　　第11号議案　　剰余金の処分の件
　　　第12号議案　　定款一部変更の件
　　　第13号議案　　取締役○名選任の件
４．その他株主総会招集に関する事項*10
⑴　代理人による議決権の行使につきましては、議決権を有する他の株主様１
　　名を代理人として、その議決権を行使することとさせていただきます。
⑵　・・・・・・
　　　　　　　　　　　　　　　　　　　　　　　　　　　　　　以　　上

◎　株主総会にご出席の際は、お手数ながら同封の議決権行使書用紙を会場
　　受付にご提出くださいますようお願いいたします。*11
◎　株主総会参考書類、事業報告、計算書類および連結計算書類の内容に修
　　正をすべき事情が生じた場合は、インターネットの当社ウェブサイト（http:

//www.…）において、修正後の事項を掲載させていただきます。*12

・書面投票・電子投票を採用の場合
　招集通知の本文（＊6）の「なお、」以下を次のとおり等とします。電子投票は株主名簿管理人の議決権行使サイトを利用することとなるため、招集通知の記載についても株主名簿管理人と調整することになります。

　なお、当日ご出席願えない場合は、以下のいずれかの方法により議決権を行使することができますので、お手数ながら後記の株主総会参考書類をご検討のうえ、平成○年○月○日（○曜日）午後○時までに議決権を行使くださいますようお願い申しあげます。
【郵送（書面）による議決権行使の場合】
　同封の議決権行使書用紙に議案に対する賛否をご表示のうえ、上記の行使期限までに到着するようご返送ください。
【インターネットによる議決権行使の場合】
　インターネットにより議決権行使サイト（http://www.…）にアクセスしていただき、同封の議決権行使書用紙に表示された「議決権行使コード」および「パスワード」をご利用のうえ、画面の案内にしたがって、議案に対する賛否をご入力ください。
　インターネットによる議決権行使に際しましては、後記「議決権行使のご案内」（○頁）をご確認くださいますようお願い申しあげます。
　なお、書面による議決権行使とインターネットによる議決権行使を重複して行使された場合は、インターネットによる議決権行使を有効なものといたします。

・委任状採用の場合
　招集通知の本文（＊6）の「なお、」以下を次のとおり等とします。

　なお、当日ご出席願えない場合は、お手数ながら後記の「議決権の代理行

使の勧誘に関する参考書類」をご検討のうえ、同封の委任状用紙に賛否をご表示いただきご押印のうえ、ご返送くださいますようお願い申しあげます。

　また、書面または電磁的方法により議決権を行使できることとしない場合において、役員等の選任議案、役員等の報酬に係る議案、組織再編に係る議案、定款の変更議案等があるときは議案の概要を記載しなければならないため（施行規則63条7号）、目的事項（＊9）のうち、すべての決議事項の末尾に各議案の概要の記載について付け加えるとともに、ウェブ修正の文言から株主総会参考書類を削除します。

　各議案の概要は後記「議決権の代理行使の勧誘に関する参考書類」（○頁から○頁まで）に記載のとおりであります。

以　上

- -

◎　株主総会にご出席の際は、お手数ながら同封の委任状用紙を会場受付にご提出くださいますようお願いいたします。
◎　事業報告、計算書類および連結計算書類の内容に修正をすべき事情が生じた場合は、インターネットの当社ウェブサイト（http://www.…）において、修正後の事項を掲載させていただきます。

・招集通知作成上の留意点等（「書面投票制度採用の場合」の＊1～＊12）
　＊1　証券コード：法定記載事項ではありませんが、取引所の要請により株主の便宜を図るため、自社の証券コードを記載する例が一般的です。
　＊2　発信日付：法定記載事項ではありませんが、株主総会の日より2週間前までに各株主に対して書面をもって通知を発する（会社法299条1項・2項）とされており、招集通知の発信した日を明確にするために発信日付を招集通知に記載するのが一般的です。
　＊3　宛先：宛先は、個々の株主名を記載する必要はなく、「株主各位」、「株主の皆様へ」などと記載するのが一般的です。
　＊4　招集者：株主総会は、株主による招集の請求により招集する場合を除き、取締役が招集する（会社法296条3項）と定められています。し

かし、一般的には定款をもって取締役社長等を招集権者と定めている例が多く、この場合、その定款で定められた招集権者が株主総会を招集することになります。また、取締役会設置会社においては、株主総会の招集事項の決定は取締役会の決議によらなければならない（会社法298条4項）とされているため、招集に関する事項は取締役会が決定し、招集権者が株主総会の招集を行うことになります。

　招集者の記載方法は、株主による招集の請求により招集する場合を除き、会社の本店所在地（本社事務所を併記する場合もある。）、会社名、招集権者の役職名、招集権者名を記載するのが一般的です。

＊5　通知の標題：通知の標題は定時株主総会の招集通知であることが明確にわかるように「第○回定時株主総会招集ご通知」等と記載します。

＊6　本文：本文の記載方法については特に法定されていませんが、一般的には「定時株主総会への出席依頼文言、出席できない場合の書面投票（電子投票）の案内文言（委任状の場合は議決権の代理行使の勧誘文言）、書面投票（電子投票）の締切日時等」などを記載します。

　取締役会の決定事項等：開催日時・場所、会議の目的事項（報告事項、決議事項）、その他株主総会に関する取締役会の決定事項等、株主総会の招集の決定における決定事項を記載します（会社法298条1項、299条4項）。

＊7　開催日時：開催日時は元号表示が一般的です。なお、受付開始時刻を記載する例もあります。

＊8　場所：地番、建物の名称、階、会議室（名称があればその名称等）を記載します。

＊9　株主総会の目的事項：招集通知には、株主総会の目的事項を記載しなければなりません（会社法298条1項2号、299条4項）。株主総会の目的事項とは、付議する議題をいいます。

　定時株主総会の議題には、「報告事項」と「決議事項」があり、招集通知にも報告事項と決議事項を区別して記載するのが一般的です。

＊10　その他株主総会招集に関する事項：ウェブ開示を行う場合のURLおよびその開示事項（施行規則94条）その他の株主総会招集通知記載事項（施行規則63条1号・2号等）、および議決権行使書面記載事項であっ

て議決権行使書面に記載せず、株主総会招集通知に記載する事項（施行規則66条4項）です。最後は「以上」として締めくくります。
＊11　欄外記載事項その1：株主総会出席の際の注意事項です。
＊12　欄外記載事項その2：「株主総会参考書類、事業報告、計算書類および連結計算書類の記載事項に修正すべき事項が生じた場合の修正事項の開示に関する事項（自社ウェブサイト）の通知」を記載します。

●関連規定●
質問に係る規定はありません。

Q3 狭義の招集通知、広義の招集通知とはどういう意味ですか。

A 株主総会を招集するには株主総会の日時および場所、株主総会の目的事項等を定め、株主に対してその通知を発しなければなりませんが、招集の通知に際して事業報告、計算書類、連結計算書類、会計監査人の監査報告書謄本、監査役・監査役会・監査等委員会・監査委員会の監査報告書謄本を提供し（会社法437条）、株主総会参考書類を交付する（会社法301条1項）等しなければなりません。

　法律上の定義はありませんが、上記の株主総会の日時および場所、株主総会の目的事項等を定めた通知が狭義の招集通知、これに上記の提供書面および交付書面を加えたものが広義の招集通知といわれています。

●関連規定●
質問に係る規定はありません。

Q4 招集通知、事業報告のサイズ、体裁、文字のフォント・大きさに決まりはありますか。

A　サイズ、体裁、文字のフォント・大きさについて会社法に決まりはありません。サイズは封筒の大きさ等も勘案して決めることになります。

なお、日経225銘柄の会社を対象とした宝印刷株式会社の調査によりますと、合冊型を採用している会社が8割超、サイズは200mm × 200mmを採用している会社が過半を占めています。

●関連規定●
質問に係る規定はありません。

Q5 招集通知、事業報告に用いる用字、用語に決まりはありますか。

A どのような用字、用語を用いるかについて会社法に規定はなく、各社の判断に委ねられます。ただし、同一文書中では「及び」「および」等はいずれかに統一して用いるべきです。

また、漢字を用いるか、仮名を用いるか判断に迷う場合は、「公用文における漢字使用等について」（平成22年11月30日内閣訓令第1号）が参考になります。

本文書によれば、次のような接続詞は原則として仮名で書き、
　　おって　かつ　したがって　ただし　ついては　ところが　ところで
　　また　ゆえに
次の4語は原則として漢字で書くこととしています。
　　　及び　並びに　又は　若しくは

●関連規定●
「公用文における漢字使用等について」（平成22年11月30日内閣訓令第1号）

Q6 招集通知、事業報告に記載する表示桁数に決まりはありますか。

A 表示桁数の扱いに関し、計算書類については計算規則57条1項に基づき、会社判断で1円単位か1000円単位か100万円単位かを選択することになります。

剰余金の配当決議にあたっては、会社法454条1項2号により「配当財産の割当てに関する事項」を決議しなければならず、1株当たり〇円とすれば、それに自己株式を除く発行済株式総数を乗じて算出するため、1円単位となります。

なお、1株当たり配当金に円未満の端数がある場合、通貨の単位及び貨幣の発行等に関する法律3条により、50銭以上1円未満は1円として計算することになります。

●関連規定●
【計算規則】
　第57条　計算関係書類に係る事項の金額は、一円単位、千円単位又は百万円単位をもって表示するものとする。

Q7 招集通知、事業報告に記載する単位未満の数字は四捨五入、切捨てのどちらを用いるべきですか。

A　単位未満の数字の処理方法について、会社法に定めはありません。各社の判断により、計算書類等の各書類のほか他の開示書類との関係を考慮して四捨五入、切捨て等を用いることになります。

　事業報告の最終頁に単位未満の数字の処理方法を注記している例も見られます。

●関連規定●
質問に係る規定はありません。

Q8 招集通知の電子化とはどういう意味ですか。

A 招集通知の電子化とは、株主総会の招集通知を書面に代えて、電磁的方法により行うことをいいます。具体的な電磁的方法としては、電子メール、ウェブサイトの利用、CD-ROM の交付等が考えられますが、効率性、現実性等の観点から、実務上、電子メールおよびウェブサイトが利用されています。ただし、招集通知の電子化を採用するためには株主の承諾が必要になりますので、普及率は低いのが現状です。

●関連規定●
【会社法】
　（株主総会の招集の通知）
第 299 条
3　取締役は、前項の書面による通知の発出に代えて、政令で定めるところにより、株主の承諾を得て、電磁的方法により通知を発することができる。この場合において、当該取締役は、同項の書面による通知を発したものとみなす。

【会社法施行令】
　（電磁的方法による通知の承諾）
第 2 条　次に掲げる規定により電磁的方法により通知を発しようとする者（次項において「通知発出者」という。）は、法務省令で定めるところにより、あらかじめ、当該通知の相手方に対し、その用いる電磁的方法の種類及び内容を示し、書面又は電磁的方法による承諾を得なければならない。
　二　法第 299 条第 3 項（法第 325 条において準用する場合を含む。）

Q9 発送後、招集通知、事業報告、計算書類、株主総会参考書類に誤りが見つかりましたが、どのように対応すればよいですか。

A 　株主に対して招集通知を発送した後、誤りが発見された場合、証券代行機関や印刷会社とも調整のうえ、日程上可能であれば、再度、株主に対して修正後の書類や正誤表を送付することが考えられます。
　一方、会社法はウェブを用いた修正も認めています。

●関連規定●
質問に係る規定はありません。

Q10 ウェブ開示とウェブ修正の違いは何ですか。

A ウェブ開示とは、定款の定めにより、株主総会の招集通知とともに株主に提供すべき資料の一部または全部についての事項をインターネット上のウェブサイト（通常は会社ウェブサイト）に掲載することにより、それらの事項が株主に交付または提供されたものとみなされる制度です（施行規則94条、133条3項、計算規則133条4項、134条4項）。株主に対する書面の提供を物理的に省略することができますので、株主総会の招集のための費用（印刷費用・発送費用等）を削減することが可能です。コスト削減や省資源の観点からウェブ開示を利用する会社は大幅に増加しています（6月総会：平成25年357社→平成26年563社→平成27年700社）。

一方、ウェブ修正とは、招集通知発送後、株主総会の前日までの間に修正すべき事項が生じた場合、インターネットを利用して修正する方法をいいます。施行規則65条3項（株主総会参考書類）、133条6項（事業報告）、計算規則133条7項（計算書類）、134条7項（連結計算書類）に定めがあり、株主総会参考書類を例にとれば、「取締役は、株主総会参考書類に記載すべき事項について、招集通知……〔会社法299条2項または3項の規定による通知をいう。〕を発出した日から株主総会の前日までの間に修正をすべき事情が生じた場合における修正後の事項を株主に周知させる方法を、当該招集通知と併せて通知することができる。」と規定しており、インターネット上のホームページに掲載することが一般的であるため、ウェブ修正といわれています。

●関連規定●
【施行規則】
　　（株主総会参考書類）
　第65条
　3　取締役は、株主総会参考書類に記載すべき事項について、招集通知（法第299条第2項又は第3項の規定による通知をいう。以下この節において同じ。）を発出した日から株主総会の前日までの間に修正をすべき事情が生じた場合における修正後の事項を株主に周知させる方法を、当該招集通知と併せて通知することができる。

Q11 単元未満株主に株主総会の招集通知を送付する必要はありますか。

A 1単元の株式数に満たない株式のことを単元未満株式といいますが、単元未満株式については、株主総会における議決権の行使は認められていませんので（会社法189条）、単元未満株主には株主総会の招集通知を送付する必要はありません。ただし、単元未満株主も剰余金の配当を受ける権利は有します（施行規則35条1項7号ニ）ので、配当金の送付通知は必要です。

●関連規定●
【会社法】
　（単元未満株式についての権利の制限等）
　第189条　単元株式数に満たない数の株式（以下「単元未満株式」という。）を有する株主（以下「単元未満株主」という。）は、その有する単元未満株式について、株主総会及び種類株主総会において議決権を行使することができない。

Q12 株主総会終了後に株主に送付するものとしてどのようなものがありますか。

A 法定書類ではありませんので作成・送付義務はありませんが、大多数の会社では、株主総会に出席していない株主（単元未満株主を含みます。）に対する配慮から、株主総会終了後に、株主総会での報告事項および決議事項の内容を「決議通知」として、株主へ通知しています。

この通知には、配当関係書類（配当金領収証、配当金振込のご通知等）、事業報告書（会社法に基づく事業報告との混同を避けるため、「株主通信」等、様々な名称を付す例が増加しています）等を同封します。

配当金関係書類を招集通知に同封する会社（定款の定めにより取締役会の決議により剰余金の配当を行う会社の場合）では、決議通知の送付を廃止し、自社のホームページへの掲載で代替するケースも見受けられます。

平成〇年〇月〇日

株 主 各 位

東京都□□□□□
　　□□□□株式会社
　　代表取締役社長　　□□□□

第〇回定時株主総会決議ご通知

拝啓　平素は格別のご高配を賜り厚く御礼申しあげます。
　さて、本日開催の当社第〇回定時株主総会におきまして、下記のとおり報告ならびに決議されましたのでご通知申しあげます。

敬　具

記

報告事項
　　第○期（平成○年○月○日から平成○年○月○日まで）事業報告、計算書類および連結計算書類の内容報告ならびに会計監査人および監査役会の連結計算書類監査結果報告の件
　　　本件につきましては、上記事業報告および計算書類の内容ならびに連結計算書類の内容およびその監査結果を報告いたしました。

決議事項
〔会社提案〕（第1号議案から第10号議案まで）
　　第1号議案　剰余金の処分の件
　　　本件は、原案どおり承認可決され、期末配当金につきましては、1株につき○○円と決定いたしました。

> （注）剰余金の処分については、任意積立金の積み立てなど剰余金のその他の処分があった場合でも配当金についてのみ記載し、剰余金のその他の処分の明細については記載していない例が多い。

　　第2号議案　定款一部変更の件
　　　本件は、原案どおり承認可決されました。
　　第3号議案　取締役○名選任の件
　　　本件は、原案どおり□□□□、□□□□、□□□□、□□□□…の各氏が選任され、それぞれ就任いたしました。
　　第4号議案　監査役○名選任の件
　　　本件は、原案どおり□□□□、□□□□、□□□□、□□□□…の各氏が選任され、それぞれ就任いたしました。
　　第5号議案　補欠監査役○名選任の件
　　　本件は、原案どおり□□□□氏が選任されました。
　　第6号議案　会計監査人選任の件
　　　本件は、原案どおり□□□□監査法人が選任され、就任いたしました。
　　第7号議案　退任取締役および退任監査役に対し退職慰労金贈呈の件
　　　本件は、原案どおり、本総会終結の時をもって退任された取締役□□□□氏および監査役□□□□氏に対し、在任中の労に報いるため当社の内規に従い、相当額の範囲内において退職慰労金を贈呈することとし、その時期、金額、方法等は、取締役については取締役会に、監査役につ

いては監査役の協議に一任することに承認可決されました。

第8号議案　役員賞与支給の件

　　本件は、原案どおり、役員賞与として取締役○名に対し、総額○○，○○○万円（内社外取締役分○○○万円）を、監査役○名に対し、総額○○○万円を支給することとし、その具体的金額、贈呈の時期、方法等は、取締役については取締役会に、監査役については監査役の協議に一任することに承認可決されました。

第9号議案　取締役および監査役の報酬額改定の件

　　本件は、原案どおり、取締役の報酬年額は○○千万円以内（うち社外取締役分○，○○○万円）、監査役の報酬年額は○○千万円以内と改定することに承認可決されました。

第10号議案　取締役に対するストック・オプション報酬額および内容決定の件

　　本件は、原案どおり、取締役に対して、報酬として新株予約権を年額○，○○○万円以内、1年間に発行する個数○○○個を上限として付与することに承認可決されました。

〔株主提案〕（第11号議案から第13号議案まで）

第11号議案　剰余金の処分の件

第12号議案　定款一部変更の件

第13号議案　取締役○名選任の件

　　上記議案は、いずれも否決されました。

以　上

　本総会終了後開催されました取締役会において、次のとおり代表取締役および役付取締役が選定され、それぞれ就任いたしました。

　　　　代表取締役会長　　　□□□□
　　　　代表取締役社長　　　□□□□
　　　　専務取締役　　　　　□□□□
　　　　常務取締役　　　　　□□□□

　また、監査役会において、常勤監査役に□□□□、□□□□の両氏が選定され、それぞれ就任いたしました。

以　上

期末配当金のお支払いについて

　第○期期末配当金につきましては、本総会の決議により1株につき○○円

をお支払いいたしますので、<u>同封の配当金領収証により、取扱銀行にて、お受け取りください。</u>(注)
　また、銀行預金口座等振込ご指定の方は、ご指定口座への入金をご確認ください。株式数比例配分方式を選択されている場合は、お取引の証券会社（口座管理機関）にお問い合わせください。

以　上

(注)　ゆうちょ銀行の場合は、下線部分を「最寄りのゆうちょ銀行または郵便局の貯金窓口でお受け取りください。」とする。

●関連規定●
質問に係る規定はありません。

Q13 株主総会で配当以外の一部議案が否決されてしまいました。決議通知は全議案賛成のものを準備済みで、配当も銀行振込み手配済みです。どのように対応すればよいですか。

A 一部議案が否決される可能性があるときは、配当金関係書類は単独で発送することとし、予想される決議通知を複数種類作成しておき、株主総会の決議内容に合致したものを別途送付することが考えられます。

　設問のように否決を想定していなかった場合は、株主総会当日または翌日以降、早急に決議通知を刷り直して送付することや、配当の銀行振込み手続を取り消すことは実務上不可能と思われます。配当議案が可決されている以上、全議案賛成の決議通知をいったん送付して配当を支払い、後日、決議通知の訂正通知を送付することが現実的な対応になると思われます。

●関連規定●
質問に係る規定はありません。

第2編

狭義の招集通知

1 全般事項

Q14 狭義の招集通知に証券コードや発送日などの記載は必要でしょうか。狭義の招集通知における必須記載事項と任意記載事項について教えてください。

A 会社法では、株主総会を招集する際に取締役会が決定しなければならない事項を定めており、下記の事項を狭義の招集通知において記載する必要があります。

① 議決権行使の案内と議決権行使の期限
② 日時
③ 開催会場
④ 目的事項（報告事項・決議事項）
⑤ その他株主総会招集に関する事項（施行規則63条に掲げる事項）

上記の決定事項以外は任意の記載事項となり、

⑥ 証券コード（機関投資家の要請により一般化）
⑦ 発送日（法定の発送期限を満たしていることを示すために一般化）
⑧ 商号、住所、招集権者（招集者を示すために一般化）

⑥～⑧は法定記載事項ではありませんが、狭義の招集通知において記載することが一般的な事項となっています。

●関連規定●
【会社法】
　（株主総会の招集の決定）
　第298条　取締役（前条第4項の規定により株主が株主総会を招集する場合にあっては、当該株主。次項本文及び次条から第302条までにおいて同じ。）は、株主総会を招集する場合には、次に掲げる事項を定めなければならない。
　一　株主総会の日時及び場所
　二　株主総会の目的である事項があるときは、当該事項
　三　株主総会に出席しない株主が書面によって議決権を行使することができることと

するときは、その旨
四　株主総会に出席しない株主が電磁的方法によって議決権を行使することができることとするときは、その旨
五　前各号に掲げるもののほか、法務省令で定める事項
4　取締役会設置会社においては、前条第4項の規定により株主が株主総会を招集するときを除き、第1項各号に掲げる事項の決定は、取締役会の決議によらなければならない。

（株主総会の招集の通知）
第299条
4　前2項の通知には、前条第1項各号に掲げる事項を記載し、又は記録しなければならない。

■記載事例■

エステー株式会社

証券コード　4951

平成27年5月29日

株 主 各 位

東京都新宿区下落合一丁目4番10号
エステー株式会社
取締役会議長　鈴木　喬

第68期定時株主総会招集ご通知

拝啓　平素は格別のご高配を賜り厚く御礼申し上げます。
　さて、当社第68期定時株主総会を下記のとおり開催いたしますので、ご出席くださいますようご通知申し上げます。
　なお、当日ご出席願えない場合は、書面によって議決権を行使することができますので、お手数ながら後記の株主総会参考書類をご検討のうえ、同封の議決権行使書用紙に議案に対する賛否をご表示いただき、平成27年6月15日（月曜日）午後5時までに到着するようご返送くださいますようお願い申し上げます。

敬具

記

1．日　　時　　平成27年6月16日（火曜日）午前10時
2．場　　所　　東京都新宿区戸塚町一丁目104番19号
　　　　　　　リーガロイヤルホテル東京　3階「ロイヤルホール」
　　　　　　　（末尾の会場ご案内図をご参照ください。）
3．目的事項
　　報告事項　1．第68期（平成26年4月1日から平成27年3月31日まで）事業報告、連結計算書類ならびに会計監査人および監査委員会の連結計算書類監査結果報告の件
　　　　　　　2．第68期（平成26年4月1日から平成27年3月31日まで）計算書類報告の件

　決議事項
　　第1号議案　定款一部変更の件
　　第2号議案　取締役8名選任の件
4．招集にあたっての決定事項
　　議決権の不統一行使をされる場合には、株主総会の3日前までに議決権の不統一行使を行う旨およびその理由を書面により当社にご通知ください。

以　上

◎当日ご出席の際は、お手数ながら同封の議決権行使書用紙を会場受付にご提出くださいますようお願い申し上げます。
◎当日の受付開始時刻は、午前9時からとさせていただきます。なお、開会間際は大変混雑いたしますので、お早めにお越しください。

2　発送日

Q 15　いつまでに招集通知を発送すればよいのでしょうか。また、当社ホームページ等において発送日より前に招集通知を開示することは可能ですか。

A　公開会社では、株主総会の日の2週間前（中14日）までに（議決権行使期限として「特定の時」を定めた場合は当該「特定の時」が属する日の2週間前（中14日）までに）招集通知を発送する必要があります。

　最近では、議案の検討期間確保のため、機関投資家等から法定期限である株主総会の日の2週間前（中14日）よりも早く発送するよう要請がなされており、また、証券取引所も早期発送を促す規則を設けていることから、法定期限の2週間前よりも早く招集通知を発送する傾向にあります。

　また、発送日前に自社ホームページ等に招集通知を掲載することは可能です。上記のように各社が早期発送を行えるように努めていますが、更なる議案の検討期間を確保するため、発送日前に証券取引所のホームページや自社ホームページ等に招集通知を掲載する会社が増えてきました。

　なお、発送日前に開示した招集通知に誤植等が見つかった場合、誤植等を修正せずに招集通知を発送するのか、修正した招集通知を刷り直して発送するのかなど、ウェブ修正の対応を含めて誤植等が発覚した場合の対応に留意する必要があります。

●関連規定●
【会社法】
　（株主総会の招集の通知）
　第299条　株主総会を招集するには、取締役は、株主総会の日の2週間（前条第1項第3号又は第4号に掲げる事項を定めたときを除く、公開会社でない株式会社にあっては、一週間（当該株式会社が取締役会設置会社以外の株式会社である場合において、これを下回る期間を定款で定めた場合にあっては、その期間））前までに、株主に対してその通知を発しなければならない。

3 招集権者

Q 16 期末日後に代表取締役が変更になりました。狭義の招集通知に記載する招集権者はいつの時点の招集権者を記載すればよいでしょうか。

　　法定記載事項ではありませんので決まりはありませんが、発送日現在の株主総会の招集権者を記載することが一般的です。

なお、招集通知に記載する招集権者には、取締役会が決定した株主総会の招集を執行する取締役を記載することになります。一般的には定款に招集権者が定められていますので、その招集権者の役位を付した氏名を記載することになります。

●関連規定●
【会社法】
　（株主総会の招集）
　第296条
　3　株主総会は、次条第4項の規定により招集する場合を除き、取締役が招集する。

4 住所

Q17 登記上の本店所在地と実際の本社機能がある所在地の場所が異なっている場合、狭義の招集通知の住所ではどちらを記載すればよいでしょうか。

A 法定記載事項ではないため決まりはありませんが、招集通知を発送する株式会社を特定するために登記上の本店所在地を記載することが一般的です。なお、実際の本社機能がある事務所が登記上の本店所在地と異なっている場合には、両方の住所を併記する例もあります。

●関連規定●
質問に係る規定はありません。

■記載事例■

阪急阪神ホールディングス株式会社

　　　　　　　　　　　　　　　　　　　　　　　証券コード9042
　　　　　　　　　　　　　　　　　　　　　　　平成27年5月28日
　株　主　各　位

　　　　　　　　　　　　　　　　　　　大阪府池田市栄町1番1号
　　　　　　　　　　　　　　　　　　　（本社事務所
　　　　　　　　　　　　　　　　　　　　大阪市北区芝田一丁目16番1号）
　　　　　　　　　　　　　　　　　　　阪急阪神ホールディングス株式会社
　　　　　　　　　　　　　　　　　　　　代表取締役社長　角　　　和　夫

　　　　　　　　　　第177回定時株主総会招集ご通知

5　議決権行使書制度

Q 18　書面投票制度を採用した場合に、狭義の招集通知において注意することはありますか。また、議決権を行使する方法として郵送(書面)による方法のほかにはどのような方法があるのでしょうか。

A　書面投票制度を採用した場合、狭義の招集通知において、「書面により議決権を行使することができる旨」を記載する必要があります。

また、議決権行使の期限は原則として「株主総会の日時の直前の営業時間の終了時」となっており、この議決権行使の期限は議決権行使書面に記載することとされておりますが、実務上は狭義の招集通知と議決権行使書用紙の双方に記載するのが一般的となっています。

もっとも、議決権行使期限を「特定の時」(株主総会の日時の直前の営業時間の終了時間以外の期限)に設定することができ、議決権行使の期限を「特定の時」としたときは、その「特定の時」を狭義の招集通知と議決権行使書用紙に記載する必要があります。

なお、上記の議決権行使の期限(特定の時を含む。)については、狭義の招集通知に記載すれば、議決権行使用紙おいて議決権行使の期限の記載は不要になります。

議決権を行使する場合、郵送(書面)による行使のほかにインターネット(電磁的方法)による行使の方法があります。郵送とインターネットによる議決権の行使の双方を行えるとする場合は、狭義の招集通知に「郵送またはインターネットにより議決権を行使することができる旨」を記載する必要があります。

また、インターネットによる議決権行使をする場合の議決権行使期限の取扱いは郵送による方法と同様の取扱いとなりますので、「特定の時」を定めたときは、その「特定の時」を狭義の招集通知に記載する必要があります。

なお、会社法上では、郵送による行使とインターネットによる行使の双方を行えるようにする場合、1人の株主に双方で議決権行使されたときの二重

行使の取扱いなどの対応に備え、予め議決権行使の取扱いについて取締役会で決議することができ、この取締役会で決議した内容は狭義の招集通知の記載事項となっています。

●関連規定●
【会社法】
　（株主総会の招集の決定）
　第298条　取締役（前条第4項の規定により株主が株主総会を招集する場合にあっては、当該株主。次項本文及び次条から第302条までにおいて同じ。）は、株主総会を招集する場合には、次に掲げる事項を定めなければならない。
　　五　前各号に掲げるもののほか、法務省令で定める事項

【施行規則】
　（招集の決定事項）
　第63条　法第298条第1項第5号に規定する法務省令で定める事項は、次に掲げる事項とする。
　　三　法第298条第1項第3号又は第4号に掲げる事項を定めたときは、次に掲げる事項（定款にロからニまで及びへに掲げる事項についての定めがある場合又はこれらの事項の決定を取締役に委任する旨を決定した場合における当該事項を除く。）
　　　ロ　特定の時（株主総会の日時以前の時であって、法第299条第1項の規定により通知を発した日から2週間を経過した日以後の時に限る。）をもって書面による議決権の行使の期限とする旨を定めるときは、その特定の時
　　　ハ　特定の時（株主総会の日時以前の時であって、法第299条第1項の規定により通知を発した日から2週間を経過した日以後の時に限る。）をもって電磁的方法による議決権の行使の期限とする旨を定めるときは、その特定の時
　　四　法第298条第1項第3号及び第4号に掲げる事項を定めたときは、次に掲げる事項（定款にイ又はロに掲げる事項についての定めがある場合における当該事項を除く。）
　　　ロ　一の株主が同一の議案につき法第311条第1項又は第312条第1項の規定により重複して議決権を行使した場合において、当該同一の議案に対する議決権の行使の内容が異なるものであるときにおける当該株主の議決権の行使の取扱いに関する事項を定めるときは、その事項

　（議決権行使書面）
　第66条　法第301条第1項の規定により交付すべき議決権行使書面に記載すべき事項又は法第302条第3項若しくは第4項の規定により電磁的方法により提供すべき議決権行使書面に記載すべき事項は、次に掲げる事項とする。
　　四　議決権の行使の期限

4 同一の株主総会に関して株主に対して提供する議決権行使書面に記載すべき事項（第1項第2号から第4号までに掲げる事項に限る。）のうち、招集通知の内容としている事項がある場合には、当該事項は、議決権行使書面に記載することを要しない。

（書面による議決権行使の期限）
第69条 法第311条第1項に規定する法務省令で定める時は、株主総会の日時の直前の営業時間の終了時（第63条第3号ロに掲げる事項についての定めがある場合にあっては、同号ロの特定の時）とする。

（電磁的方法による議決権行使の期限）
第70条 法第312条第1項に規定する法務省令で定める時は、株主総会の日時の直前の営業時間の終了時（第63条第3号ハに掲げる事項についての定めがある場合にあっては、同号ハの特定の時）とする。

■記載事例■

事例1　議決権行使方法が郵送（書面）の場合
東洋紡株式会社

証券コード3101
平成27年6月4日

株 主 各 位

大阪市北区堂島浜二丁目2番8号
東洋紡株式会社
代表取締役社長　楢原　誠慈

第157回定時株主総会招集ご通知

拝啓　平素は格別のご高配を賜り厚くお礼申しあげます。
　さて、当社第157回定時株主総会を下記のとおり開催いたしますので、ご出席くださいますようご通知申しあげます。
　なお、当日ご出席願えない場合は、書面によって議決権を行使することができますので、お手数ながら後記の株主総会参考書類をご検討のうえ、同封の議決権行使書用紙に議案に対する賛否をご表示いただき、平成27年6月25日（木曜日）当社営業時間終了の時（午後6時）までに到着するよう、ご返送ください。

敬　具

事例2　議決権行使方法が郵送（書面）またはインターネットの場合
日本たばこ産業株式会社

証券コード　2914
2015年2月27日

株　主　各　位

東京都港区虎ノ門二丁目2番1号
日本たばこ産業株式会社
代表取締役社長　　小　泉　光　臣

第30回定時株主総会招集ご通知

拝啓　平素は格別のご高配を賜り厚くお礼申し上げます。
　さて、当社第30回定時株主総会を下記により開催いたしますので、ご出席くださいますようご通知申し上げます。
　なお、当日ご出席願えない場合は、書面又は電磁的方法（インターネット）により議決権を行使することができますので、お手数ながら後記の株主総会参考書類をご検討いただき、同封の議決権行使書用紙に賛否をご表示のうえ、**2015年3月19日（木曜日）午後6時までに到着する**ようご返送くださいますか、当社の指定する議決権行使ウェブサイト（**http://www.evote.jp/**）より**2015年3月19日（木曜日）午後6時までに議決権をご行使**くださいますようお願い申し上げます。

敬　具

6　日時

Q 19　今回の定時株主総会から開催日（開催時刻）が変更になりました。何か注意することはありますか。

A　開催日について、定時株主総会が前回の定時株主総会の日時に応当する日と「著しく離れた日」である場合には、その日時を決定した理由を記載する必要があります。

「著しく離れた日」については、例えば、決算期を変更した後に開催する開催日は著しく離れた日に該当し、その日時を決定した理由を記載することになると一般的に解されています（相澤哲編著『新会社法関係法務省令の解説（別冊商事法務300号）』（商事法務、2006年）8頁）。なお、当該日時に決定した理由については日時の注記として記載するのが一般的です。

開催時刻の変更については、変更理由等を記載する必要はありませんが、株主総会に出席する株主に注意を促すため、日時の注記として開催時間を変更した旨を記載する会社が多くあります。

●関連規定●
【会社法】
　　（株主総会の招集の決定）
　第298条　取締役（前条第4項の規定により株主が株主総会を招集する場合にあっては、当該株主。次項本文及び次条から第302条までにおいて同じ。）は、株主総会を招集する場合には、次に掲げる事項を定めなければならない。
　　五　前各号に掲げるもののほか、法務省令で定める事項

【施行規則】
　　（招集の決定事項）
　第63条　法第298条第1項第5号に規定する法務省令で定める事項は、次に掲げる事項とする。
　　一　法第298条第1項第1号に規定する株主総会が定時株主総会である場合におい

て、同号の日が次に掲げる要件のいずれかに該当するときは、その日時を決定した
理由（ロに該当する場合にあっては、その日時を決定したことにつき特に理由があ
る場合における当該理由に限る。）
　イ　当該日が前事業年度に係る定時株主総会の日に応当する日と著しく離れた日で
　　あること。

■記載事例■

クックパッド株式会社

記

1．日　　時　2015年3月26日（木曜日）午前10時（受付開始は午前9時30分）
　　　　　　（開催日が前回定時株主総会日（2014年7月24日）に応当する日と離れてお
　　　　　　りますのは、当社の決算期を4月30日から12月31日に変更したことに伴い、
　　　　　　移行期である第18期(当事業年度)が2014年5月1日から2014年12月31日ま
　　　　　　での8ヵ月となっているためであります。）

7 開催会場

Q 20 前回の株主総会から開催会場が変更になりました。何か注意することはありますか。

A 　開催会場が過去に開催した株主総会のいずれの場所とも「著しく離れた場所」である場合は当該開催会場に決定した理由を記載する必要があります。なお、変更した開催会場が定款で定められた開催会場の範囲である場合やすべての株主の同意がある場合は、決定理由を記載する必要はありません。

　「著しく離れた場所」とは、過去に株主総会が開催された場所からの移動に相当な時間を要し、株主が株主総会の開始時間に出席することが困難となるような場所をいうものと解されています（相澤哲・葉玉匡美・郡谷大輔編著『論点解説　新・会社法――千問の道標』（商事法務、2006年）471頁）。

　なお、著しく離れた場所ではない場合でも、株主総会に出席する株主に注意を促すため、開催会場の注記として、前回の開催会場と異なっている旨を記載するのが一般的です。

●関連規定●
【施行規則】
　　（招集の決定事項）
　第63条　法第298条第１項第５号に規定する法務省令で定める事項は、次に掲げる事項とする。
　　二　法第298条第１項第１号に規定する株主総会の場所が過去に開催した株主総会のいずれの場所とも著しく離れた場所であるとき（次に掲げる場合を除く。）は、その場所を決定した理由
　　　イ　当該場所が定款で定められたものである場合
　　　ロ　当該場所で開催することについて株主総会に出席しない株主全員の同意がある場合

■記載事例■

事例1　会場の変更を決定した理由を記載している場合
OSJBホールディングス株式会社
　2．場　　所　　東京都中央区日本橋室町二丁目4番3号
　　　　　　　　　日本橋室町野村ビル「野村コンファレンスプラザ日本橋」6階大ホール
　　　　　　　　　（当社は、平成26年6月27日をもって、本店を大阪市から東京都
　　　　　　　　　江東区に移転しましたので、株主総会の開催場所を上記のとおり
　　　　　　　　　変更いたしました。ご来場の際は、末尾「株主総会会場ご案内図」
　　　　　　　　　をご参照いただき、お間違いのないようご注意願います。）

事例2　会場の変更した旨を記載している場合
東洋水産株式会社
　2．場　　所　　東京都港区海岸一丁目11番1号
　　　　　　　　　ニューピア竹芝ノースタワー1階　ニューピアホール
　　　　　　　　　（会場が前回と異なっておりますので、末尾の「株主総会会場ご案内図」をご参
　　　　　　　　　照いただき、お間違えのないようご注意願います。）

8 報告事項

Q 21 報告事項となる事項は何ですか。また、計算書類はどのような場合に報告事項となりますか。

A すべての会社に共通して報告する事項として「事業報告」が挙げられます。そのほかに会社の状況に応じて、「計算書類」「連結計算書類の内容および会計監査人と監査役(会)の監査結果」が報告事項となります。

「計算書類」が報告事項となるためには会計監査人設置会社において、取締役会の承認を受けた計算書類が会社の財産および損益の状況を正しく表示しているものとして計算規則135条に定める以下の要件に該当する場合に報告事項となります。

① 会計監査報告の内容として無限定適正意見等が出されていること。
② 監査報告に、会計監査人の監査の方法または結果を相当でないと認める意見がないこと。
③ 監査報告に、会計監査人の監査の方法または結果を相当でないと認める意見の付記がないこと。
④ 特定監査役が通知すべき日までに監査報告の内容の通知を行なわないことにより、監査を受けたものとみなされたものでないこと。
⑤ 取締役会を設置していること。

もっとも、計算書類は原則として、株主総会においての承認決議を受ける必要がありますので、上記の要件を満たさない場合は、決議事項として、株主総会で計算書類の承認を受ける必要があります。

「連結計算書類の内容および会計監査人と監査役(会)の監査結果」は連結計算書類を作成し、会計監査人の監査を受けている場合に報告する必要があるため、報告事項となります。

●関連規定●
【会社法】
(計算書類等の定時株主総会への提出等)
第 438 条
2 前項の規定により提出され、又は提供された計算書類は、定時株主総会の承認を受けなければならない。
3 取締役は、第 1 項の規定により提出され、又は提供された事業報告の内容を定時株主総会に報告しなければならない。

(会計監査人設置会社の特則)
第 439 条 会計監査人設置会社については、第 436 条第 3 項の承認を受けた計算書類が法令及び定款に従い株式会社の財産及び損益の状況を正しく表示しているものとして法務省令で定める要件に該当する場合には、前条第 2 項の規定は、適用しない。この場合においては、取締役は、当該計算書類の内容を定時株主総会に報告しなければならない。

第 444 条
7 次の各号に掲げる会計監査人設置会社においては、取締役は、当該各号に定める連結計算書類を定時株主総会に提出し、又は提供しなければならない。この場合においては、当該各号に定める連結計算書類の内容及び第 4 項の監査の結果を定時株主総会に報告しなければならない。
一 取締役会設置会社である会計監査人設置会社 第 5 項の承認を受けた連結計算書類
二 前号に掲げるもの以外の会計監査人設置会社 第 4 項の監査を受けた連結計算書類

【計算規則】
第 135 条 法第 439 条及び第 441 条第 4 項(以下この条において「承認特則規定」という。)に規定する法務省令で定める要件は、次の各号(監査役設置会社であって監査役会設置会社でない株式会社にあっては、第 3 号を除く。)のいずれにも該当することとする。
一 承認特則規定に規定する計算関係書類についての会計監査報告の内容に第 126 条第 1 項第 2 号イに定める事項(当該計算関係書類が臨時計算書類である場合にあっては、当該事項に相当する事項を含む。)が含まれていること。
二 前号の会計監査報告に係る監査役、監査役会、監査等委員会又は監査委員会の監査報告(監査役会設置会社にあっては、第 128 条第 1 項の規定により作成した監査役会の監査報告に限る。)の内容として会計監査人の監査の方法又は結果を相当でないと認める意見がないこと。
三 第 128 条第 2 項後段、第 128 条の 2 第 1 項後段又は第 129 条第 1 項後段の規定に

より第1号の会計監査報告に係る監査役会、監査等委員会又は監査委員会の監査報告に付記された内容が前号の意見でないこと。
四　承認特則規定に規定する計算関係書類が第132条第3項の規定により監査を受けたものとみなされたものでないこと。
五　取締役会を設置していること。

9 決議事項

Q22 決議事項とできる議案は何ですか。また、決議事項の掲載順に決まりはありますか。

A 会社法または定款に定められた事項に限って決議事項として議案の上程をすることができます。

議案の配列順序については法律上の規定はありませんが、株主総会の審議の順序によることになり、議案の重要性を勘案して順序を決めるのが一般的です。例えば、株主や会社にとって重要な事項である剰余金処分、資本金・準備金減少、組織再編、定款変更、役員選任議案などは先順位とし、役員の報酬関連は後順位とするのが一般的です。

また、ある議案の可決成立を条件とする議案の場合には、条件となる議案を先順位とするのが一般的です。例えば、定款の一部変更により取締役の員数枠を拡大し、取締役の増員選任を図る場合には、定款の一部変更議案が取締役選任議案より先順位となります。

そのほか、複数の定款規定を変更するときなど、それぞれの定款規定の変更の賛否を問いたい場合（例えば、文言の変更等の形式的な変更と定款の実質的な変更を区別して賛否を問うケースなど）は、「定款一部変更の件(1)」「定款一部変更の件(2)」などとして、複数の定款変更議案を上程することも可能です。

●関連規定●
【会社法】
　（株主総会の権限）
　第295条　株主総会は、この法律に規定する事項及び株式会社の組織、運営、管理その他株式会社に関する一切の事項について決議をすることができる。
　2　前項の規定にかかわらず、取締役会設置会社においては、株主総会は、この法律に規定する事項及び定款で定めた事項に限り、決議をすることができる。

■記載事例■

複数の定款変更議案を上程する場合
株式会社王将フードサービス

❸目的事項

報告事項　1. 第41期（平成26年4月1日から平成27年3月31日まで）事業報告の内容、連結計算書類の内容ならびに会計監査人および監査役会の連結計算書類監査結果報告の件
　　　　　2. 第41期（平成26年4月1日から平成27年3月31日まで）計算書類の内容報告の件

決議事項　第1号議案　剰余金の処分の件
　　　　　第2号議案　定款一部変更の件(1)
　　　　　第3号議案　定款一部変更の件(2)
　　　　　第4号議案　取締役8名選任の件
　　　　　第5号議案　監査役2名選任の件
　　　　　第6号議案　取締役および監査役の報酬額改定の件
　　　　　第7号議案　補欠監査役1名選任の件

以　上

10　株主提案

Q23　株主総会で株主提案による議案を付議することになりました。狭義の招集通知で注意することはありますか。

A　決議事項の記載において、会社側が提出した議案と株主側が提出した議案を区別するため、決議事項には、「会社提案」「株主提案」と見出しをつけるのが通例です。

そのほか、株主提案に際して、株主が提出した議案の要領を招集通知に記載しなければなりませんので、株主提案による議案の末尾に「株主提案（第○号議案から第○号議案）の議案の要領は、後記『株主総会参考書類』に記載のとおりであります。」などと議案の要領の記載箇所を明記します。ただし、議決権行使書制度採用会社の場合、招集通知に記載すべき事項が株主総会参考書類に記載されているときには、当該事項を招集通知から省略することも可能です。

また、例えば、会社提案と株主提案それぞれの議案が可決された場合に定款で定めてられている会社役員の員数を超えてしまう場合など、両提案が両立しなくなるときは、会社提案または株主提案のどちらか一方を賛成する取扱いをすることになるため、議決権の賛否の取扱いを狭義の招集通知か議決権行書使用紙に記載することになります。

●関連規定●
【会社法】
　第305条　株主は、取締役に対し、株主総会の日の8週間（これを下回る期間を定款で定めた場合にあっては、その期間）前までに、株主総会の目的である事項につき当該株主が提出しようとする議案の要領を株主に通知すること（第299条第2項又は第3項の通知をする場合にあっては、その通知に記載し、又は記録すること）を請求することができる。ただし、取締役会設置会社においては、総株主の議決権の100分の1（これを下回る割合を定款で定めた場合にあっては、その割合）以上の議決権又は

300個(これを下回る数を定款で定めた場合にあっては、その個数)以上の議決権を6箇月(これを下回る期間を定款で定めた場合にあっては、その期間)前から引き続き有する株主に限り、当該請求をすることができる。

【施行規則】
　第73条
　4　同一の株主総会に関して株主に対して提供する招集通知又は法第437条の規定により株主に対して提供する事業報告の内容とすべき事項のうち、株主総会参考書類に記載している事項がある場合には、当該事項は、株主に対して提供する招集通知又は法第437条の規定により株主に対して提供する事業報告の内容とすることを要しない。

■記載事例■

> 株式会社日本デジタル研究所
> **3. 株主総会の目的である事項**
> 　報告事項
> 　　1. 第47期(平成26年4月1日から平成27年3月31日まで)事業報告及び連結計算書類の内容報告並びに会計監査人及び監査役会の連結計算書類監査結果報告の件
> 　　2. 第47期(平成26年4月1日から平成27年3月31日まで)計算書類の内容報告の件
> 　決議事項
> 　　〈会社提案(第1号議案から第5号議案まで)〉
> 　　　第1号議案　剰余金の処分の件
> 　　　第2号議案　取締役11名選任の件
> 　　　第3号議案　監査役2名選任の件
> 　　　第4号議案　取締役の報酬額改定の件
> 　　　第5号議案　監査役の報酬額改定の件
> 　　〈株主提案(第6号議案)〉
> 　　　第6号議案　剰余金の処分の件
> 　　　株主提案(第6号議案)の議案の要領は、後記「株主総会参考書類」に記載のとおりであります。

11 ウェブ開示

Q 24 ウェブ開示を行う予定です。狭義の招集通知において、注意することはありますか。

A 株主総会参考書類の一部をウェブ開示する場合、狭義の招集通知においてウェブ開示の対象とする事項を記載する必要があります。なお、ウェブ開示事項を掲載している自社のホームページアドレスを株主総会参考書類に記載する必要がありますが、狭義の招集通知に当該アドレスを記載することにより、株主総会参考書類への記載を省略することができます。

「事業報告」「計算書類」「連結計算書類」の一部をウェブ開示する場合、ウェブ開示事項とその開示事項を掲載している自社のホームページアドレスを株主に通知する必要があります。招集通知への掲載は定められておりませんが、実務上は狭義の招集通知の欄外に記載し、株主への通知とすることが多いです。

また、監査役（監査等委員会、監査委員会）や会計監査人は株主宛に送付した書類は監査対象の一部である旨を株主に通知すべきことを請求できるとされております。この請求があった場合、通知の記載箇所は定められていませんが、上記のウェブ開示事項とその開示事項を掲載している自社のホームページアドレスを掲載している箇所の通知の直後に監査対象の一部である旨を記載するのが一般的です。

●関連規定●
【施行規則】
第94条　株主総会参考書類に記載すべき事項（次に掲げるものを除く。）に係る情報を、当該株主総会に係る招集通知を発出する時から当該株主総会の日から3箇月が経過する日までの間、継続して電磁的方法により株主が提供を受けることができる状態に置く措置（第222条第1項第1号ロに掲げる方法のうち、インターネットに接続された自動公衆送信装置（公衆の用に供する電気通信回線に接続することにより、その

記録媒体のうち自動公衆送信の用に供する部分に記録され、又は当該装置に入力される情報を自動公衆送信する機能を有する装置をいう。以下同じ。）を使用する方法によって行われるものに限る。第3項において同じ。）をとる場合には、当該事項は、当該事項を記載した株主総会参考書類を株主に対して提供したものとみなす。ただし、この項の措置をとる旨の定款の定めがある場合に限る。
一　議案
二　第74条の2第1項の規定により株主総会参考書類に記載すべき事項
三　第133条第3項第1号に掲げる事項を株主総会参考書類に記載することとしている場合における当該事項
四　次項の規定により株主総会参考書類に記載すべき事項
五　株主総会参考書類に記載すべき事項（前各号に掲げるものを除く。）につきこの項の措置をとることについて監査役、監査等委員会又は監査委員会が異議を述べている場合における当該事項
2　前項の場合には、株主に対して提供する株主総会参考書類に、同項の措置をとるために使用する自動公衆送信装置のうち当該措置をとるための用に供する部分をインターネットにおいて識別するための文字、記号その他の符号又はこれらの結合であって、情報の提供を受ける者がその使用に係る電子計算機に入力することによって当該情報の内容を閲覧し、当該電子計算機に備えられたファイルに当該情報を記録することができるものを記載しなければならない。

第133条

3　事業報告に表示すべき事項（次に掲げるものを除く。）に係る情報を、定時株主総会に係る招集通知を発出する時から定時株主総会の日から3箇月が経過する日までの間、継続して電磁的方法により株主が提供を受けることができる状態に置く措置（第222条第1項第1号ロに掲げる方法のうち、インターネットに接続された自動公衆送信装置を使用する方法によって行われるものに限る。第7項において同じ。）をとる場合における前項の規定の適用については、当該事項につき同項各号に掲げる場合の区分に応じ、当該各号に定める方法により株主に対して提供したものとみなす。ただし、この項の措置をとる旨の定款の定めがある場合に限る。
一　第120条第1項第4号、第5号、第7号及び第8号並びに第121条第1号、第2号及び第4号から第6号までに掲げる事項並びに第124条第2項の規定により事業報告に表示すべき事項
二　事業報告に表示すべき事項（前号に掲げるものを除く。）につきこの項の措置をとることについて監査役、監査等委員会又は監査委員会が異議を述べている場合における当該事項
4　前項の場合には、取締役は、同項の措置をとるために使用する自動公衆送信装置のうち当該措置をとるための用に供する部分をインターネットにおいて識別するための文字、記号その他の符号又はこれらの結合であって、情報の提供を受ける者がその使用に係る電子計算機に入力することによって当該情報の内容を閲覧し、当該電子計算

機に備えられたファイルに当該情報を記録することができるものを株主に対して通知しなければならない。
5　第3項の規定により事業報告に表示した事項の一部が株主に対して第2項各号に定める方法により提供したものとみなされた場合において、監査役、監査等委員会又は監査委員会が、現に株主に対して提供される事業報告が監査報告を作成するに際して監査をした事業報告の一部であることを株主に対して通知すべき旨を取締役に請求したときは、取締役は、その旨を株主に対して通知しなければならない。

【計算規則】
（計算書類等の提供）
第133条
4　提供計算書類に表示すべき事項（株主資本等変動計算書又は個別注記表に係るものに限る。）に係る情報を、定時株主総会に係る招集通知を発出する時から定時株主総会の日から3箇月が経過する日までの間、継続して電磁的方法により株主が提供を受けることができる状態に置く措置（会社法施行規則第222条第1項第1号ロに掲げる方法のうち、インターネットに接続された自動公衆送信装置（公衆の用に供する電気通信回線に接続することにより、その記録媒体のうち自動公衆送信の用に供する部分に記録され、又は当該装置に入力される情報を自動公衆送信する機能を有する装置をいう。以下この章において同じ。）を使用する方法によって行われるものに限る。第8項において同じ。）をとる場合における第2項の規定の適用については、当該事項につき同項各号に掲げる場合の区分に応じ、当該各号に定める方法により株主に対して提供したものとみなす。ただし、この項の措置をとる旨の定款の定めがある場合に限る。

■記載事例■

事例1　株主総会参考書類の一部をウェブ開示する場合
東急不動産株式会社（現東急不動産ホールディングス株式会社）
　4．その他株主総会招集に関する事項
　　　当社は、法令及び定款第16条の規定に基づき、次に掲げる事項については、株主総会参考書類並びに連結計算書類及び計算書類の記載に代えて当社ウェブサイト（http://www.tokyu-land.co.jp/stockholder/meeting.html）に掲載しております。
　（1）株主総会参考書類に関する事項
　　　「第2号議案における他の株式移転完全子会社（株式会社東急コミュニティー及び東急リバブル株式会社）の最終事業年度に係る計算書類等」
　（2）連結計算書類に関する事項
　　　「連結注記表」
　（3）計算書類に関する事項
　　　「個別注記表」

以　上

事例2　「事業報告」「計算書類」「連結計算書類」の一部をウェブ開示する場合
富士フイルムホールディングス株式会社

◎本株主総会招集ご通知に際して提供すべき書類のうち、「新株予約権等に関する事項」、「業務の適正を確保するための体制」、「会社の支配に関する基本方針」、「連結注記表」、「個別注記表」につきましては、法令及び定款第16条の規定に基づき、当社ウェブサイト（http://www.fujifilmholdings.com/ja/investors/index.html）に掲載しておりますので、本株主総会招集ご通知の添付書類には記載しておりません。したがって、本招集ご通知添付書類は、監査役が監査報告を、会計監査人が会計監査報告をそれぞれ作成するに際して監査をした書類の一部であります。

第3編

事業報告

1　株式会社の現況に関する事項
(1)　全般事項

Q 25　記載が求められている事項について、該当がない場合はどうしたらよいでしょうか。

A　「株式会社の現況に関する事項」で記載が求められる項目について、記載すべき事項がない場合には、項目自体の記載を省略して差し支えありません。また、該当がない旨を明らかにするため、項目を表示したうえで「該当事項がない」旨を記載することも考えられます。なお、設備投資の状況等、重要なものに限り記載することとされている事項について、全く該当がない訳ではないが重要性がない場合には、「特記すべき事項がない」旨を記載する例も見受けられます。

●関連規定●
【施行規則】
　（株式会社の現況に関する事項）
　第120条　前条第1号に規定する「株式会社の現況に関する事項」とは、次に掲げる事項（当該株式会社の事業が二以上の部門に分かれている場合にあっては、部門別に区別することが困難である場合を除き、その部門別に区別された事項）とする。
　一　当該事業年度の末日における主要な事業内容
　二　当該事業年度の末日における主要な営業所及び工場並びに使用人の状況
　三　当該事業年度の末日において主要な借入先があるときは、その借入先及び借入額
　四　当該事業年度における事業の経過及びその成果
　五　当該事業年度における次に掲げる事項についての状況（重要なものに限る。）
　　イ　資金調達
　　ロ　設備投資
　　ハ　事業の譲渡、吸収分割又は新設分割
　　ニ　他の会社（外国会社を含む。）の事業の譲受け
　　ホ　吸収合併（会社以外の者との合併（当該合併後当該株式会社が存続するものに限る。）を含む。）又は吸収分割による他の法人等の事業に関する権利義務の承継
　　ヘ　他の会社（外国会社を含む。）の株式その他の持分又は新株予約権等の取得又は処分

六　直前三事業年度（当該事業年度の末日において三事業年度が終了していない株式会社にあっては、成立後の各事業年度）の財産及び損益の状況
七　重要な親会社及び子会社の状況
八　対処すべき課題
九　前各号に掲げるもののほか、当該株式会社の現況に関する重要な事項

■記載事例■

事例1　東和薬品株式会社

③ 資金調達の状況
　　当社グループは、当連結会計年度において、金融機関からの借入金により4,400百万円の調達を行いました。

④ 事業の譲渡、吸収分割又は新設分割の状況
　　該当事項はありません。

⑤ 他の会社の事業の譲受けの状況
　　該当事項はありません。

⑥ 吸収合併又は吸収分割による他の法人等の事業に関する権利義務の承継の状況
　　該当事項はありません。

⑦ 他の会社の株式その他の持分又は新株予約権等の取得又は処分の状況
　　該当事項はありません。

事例2　株式会社インフォメーション・ディベロプメント

(2) 設備投資の状況
　　当連結会計年度の設備投資については、特記すべき事項はありません。

1 　株式会社の現況に関する事項
(1)　全般事項

Q 26　当社は連結計算書類を作成しているのですが、企業集団（連結）の状況で記載する必要があるでしょうか。また、その場合はすべての項目を企業集団（連結）の状況で記載するのですか。

A　連結計算書類を作成している場合、「株式会社の現況に関する事項」で記載が求められる項目（施行規則120条1項各号）については企業集団（連結）の状況で記載することができますが、必ずしも企業集団（連結）の状況で記載する必要はなく、単体の状況で記載することも可能です。

　また、企業集団（連結）の状況で記載する場合には、「会社の現況に関する事項」のすべての項目を企業集団（連結）の状況で記載する必要があり、一部の項目のみを単体の状況で記載することはできません。なお、すべての項目について企業集団（連結）の状況で記載したうえで、一部の項目（例えば「直前三事業年度の財産および損益の状況」等）について、連結と単体の状況を併記する例も見受けられます。

●関連規定●
【施行規則】
　　（株式会社の現況に関する事項）
　第120条
　2　株式会社が当該事業年度に係る連結計算書類を作成している場合には、前項各号に掲げる事項については、当該株式会社及びその子会社から成る企業集団の現況に関する事項とすることができる。この場合において、当該事項に相当する事項が連結計算書類の内容となっているときは、当該事項を事業報告の内容としないことができる。

■記載事例■

大日本住友製薬株式会社

（5）財産および損益の状況

①企業集団の財産および損益の状況

区　分	平成24年3月期	平成25年3月期	平成26年3月期	平成27年3月期（当期）
売上高 (百万円)	350,395	347,724	387,693	371,370
経常利益 (百万円)	18,872	24,505	40,631	23,331
当期純利益 (百万円)	8,629	10,043	20,060	15,447
1株当たり当期純利益	21円72銭	25円28銭	50円49銭	38円88銭
総資産 (百万円)	559,410	607,219	659,032	711,583
純資産 (百万円)	319,227	349,248	398,540	451,021

②当社の財産および損益の状況

区　分	平成24年3月期 第192期	平成25年3月期 第193期	平成26年3月期 第194期	平成27年3月期 第195期（当期）
売上高 (百万円)	203,460	189,962	200,745	183,073
経常利益 (百万円)	35,184	18,502	23,403	15,136
当期純利益 (百万円)	22,058	11,356	15,210	16,968
1株当たり当期純利益	55円52銭	28円58銭	38円28銭	42円71銭
総資産 (百万円)	549,418	554,480	568,152	595,144
純資産 (百万円)	367,035	376,918	385,897	400,110

1 株式会社の現況に関する事項
(1) 全般事項

Q 27 原則として事業年度中の内容について記載するものと思いますが、事業年度末日後の内容を記載してもよいでしょうか。

A 監査役会の監査報告書受領までに生じた重要な事象であれば記載する必要があります。

「株式会社の現況に関する事項」については、施行規則120条1項各号の定めに基づき、事業年度中または事業年度末日時点の内容を記載することが原則ですが、事業年度末日後に生じた事象について、重要性があれば「その他株式会社の現況に関する重要な事項」として記載することとなります。記載方法としては、「その他株式会社（企業集団）の現況に関する重要な事項」の項目を設けて記載したり、該当する項目の注記として記載したりすることが考えられます。

なお、事業報告は監査役（会）の監査を受けなければならないことから（会社法436条1項・2項）、事業報告の内容とすることができるのは、監査役（会）の監査報告受領までに生じた事象に限られます。その後に生じた事象については、事業報告以外の箇所（監査報告の後ろ等）に「監査役会の監査報告書受領後に生じた当社および企業集団に関する重要な事実」のような項目を設けて記載することが考えられます。

●関連規定●
【施行規則】
（株式会社の現況に関する事項）
第120条　前条第1号に規定する「株式会社の現況に関する事項」とは、次に掲げる事項（当該株式会社の事業が二以上の部門に分かれている場合にあっては、部門別に区別することが困難である場合を除き、その部門別に区別された事項）とする。
　九　前各号に掲げるもののほか、当該株式会社の現況に関する重要な事項

■記載事例■

事例1　株式会社日阪製作所
(9) その他企業集団の現況に関する重要な事項
　　当社は、平成27年5月25日付で、本店を大阪市北区曽根崎二丁目12番7号に移転いたしました。これに伴い登記上の本店所在地も変更しております。

事例2　オイレス工業株式会社
(6) 主要な営業所及び工場（平成27年3月31日現在）
　① 当社
　　　本社：神奈川県藤沢市桐原町8番地
　　　　（登記上本店）東京都港区港南一丁目6番34号
　　　（注）登記上の本店は、平成27年4月13日付で、東京都港区港南一丁目2番70号に移転いたしました。

1　株式会社の現況に関する事項
(1)　全般事項

Q28 事業年度の変更（決算期の変更）を行った翌期における「事業の経過および成果」の記載で留意すべき事項はありますか。

A　事業報告では、前年度の数値と比較して説明することがあります。事業年度の変更に伴い、当年度の数値が1年に満たないまたは超える状況であると、前年の数値と比較することが困難となる場合があることから、数値の比較を行わないという方法や、同じ期間に調整して比較する方法があります。なお、決算期変更を実施した場合は、1年ではない決算期が前年となる状況もあることから、通常は2期にわたり決算期変更に伴う前年度との比較についての説明が必要となります。

●関連規定●
質問に係る規定はありません。

■記載事例■

事例1　数値の比較を行わない場合
ツインバード工業株式会社

（添付書類）

事 業 報 告
（平成26年3月1日から
平成27年2月28日まで）

1．企業集団の現況に関する事項
(1) 事業の経過及びその成果

　　　当社は前連結会計年度より決算期を3月25日から2月末日に変更しております。これに伴い、当連結会計期間（平成26年3月1日から平成27年2月28日まで）は、比較対象となる前連結会計期間（平成25年3月26日から平成26年2月28日まで）と期間が異なることから、業績の比較は記載しておりません。

事例2　数値の比較を行う場合
ウエルシアホールディングス株式会社

　添付書類

事 業 報 告
（平成26年9月1日から
平成27年2月28日まで）

　当社は、平成26年11月26日の第6回定時株主総会の決議により、事業年度の末日を従来の8月31日から2月末日に変更いたしました。
　これにより、当第7期事業年度が平成26年9月1日から平成27年2月28日までの6ヵ月の変則決算となることから、当期の経営成績は、比較を容易にするため、前年同期（平成25年9月1日から平成26年2月28日まで）を比較対象としております。

1 株式会社の現況に関する事項
(1) 全般事項

Q 29 株式会社の現況に関する事項の内容として記載が求められる事項のうち、「事業の経過およびその成果」における当期業績や「使用人の状況」における使用人数など、部門別の内容を記載している会社が見られますが、そのように記載する必要があるのでしょうか。

A 株式会社の現況に関する事項の内容については、当該会社の事業が2以上の部門に分かれている場合に、部門別に区別することが困難である場合を除き、部門別に区別して記載することとされています。

したがって、当期業績や使用人数以外の内容についても、部門別に区別して記載することが可能である内容は、部門別に区別して記載することになります。

●関連規定●
【施行規則】
　（公開会社の特則）
　第119条　株式会社が当該事業年度の末日において公開会社である場合には、次に掲げる事項を事業報告の内容に含めなければならない。
　　一　株式会社の現況に関する事項

　（株式会社の現況に関する事項）
　第120条　前条第1号に規定する「株式会社の現況に関する事項」とは、次に掲げる事項（当該株式会社の事業が2以上の部門に分かれている場合にあっては、部門別に区別することが困難である場合を除き、その部門別に区別された事項）とする。
　　二　当該事業年度の末日における主要な営業所及び工場並びに使用人の状況
　　四　当該事業年度における事業の経過及びその成果

■記載事例■

事例1　当期業績の部門別記載
株式会社 NFK ホールディングス

1. 企業集団の現況に関する事項
(1) 事業の経過及びその成果

　　当連結会計年度におけるわが国経済は、政府の経済政策や日銀の金融緩和策を背景に、企業業績や雇用・所得環境が改善し、景気は緩やかな回復基調で推移いたしました。その一方で、消費税増税や為替変動に起因する物価上昇などによる個人消費の停滞が継続しており、景気の先行きについては不安定感を抱えた状況で推移いたしました。海外におきましては、米国において企業業績や個人消費が底堅く推移し、また、ユーロ圏の景気も緩やかに回復傾向を示す一方、一部地域における政治情勢の混迷や、新興諸国の景気減速・成長鈍化といった下振れリスクも存在しており、依然として先行き不透明な状況が続きました。

　　当社グループにおきましては、前連結会計年度に受注したマレーシア向け大型インシネレータなどがあったものの、国内外共に受注は低水準に止まっており、非常に厳しい環境下での事業運営を迫られることとなりました。

　　このような状況の中、当社グループでは、平成26年4月にスタートさせた「16中期経営計画」に基づき、「燃焼装置関連事業の海外展開強化」、「市場ニーズに対応した新商品の開発」、「安定配当の実現」、「コンプライアンス及びコーポレート・ガバナンス重視の徹底」の4つの経営基本方針と「海外売上比率50％」、「新技術新商品の創出」、「国内基盤固め」、「トータル原価の削減」の4つの重点戦略を掲げて全社を挙げて取り組んでまいりました。しかしながら、一部の大型案件において収益率が想定を大きく下回ったことなどから、当連結会計年度の業績は、売上高30億1千万円（前年比5.1％減）、営業利益8千6百万円（前年比61.2％減）、経常利益9千万円（前年比58.6％減）、当期純利益6千2百万円（前年比66.4％減）となっております。

　　各事業部門別の業績は次のとおりです。
［環境装置石油化学部門］
　　環境装置石油化学部門におきましては、産業用各種燃焼装置や管式加熱炉、石油化学用低ＮＯｘバーナ、各種ガスバーナなどが主力製品となっておりますが、前連結会計年度に受注した海外向け大型のインシネレータの受注があったものの、その他の受注が非常に厳しい状況で推移したことなどから、当連結会計年度における売上高は前年比56.1％減の6億6千2百万円となりました。

［工業炉部門］

　工業炉部門におきましては、非鉄金属熱処理炉、一般熱処理炉及び鋳造炉、回転炉などが主力製品となっております。当連結会計年度におきましては、自動車関連向け及び重工業関連向けを中心に受注が順調に推移したことなどから、当連結会計年度における売上高は前年比215.5％増の７億４千１百万円となりました。

［ボイラ用機器部門］

　ボイラ用機器部門におきましては、ボイラ用低ＮＯｘバーナ、ボイラ用省エネルギー装置、ボイラ用パッケージバーナなどが主力製品となっておりますが、大型案件の引き合いが少なく、受注も低調に推移したことから、当連結会計年度における売上高は前年比16.0％減の１億９千５百万円となりました。

［工業炉用機器部門］

　工業炉用機器部門におきましては、各種工業炉用バーナ、各種工業炉用低ＮＯｘバーナなどが主力製品となっておりますが、ラジアントチューブバーナなどを中心に受注が順調に推移したことから、当連結会計年度における売上高は前年比28.0％増の３億５千５百万円となりました。

［産業機械用機器部門］

　産業機械用機器部門におきましては、各種ロータリーキルン用バーナ、各種シャフトキルン用バーナなどのほか、熱風発生炉などが主力製品となっておりますが、熱風発生炉の受注が順調に推移したことにより、当連結会計年度における売上高は前年比109.7％増の２億７千７百万円となりました。

［メンテナンスサービス部門］

　各種燃焼設備の整備、工事、メンテナンス部門におきましては、子会社の株式会社ファーネスＥＳにおいて受注が低調に推移したことから、当連結会計年度における売上高は前年比20.2％減の２億４千６百万円となりました。

［部品部門］

　燃焼装置・機器の部品販売部門におきましては、当連結会計年度における売上高は前年比10.6％増の３億９百万円となりました。

［ＨＲＳ部門］

　ＨＲＳ部門におきましては、鉄・鋳鍛鋼産業関係蓄熱バーナシステムが、主力製品となっております。当連結会計年度における売上高は前年比14.3％増の２億２千万円となりました。

事例2　使用人数の部門別記載
東亞合成株式会社

(8) 使用人の状況（平成26年12月31日現在）
　①企業集団の使用人の状況

部　門　別	使　用　人　数	前連結会計年度末比増減
基　礎　化　学　品	334 名	14 名減
ア　ク　リ　ル　製　品	462 名	増減なし
機　能　製　品	401 名	5 名減
樹　脂　加　工　製　品	549 名	2 名減
そ　の　他　の　事　業	332 名	125 名減
全　社　（共　通）	364 名	105 名増
合　　計	2,442 名	41 名減

(注) 1. 休職者、企業集団外への出向者は除いております。
　　 2. 「その他の事業」の減少および「全社（共通）」の増加の主な理由は、ＴＯＡエンジニアリング株式会社の解散により同社使用人の事業区分を変更したことによるものであります。

1 株式会社の現況に関する事項
(2) 事業の経過およびその成果

Q 30 当期首に事業区分を変更した場合、当項目について何か留意することはありますか。

A 当期首より事業区分を変更した場合には、変更理由や変更内容について事業区分別の業績説明と合わせて記載することが考えられます。また、前年と比較できるように前期の区分を当期に合わせて組み替えて比較している場合はその旨も併せて記載するのが一般的です。なお、従業員の状況等、他の項目で事業区分別に記載している項目がある場合には、当該項目においても同様に事業区分を変更している旨等を記載することが考えられます。

●関連規定●
質問に係る規定はありません。

■記載事例■

事例1　ユアサ商事株式会社
（2）部門別の営業の概況
部門別の営業の概況は次のとおりであります。
なお、当連結会計年度から、事業拡大に向けた組織変更に伴い、従来「産業機器部門」のセグメント区分に含めておりました工場向けプラント設備機器等の販売事業を「住設・管材・空調部門」に含める変更をしております。以下の前連結会計年度比較につきましては、前連結会計年度の数値を変更後のセグメント区分に組み替えて比較しております。

事例2 株式会社秀英予備校

7. 従業員の状況
(1) 企業集団の従業員の状況

セグメントの名称	従業員数（名）	前期末比増減（名）
小中学部	552	△28
高校部	108	△4
その他の教育事業	57	―
全社（共通）	58	△2
合計	775	△34

(注) 1. 臨時雇用者の当連結会計年度の1ヶ月当たり平均雇用人数（8時間／日換算）は194名であり、大半は個別指導講師、チューター（個別質問対応・事務補助）、高校部の年間契約講師、清掃パート、派遣社員、契約社員であります。なお、この人員につきましては、上記の従業員数には含まれておりません。
2. 全社（共通）は、人事総務及び経理等の管理部門の従業員であります。
3. 当連結会計年度よりセグメント変更を行っているため、前期末比増減においては、前年の数値を変更後のセグメントに組み替えて比較を行っております。

事例3　株式会社アミューズ

(5) **主要な事業内容**（平成27年3月31日現在）
　当社の企業集団は、総合エンターテインメント企業である当社を中心として、子会社20社及び関連会社4社により構成されております。
　グループ展開により、単なるプロダクションの枠組みを超えて、グループ全体の事業の核を「コンテンツビジネス」におき、文化を創造する総合エンターテインメント集団としての企業基盤の強化を図っております。
　なお、当連結会計年度（平成26年4月1日から平成27年3月31日まで）における連結子会社は12社となっております。

事業区分	主要事業内容	当期営業収入比率(%)
アーティストマネージメント事業	イベント収入 （コンサート・イベント・舞台等の興行及び制作収入） ファンクラブ・商品売上収入 （アーティストグッズ等の企画・制作・販売収入、音楽作品の発売による収入、ファンクラブ会費収入） 出演収入・CM収入 印税収入（新譜） （初回収益計上日より1年以内分）	76.4
メディアビジュアル事業	映像作品販売収入 映像製作収入 番組制作収入	15.8
コンテンツ事業	音楽・映像収入（旧譜） （音楽は初回収益計上日より1年超経過分、映像は同2年超経過分）	6.6
プレイスマネージメント事業	入場料収入（テーマパーク等の運営収入） その他収入（各種グッズの企画・制作・販売収入、飲食店収入等）	1.2

（注）当連結会計年度より、既存事業で培ったノウハウを基に、外部のコンテンツを探し出しテーマパーク等を事業展開することで、自社のアーティストに依存しない事業を新たに、「プレイスマネージメント事業」として区分することとし、事業区分を4区分に変更しております。

1 株式会社の現況に関する事項
(3) 設備投資の状況

Q 31 当社は、主要設備の新設と現有設備の拡充のほか、固定資産の一部の売却を行っていますが、当該内容についても記載する必要があるのでしょうか。

A 施行規則では、記載対象について「設備投資（重要なものに限る）」とのみ規定されていますが（120条1項5号ロ）、当事業年度中に完成した主要設備、当事業年度継続中の主要設備の拡充等のほか、生産能力に重要な影響を及ぼす固定資産の売却、撤去または災害等による滅失等も記載事項となることから、貴社における固定資産の一部売却についても重要事項であれば、記載する必要があります。

なお、固定資産の売却、撤去または災害等による滅失等も記載する場合に、項目名を「設備投資等の状況」とする事例も見られます。

（参考文献）
岡田孝介「事業報告作成上の留意点」商事法務1994号（2013年）24頁
全国株懇連合会編『全株懇モデル〔新訂3版〕』（商事法務、2011年）383頁

●関連規定●
【施行規則】
　（株式会社の現況に関する事項）
　第120条　前条第1号に規定する「株式会社の現況に関する事項」とは、次に掲げる事項（当該株式会社の事業が2以上の部門に分かれている場合にあっては、部門別に区別することが困難である場合を除き、その部門別に区別された事項）とする。
　　五　当該事業年度における次に掲げる事項についての状況（重要なものに限る。）
　　　ロ　設備投資

■記載事例■

カーリットホールディングス株式会社

(2) 設備投資等の状況
　　当連結会計年度中に実施した設備投資等の総額は12億1百万円であります。
① 当連結会計年度中に完成した主要設備
　　化学品事業部門
　　　　日本カーリット㈱　　　　広桃発電所更新工事
　　　　　　　　　　　　　　　　電池試験所拡充工事

　　ボトリング事業部門
　　　　ジェーシーボトリング㈱　ドリップ式抽出器増設

② 当連結会計年度継続中の主要設備の新設・拡充
　　化学品事業部門
　　　　日本カーリット㈱　　　　信号炎管設備増設

③ 重要な固定資産の売却、撤去、滅失
　　化学品事業部門
　　　　日本カーリット㈱　　　　保土ヶ谷工場跡地売却

1 株式会社の現況に関する事項
(4) 資金調達の状況

Q 32 資金調達の状況には経常的な資金調達も記載するのでしょうか。

A 資金調達の状況は、増資または社債発行など非経常的な資金調達について記載するのが通例です。ただし、営業資金等であっても相当の資金量を必要とする業種であり、借入金に依存する割合が大きいような場合は記載することが考えられます。

●関連規定●
【施行規則】
　（株式会社の現況に関する事項）
　第120条　前条第1号に規定する「株式会社の現況に関する事項」とは、次に掲げる事項（当該株式会社の事業が2以上の部門に分かれている場合にあっては、部門別に区別することが困難である場合を除き、その部門別に区別された事項）とする。
　　五　当該事業年度における次に掲げる事項についての状況（重要なものに限る。）
　　　イ　資金調達

■記載事例■

事例1　社債発行と第三者割当増資の事例
伊藤忠商事株式会社

(8)資金調達の状況

　当社グループは、当社を中心に資金調達を行っております。当社は、金融機関からの借入及び短期社債（電子CP）の発行等に加え、次のとおり合計300億円の円建無担保普通社債及び100百万米ドルの米ドル建無担保普通社債を発行、また総額1,024億14百万円の第三者割当増資を行いました。

社債の発行による調達

銘柄	発行総額	発行年月日	発行会社
円建2021（平成33）年満期　0.487％利付普通社債	100億円	平成26年5月30日	当社
円建2024（平成36）年満期　0.785％利付普通社債	100億円	平成26年5月30日	当社
円建2027（平成39）年満期　0.689％利付普通社債	100億円	平成27年3月27日	当社
米ドル建2019（平成31）年満期　変動利付普通社債	100百万米ドル	平成26年12月8日	当社

第三者割当増資による調達

区分	発行総額	払込期日	発行会社
第三者割当増資	1,024億14百万円	平成26年9月18日	当社

（注）割当先：CP WORLDWIDE INVESTMENT COMPANY LIMITED　63,500千株
　　　　　　　EN-CP GROWTH INVESTMENT L.P.　14,500千株

事例2　公募増資と第三者割当増資の事例
ジャパンマテリアル株式会社

② 資金調達の状況

　当社は、平成27年3月9日に公募増資により新株式600,000株を発行（引受価額1株につき1,482.18円）し889百万円、平成27年3月25日に第三者割当により新株式90,000株を発行（引受価額1株につき1,482.18円）し133百万円の資金調達を行いました。

事例3　多額の借入に伴う事例
京阪電気鉄道株式会社

(3)資金調達の状況

　設備資金などに充当するため、当連結会計年度に㈱日本政策投資銀行から40億4千万円を借り入れたのをはじめ、金融機関から所要の借入をおこないました。
　なお、当連結会計年度末の有利子負債残高は3,110億1千万円となり、前期末に比較して100億3千4百万円減少いたしました。

1 株式会社の現況に関する事項
(5) 対処すべき課題

Q 33 対処すべき課題にはどのような内容を記載すべきでしょうか。また、中期経営計画がある場合にはその内容も記載すべきでしょうか。

A 　施行規則では、記載対象について「対処すべき課題」とのみ規定されていますが（120条1項8号）、取り巻く環境や当期の業績等を鑑みて、事業の維持・発展を図るために克服すべき当面の主要課題について、事業報告作成時点の内容を記載することが求められています。

　また、当面の主要課題に対する会社の対処方針や計画等（中期経営計画を含む）については、その内容を掲載することが具体的に定められているわけではありませんが、当面の主要課題に付随する事項として、企業秘密の保持等の観点に配慮しつつ、既に公表されている中期経営計画等を掲載されている事例も多くなってきています。

（参考文献）
石井裕介・小畑良晴・阿部光成編著『新しい事業報告・計算書類——経団連ひな型を参考に〔第4版〕』（商事法務、2012年）45頁、46頁
みずほ信託銀行株式戦略企画部編『株主総会招集通知作成ガイドブック』（中央経済社、2009年）128頁、129頁

●関連規定●
【施行規則】
　（株式会社の現況に関する事項）
　第120条　前条第1号に規定する「株式会社の現況に関する事項」とは、次に掲げる事項（当該株式会社の事業が2以上の部門に分かれている場合にあっては、部門別に区別することが困難である場合を除き、その部門別に区別された事項）とする。
　　八　対処すべき課題

■記載事例■

事例1　中期経営計画の掲載がない場合
HOYA株式会社

対処すべき課題
当社グループは、企業価値の最大化を重点方針に掲げ、参入している市場においてトップシェアを獲得すべく、グローバルにグループ経営を推し進めております。多岐にわたる事業運営において、経営資源の最適な組み合わせにより、競争力を最大限に引き出し、業績向上に取り組んでまいります。
当社グループにおける経営課題は以下のとおりです。
① 市場の変化への柔軟な対応と効率的な経営資源の活用
　当社グループの事業領域は多岐にわたっておりますが、市場の動向にすばやく柔軟に対応していくために、顧客のニーズを的確に把握し、競合に先んじた戦略を立案してまいります。当社グループの経営資源を適切に配分し、設備投資、事業提携、M＆A、事業の撤退・縮小といった判断をタイムリーに行ってまいります。
② 新たな事業、技術の創出
　企業収益を確保し、成長し続けるためには、既存事業の伸長はもとより、他社に真似のできない技術を開発し、新たな事業を創出していくことにより、従来とは異なる成長分野を生み出すことが重要な課題と認識しております。
　世界に通用する技術や競争優位性の高い製品の開発、新規事業の開拓・創造、そして次代を担う人材の獲得・育成にさらに力を注いでまいります。
③ ライフケア事業の事業拡大
　医療の現場では医師・患者双方の要求として負担軽減・治療の短時間化が望まれるようになり、低侵襲医療が加速度的に普及してきております。当社グループは、光学の知識・経験を応用したライフケア事業（メガネレンズ・コンタクトレンズ等のヘルスケア関連製品および医療用内視鏡等のメディカル関連製品）を戦略的成長分野と位置づけ、経営資源を優先的に投入し、先進国におけるシェアの拡大と新興国への展開によるグローバルな売上成長により事業の拡大を図ってまいります。
④ 情報・通信事業の安定的な収益の確保
　情報・通信事業は市場が成熟化してきておりますが、顧客との連携強化による技術開発、製品の差別化の推進、および新製品開発の加速により、景気に左右されず受注を確保し、収益性が維持できる事業分野にしてまいります。同時に、引き続き生産拠点の効率化、生産技術の革新によるコストダウンにも力を注いでまいります。そして、ここで生み出される収益を今後の成長分野であるライフケア事業に主に振り向けてまいります。
　このように、ライフケア事業と情報・通信事業のバランスを取ることにより、市況や得意先の景況による当社グループの業績の変動幅を軽減し、好不況の影響を受けにくい企業体質を固めてまいります。
⑤ 省エネルギー対策およびリスク分散、危機管理対応
　当社グループはこれまでも、全社を挙げて省エネをはじめとする環境保全に取り組んでまいりましたが、平成23年3月の東日本大震災および同年10月に発生したタイにおける大規模洪水という二つの大きな災害を教訓に、使用電力のさらなる削減に取り組むとともに、リスクマネジメントの観点からも海外移転を含む製造拠点の分散化を進めてきました。社会の一員として、また供給責任という観点からも、引き続き省エネルギー対策、リスク分散、危機管理対応に積極的に取り組んでまいります。

事例2　中期経営計画の掲載がある場合
トヨタ紡織株式会社

(5) 対処すべき課題

今後の世界経済の見通しにつきましては、世界景気は緩やかに拡大されると思われますが、中国の経済成長の減速と、それによる周辺国への影響など先行き不透明な状況は変わりありません。また、日本経済においては消費税増税に伴う駆け込み需要の反動の影響は和らぎ、企業収益は堅調に推移しましたが、個人消費には依然として弱さがあり、引き続き予断を許さないものと考えます。

世界の自動車市場については、世界経済の成長にあわせて順調に拡大しており、この先も拡大する見込みでありますが、ますます競争は激化することが予想されます。このような中で当社グループは、2015年度、2016年度を持続的な成長を図るための足元固めの期間と位置づけ、次の主要課題に取り組んでまいります。

①体質強化の構築
・現場力強化によるQCDの向上（Quality 品質、Cost 価格、Delivery 納期）
・米州、欧州地域の不採算事業の建て直し
・ガバナンスの強化

②成長するための商品力の強化
・コアとなるシート事業の技術力強化
・付加価値の高い「もっといい商品」の開発、提供

株主の皆様におかれましては、今後とも引き続き変わらぬご支援とご指導を賜りますようお願い申しあげます。

2020Vision・2015年中期経営計画

世界有数の内装システムサプライヤー・フィルターメーカーを目指すトヨタ紡織グループは、グローバルマーケットで勝ち残るために、2020年度に向けた長期経営ビジョン「2020Vision」と、ビジョン達成に向けた2015年度までの中期経営計画を策定しております。

1 株式会社の現況に関する事項
(6) 財産および損益の状況

Q 34 直前3事業年度の財産および損益の状況において開示すべき「内容」に決まりはあるのでしょうか。

A 施行規則においては、財産や損益の状況について事業報告の内容とするとだけ規定されていますので（120条1項6号）、その具体的な科目については、規則上は指定されていません。なお、実例を見ると「売上高」「経常利益」「当期純利益」「1株当たり当期純利益」「総資産額」「純資産額」「1株当たり純資産額」を記載するのが一般的となっています。また、実例では自己資本利益率（ROE）、株価収益率（PER）、配当性向（DPR）など、会社の経営状態を示すものとして有益と思われる指標も積極的に明らかにする会社があります。

●関連規定●
【施行規則】
（株式会社の現況に関する事項）
第120条　前条第1号に規定する「株式会社の現況に関する事項」とは、次に掲げる事項（当該株式会社の事業が2以上の部門に分かれている場合にあっては、部門別に区別することが困難である場合を除き、その部門別に区別された事項）とする。
六　直前三事業年度（当該事業年度の末日において三事業年度が終了していない株式会社にあっては、成立後の各事業年度）の財産及び損益の状況

■記載事例■

エーザイ株式会社

2）財産および損益の状況

　当社は、2013年度より、国際会計基準（IFRS）にもとづいて連結計算書類を作成しています。下表は、IFRSに準拠した用語にもとづいて表示しています[注]。

◆連結経営指標等の推移

区分		2011年度（第100期）日本基準	2012年度（第101期）日本基準	2013年度（第102期）日本基準	2013年度（第102期）IFRS	2014年度（第103期）IFRS
売上収益	（億円）	6,480	5,737	6,004	5,995	5,485
営業利益	（億円）	957	705	711	664	283
経常利益	（億円）	900	656	649	—	—
税引前当期利益	（億円）	946	714	582	623	259
当期利益	（億円）	585	483	330	385	435
資本合計	（億円）	4,234	4,743	5,109	5,294	6,021
資産合計	（億円）	10,047	9,902	9,455	9,738	10,538
1株当たり親会社所有者帰属持分[*1]	（円）	1,462.53	1,646.31	1,776.48	1,845.06	2,096.39
1株当たり配当金（DPS）（うち1株当たり中間配当金）	（円）（円）	150(70)	150(70)	150(70)	150(70)	150(70)
基本的1株当たり当期利益[*2]（EPS）	（円）	205.33	169.38	115.56	134.13	151.57
希薄化後1株当たり当期利益[*2]	（円）	205.31	169.31	115.46	134.01	151.37
親会社所有者帰属持分比率	（％）	41.5	47.4	53.6	54.0	56.8
親会社所有者帰属持分当期利益率（ROE）	（％）	14.3	10.9	6.8	7.6	7.7
株価収益率（PER）	（倍）	16.02	24.80	34.77	29.96	56.31
配当性向（DPR）	（％）	73.1	88.6	129.8	111.8	99.0
親会社所有者帰属持分配当率（DOE）	（％）	10.4	9.6	8.8	8.5	7.6
負債比率[*3]（Net DER）	（倍）	0.38	0.27	0.14	0.14	0.06
営業活動によるキャッシュ・フロー	（億円）	906	732	857	913	760
投資活動によるキャッシュ・フロー	（億円）	△26	217	262	209	△188
財務活動によるキャッシュ・フロー	（億円）	△780	△818	△1,148	△1,151	△597
現金及び現金同等物の期末残高	（億円）	1,126	1,425	1,539	1,539	1,733
フリー・キャッシュ・フロー	（億円）	714	545	664	794	604

（注）IFRSに準拠した用語について、日本基準による用語では、「売上収益」は「売上高」、「税引前当期利益」は「税金等調整前当期純利益」、「当期利益」は「当期純利益」、「資本合計」は「純資産合計」、「基本的1株当たり当期利益」は「1株当たり当期純利益」、「親会社所有者帰属持分」は「自己資本」となります。

*1　2013年度より、1株当たり親会社所有者帰属持分の算定上、期末発行済株式数から控除する自己株式に、信託として保有する当社株式を含めています。

*2　2013年度より、基本的1株当たり当期利益および希薄化後1株当たり当期利益の算定上、期中平均株式数の計算において控除する自己株式に、信託として保有する当社株式を含めています。

*3　当社では、以下の算式で負債比率を算定しています。
　　　負債比率（Net DER）＝｛有利子負債（社債及び借入金）－現金及び現金同等物－3カ月超預金等｝
　　　　　　　　　　　　　÷親会社の所有者に帰属する持分

1 株式会社の現況に関する事項
(6) 財産および損益の状況

Q 35 株式分割を行った場合、過年度分はどのように記載すべきでしょうか。

A 株式分割を行った場合、過年度の金額については、原則として各期において確定済みの計算書類または連結計算書類に記載されている内容を表示すれば足ります。しかし、施行規則において「会計方針の変更その他の正当な理由により当該事業年度より前の事業年度に係る定時株主総会において承認又は報告したものと異なっているときは、修正後の過年度事項を反映した事項とすることを妨げない」と定められており（120条3項）、株式会社（企業集団）の現況についての的確な判断のために時系列的な情報を株主に提供する観点から、過年度の数値を組み替えた内容を表示することも認められます。

なお、過年度の数値を組み替えた内容を表示する方法としては、①株式分割を行った期以前の期すべてについて組み替え後の数値を記載する方法、②株式分割を行った期の前期についてのみ組み替え後の数値を記載する方法、③表中の数値は組み替えず、過年度分を組み替えた内容を注記する方法があります。

上記の取扱いは株式分割に限らず、株式併合や誤謬の訂正、会計方針の変更を行った場合も同様です。

●関連規定●
【施行規則】
　　（株式会社の現況に関する事項）
　第120条
　3　第1項第6号に掲げる事項については、当該事業年度における過年度事項（当該事業年度より前の事業年度に係る貸借対照表、損益計算書又は株主資本等変動計算書に表示すべき事項をいう。）が会計方針の変更その他の正当な理由により当該事業年度

より前の事業年度に係る定時株主総会において承認又は報告をしたものと異なっているときは、修正後の過年度事項を反映した事項とすることを妨げない。

■記載事例■

事例1　株式会社ドリームインキュベータ

(9) 財産および損益の状況の推移

①企業集団の財産および損益の状況

区分		第12期 平成23年4月1日から 平成24年3月31日まで	第13期 平成24年4月1日から 平成25年3月31日まで	第14期 平成25年4月1日から 平成26年3月31日まで	第15期(当連結会計年度) 平成26年4月1日から 平成27年3月31日まで
売　上　高	(百万円)	6,526	7,693	9,092	13,343
経　常　利　益	(百万円)	1,104	759	1,101	1,373
当　期　純　利　益	(百万円)	833	671	854	993
1株当たり当期純利益	(円)	86.98	70.02	88.13	103.23
総　資　産	(百万円)	10,551	12,056	19,539	15,734
純　資　産	(百万円)	8,707	9,622	14,344	11,446

(注)　1. 平成26年4月1日付で株式1株につき100株の株式分割を行っております。第12期の期首に当該株式分割が行われたと仮定して「1株当たり当期純利益」を算定しております。
　　 2. 1株当たり当期純利益については、期中平均発行済株式総数から期中平均自己株式数を控除した株式数に基づき算出しております。

事例2　日本高純度化学株式会社

(5) 財産及び損益の状況の推移

(単位：千円)

区　　分	第41期 平成24年3月期	第42期 平成25年3月期	第43期 平成26年3月期	第44期 平成27年3月期
売　上　高	9,721,165	9,971,836	9,189,819	9,556,139
経　常　利　益	1,309,088	1,207,191	1,025,030	1,176,334
当　期　純　利　益	697,872	807,119	670,311	768,276
1株当たり当期純利益 (円.銭)	11,437.16	13,419.70	114.80	131.87
総　資　産	7,888,460	8,274,438	8,790,980	10,706,160
純　資　産	7,027,586	7,313,128	7,606,889	9,010,394
1株当たり純資産額 (円.銭)	115,406.06	122,101.46	1,301.65	1,537.88

(注)　1. 第44期の状況につきましては、前記(1)事業の経過及び成果に記載のとおりであります。
　　 2. 単位未満は切り捨てて表示しております。
　　 3. 平成26年4月1日付で普通株式1株につき100株の割合で株式分割を行っております。そのため、第43期の期首に当該分割が行われたと仮定して、1株当たり当期純利益及び1株当たり純資産額を算定しております。

事例3　株式会社コンテック

（4）財産及び損益の状況の推移

区　　分	平成24年3月期 （第37期）	平成25年3月期 （第38期）	平成26年3月期 （第39期）	平成27年3月期 （第40期） （当連結会計年度）
売　上　高	16,475百万円	17,429百万円	21,942百万円	22,519百万円
経　常　利　益	182百万円	278百万円	554百万円	774百万円
当　期　純　利　益	68百万円	170百万円	727百万円	845百万円
1株当たり当期純利益	20円84銭	51円62銭	220円42銭	128円07銭
総　資　産	14,370百万円	16,227百万円	17,701百万円	18,907百万円
純　資　産	5,211百万円	5,609百万円	7,018百万円	8,449百万円
1株当たり純資産額	1,574円87銭	1,670円79銭	2,084円94銭	1,261円54銭

（注）1．1株当たり当期純利益は期中平均株式数により、また、1株当たり純資産額は期末発行済
株式総数から自己株式数を控除した株式数により算出しております。
2．当社は、平成27年1月1日を効力発生日として、1株につき2株の割合で株式分割を実施
しております。これに伴い、当連結会計年度の期首に当該株式分割が行われたと仮定して、
1株当たり当期純利益及び1株当たり純資産額を算定しております。なお、過年度に当該
株式分割が行われたと仮定して遡及修正を行った場合の1株当たり当期純利益及び1株当
たり純資産額は以下のとおりです。

区　　分	平成24年3月期 （第37期）	平成25年3月期 （第38期）	平成26年3月期 （第39期）
1株当たり当期純利益	10円42銭	25円81銭	110円21銭
1株当たり純資産額	787円44銭	835円39銭	1,042円47銭

1 株式会社の現況に関する事項
(7) 重要な親会社および子会社の状況

Q 36 重要な子会社の基準とはどのようなものがあるのでしょうか。

A 子会社の重要性基準については、施行規則において具体的な定義は存在しないことから、各会社においてあらかじめ一定の判断基準を設けることになります。例えば、連結計算書類作成会社においては、連結対象であるか否か、持分法適用会社であるか否か、連結子会社のうち上場会社であるか否か等を判断基準にして重要な子会社の範囲を画定することになります。また、それ以外の会社については、子会社との関係に重要性が高いか否か、子会社の規模に重要性があるか否かなどから、重要な子会社の範囲を画定したうえで、記載対象とすることが考えられます。

(参考文献)
石井裕介・小畑良晴・阿部光成編著『新しい事業報告・計算書類——経団連ひな型を参考に〔第4版〕』(商事法務、2012年) 57頁

●関連規定●
【施行規則】
　(株式会社の現況に関する事項)
　第120条　前条第1号に規定する「株式会社の現況に関する事項」とは、次に掲げる事項（当該株式会社の事業が2以上の部門に分かれている場合にあっては、部門別に区別することが困難である場合を除き、その部門別に区別された事項）とする。
　　七　重要な親会社及び子会社の状況

1 株式会社の現況に関する事項
(7) 重要な親会社および子会社の状況

Q 37 重要な親会社および子会社の状況にはどのような内容を記載すればよいのでしょうか。

A 施行規則上は具体的な記載内容に関して規定がありませんが（120条1項7号参照）、親会社についてはその名称のほか、事業報告作成会社の企業集団内における位置づけを明確にするための情報として持株数、議決権比率および事業上の関係等を記載し、子会社については、名称、主要な事業内容、資本金、議決権比率等を記載するのが一般的です。

また、親会社や子会社の状況に限らず、重要な関連会社について記載する例もあります。

●関連規定●

【施行規則】
第120条　前条第1号に規定する「株式会社の現況に関する事項」とは、次に掲げる事項（当該株式会社の事業が2以上の部門に分かれている場合にあっては、部門別に区別することが困難である場合を除き、その部門別に区別された事項）とする。
　七　重要な親会社及び子会社の状況

■記載事例■

事例1　リコーリース株式会社

(3) 重要な親会社及び子会社の状況

① 親会社の状況

　　当社の親会社は株式会社リコーであり、同社は当社の総議決権数の51.2％を保有しております。同社は、画像＆ソリューション分野、産業分野及びその他分野において、開発、生産、販売、サービス等の事業を展開しています。

　　同社及び同社の子会社との主な取引は、同社の生産、販売する事務機器等の商品をリース目的のために購入する取引、同社が使用する設備機器等のリース取引、同社からの資金の借入取引及び同社が仕入先に対して支払う買掛債務のファクタリング取引等です。

② 子会社の状況

名称	資本金	当社の議決権比率	主要な事業の内容
テクノレント株式会社	360百万円	70%	レンタル、計測・校正・機器点検等の受託技術サービス等
リクレス債権回収株式会社	500百万円	100%	債権管理回収業
東京ビジネスレント株式会社	10百万円	100%	保証業務

事例2　東急建設株式会社

（6）重要な親会社および子会社等の状況（平成27年3月31日現在）

① 親会社との関係
該当する事項はありません。

② 重要な子会社の状況

会社名	資本金	当社の議決権比率	主要な事業内容
東建産業株式会社	百万円 50	% 100.00	水処理設備の設計施工請負および維持管理
東急リニューアル株式会社	100	90.53	建物増改築の設計施工請負
PT. TOKYU CONSTRUCTION INDONESIA	百万インドネシア・ルピア 17,978	89.93	土木建築工事の設計施工請負
GOLDEN TOKYU CONSTRUCTION CO., LTD.	百万ミャンマー・チャット 1,492	60.00	土木建築工事の設計施工請負

（注）GOLDEN TOKYU CONSTRUCTION CO., LTD.は、当連結会計年度中に増資（資本金増加額999百万ミャンマー・チャット）いたしました。

③ 重要な関連会社の状況

会社名	資本金	当社の議決権比率	主要な事業内容
世紀東急工業株式会社	百万円 2,000	% 22.15	土木工事、舗装工事および水利工事の設計施工請負舗装資材の製造販売

1 株式会社の現況に関する事項
(7) 重要な親会社および子会社の状況

Q 38 重要な（親会社または）子会社に異動（増加・減少、資本金の額の変動等）があった場合は、記載する必要があるのでしょうか。また、どのように記載するのでしょうか。

A 施行規則では、具体的な記載内容に関して規定がありませんが（120条1項7号参照）、「事業年度の初日から末日までの重要な親会社および子会社の状況を記載すること」を前提として、前事業年度において記載されていた内容に変更が生じた場合や子会社の増減があった場合等についても、その重要性が高い場合には記載が必要となります。

特に、前事業年度に重要な子会社として記載されていた会社が子会社でなくなった場合や当該事業年度において新たに重要な子会社として記載されることになった場合は、その旨を注記で記載しているケースが多く見られます。

（参考文献）
小松岳志・澁谷亮「事業報告の内容に関する規律の全体像」商事法務1863号（2009年）12頁

●関連規定●
【施行規則】
　（株式会社の現況に関する事項）
　第120条　前条第1号に規定する「株式会社の現況に関する事項」とは、次に掲げる事項（当該株式会社の事業が2以上の部門に分かれている場合にあっては、部門別に区別することが困難である場合を除き、その部門別に区別された事項）とする。
　　七　重要な親会社及び子会社の状況

■記載事例■

事例1　前事業年度に重要な子会社として記載されていた会社が子会社でなくなった場合の事例

日本電通株式会社

(9) 重要な親会社及び子会社の状況
① 親会社との関係
　　該当事項はありません。
② 重要な子会社の状況

会　社　名	資本金	当社の議決権比率	主要な事業内容
株式会社毎日映像音響システム	60百万円	98.7%	映像音響設備工事等
エス・アイ・シー株式会社	100百万円	100.0%	情報機器販売、情報処理サービス
株式会社コンピューター・メンテナンス・サービス	30百万円	100.0%	コンピュータ関連機器のメンテナンス
ニックコンピュータサービス株式会社	10百万円	100.0%	コンピュータメンテナンス業
三洋コンピュータ株式会社	10百万円	100.0%	情報処理機器の開発・販売・保守
ＮＮＣ株式会社	10百万円	100.0%	情報処理機器の開発・販売・保守
四国システム開発株式会社	80百万円	62.9%	システムソリューションの提案・構築

（注）前連結会計年度末において重要な子会社であったニックサービス株式会社は、重要性が乏しくなったことに伴い、重要な子会社から除外しております。

事例2　当該事業年度において新たに重要な子会社として記載されることになった場合の事例

アドアーズ株式会社

(7) 重要な親会社及び子会社の状況

①親会社の状況
　　当社の親会社はＪトラスト株式会社であり、同社は当社の株式を59,755,500株（持株比率：42.91％）保有しております。

②子会社の状況

会　　社　　名	出資比率	主　要　な　事　業　内　容
キーノート株式会社	100%	不動産売買・中古住宅再生、商業施設建築
株式会社ブレイク	100%	アミューズメント向け景品の企画・制作・販売
株式会社日本介護福祉グループ	100%	主に「茶話本舗」ブランドによる通所介護事業の運営及び当該事業のフランチャイズ展開

（注）平成26年11月5日に株式会社日本介護福祉グループの全株式を取得し、同社を連結子会社と致しました。

1　株式会社の現況に関する事項
(7)　重要な親会社および子会社の状況

Q39　当社の親会社の親会社（間接保有の親会社）および当社の子会社の子会社（間接保有の子会社）も記載する必要があるのでしょうか。

A　子会社の判定について、議決権数には自社のみでなく、子会社が有している分も含めて計算することになるため、例えば、当社子会社が議決権の100％を有している会社がある場合には、当社が子会社を含めて当該会社の議決権の100％を有していることになり、当該会社は当社の子会社となります。

つまり、ご質問のように、当社（A社）の子会社であるB社の子会社（間接保有の子会社）C社もB社と同じA社の子会社となり、同様にC社の親会社であるB社の親会社A社もC社の親会社となります。

したがって、対象会社に重要性があれば、記載が必要となります。

●関連規定●
【施行規則】
（子会社及び親会社）
第3条
3　前2項に規定する「財務及び事業の方針の決定を支配している場合」とは、次に掲げる場合（財務上又は事業上の関係からみて他の会社等の財務又は事業の方針の決定を支配していないことが明らかであると認められる場合を除く。）をいう（以下この項において同じ。）。
一　他の会社等（次に掲げる会社等であって、有効な支配従属関係が存在しないと認められるものを除く。以下この項において同じ。）の議決権の総数に対する自己（その子会社及び子法人等（会社以外の会社等が他の会社等の財務及び事業の方針の決定を支配している場合における当該他の会社等をいう。）を含む。以下この項において同じ。）の計算において所有している議決権の数の割合が100分の50を超えている場合

■記載事例■

事例1　当社の親会社の親会社（間接保有の親会社）を「重要な親会社および子会社の状況」で記載している事例

株式会社杉村倉庫

(6) 重要な親会社及び子会社の状況（平成27年3月31日現在）
　① 親会社との関係
　　　当社の親会社は野村ホールディングス株式会社で、当該会社は当社株式715,000株を保有する大株主です。また、当該会社の子会社である野村土地建物株式会社は当社株式を7,542,229株保有しており、この間接保有分を合計すると当該会社の当社に対する持株比率は52.1％となります。野村ホールディングス株式会社は金融業を営んでおり、野村土地建物株式会社は不動産賃貸業を営んでおります。当社と両社の事業活動とは特に関連性はありませんが、当社は両社の受託貨物の保管業務を行っております。

事例2　当社の子会社の子会社（間接保有の子会社）を「重要な親会社および子会社の状況」で記載している事例

SMC株式会社

❻ 重要な子会社の状況

会社名	資本金	当社の出資比率	主要な事業内容
日本機材株式会社	304 百万円	47.3 ％	空気圧機器等の販売
制御機材株式会社	100 百万円	100.0	空気圧機器等の販売
SMCアメリカ	172,700 千米ドル	100.0	空気圧機器等の製造販売
SMCドイツ	21,729 千ユーロ	100.0	空気圧機器等の製造販売
SMCイギリス	14,500 千英ポンド	100.0	空気圧機器等の製造販売
SMCイタリア	18,145 千ユーロ	98.5	空気圧機器等の製造販売
SMCスペイン	3,305 千ユーロ	99.8	空気圧機器等の製造販売
SMCシンガポール	5,600 千シンガポールドル	100.0	空気圧機器等の製造販売
SMC香港	100 千香港ドル	（注）100.0	空気圧機器等の製造販売
SMC台湾	420,000 千台湾ドル	100.0	空気圧機器等の製造販売
SMCブラジル	307,822 千レアル	（注）100.0	空気圧機器等の製造販売

(注) SMC香港及びSMCブラジルに対する当社の出資比率は、当社の100％子会社による間接保有分を含めた数値であります。

1 株式会社の現況に関する事項
(8) 主要な事業内容

Q 40
主要な事業内容は、定款上の事業目的を記載すればよいのでしょうか。

A　主要な事業内容として記載が求められているのは、定款上の事業目的ではなく、現に行っている事業の内容を記載することになります。具体的な記載方法としては、事業部門別に区分して各々の主要な内容（製品またはサービス等）を説明する形式で記載されるのが一般的です。

ただし、事業部門名から当該事業の内容が推認できる場合には、主要な事業部門名を記載することで足ります。

(参考文献)
石井裕介・小畑良晴・阿部光成編著『新しい事業報告・計算書類――経団連ひな型を参考に〔第4版〕』(商事法務、2012年) 47頁、48頁

●関連規定●
【施行規則】
　（株式会社の現況に関する事項）
　第120条　前条第1号に規定する「株式会社の現況に関する事項」とは、次に掲げる事項（当該株式会社の事業が2以上の部門に分かれている場合にあっては、部門別に区別することが困難である場合を除き、その部門別に区別された事項）とする。
　一　当該事業年度の末日における主要な事業内容

■記載事例■

事例1　事業部門別に区分して各々の主要な内容を説明している場合
セイコーエプソン株式会社

(2) セグメント区分別の概況

情報関連機器事業セグメント

売上収益
9,072億円（前期比 7.9％増）

セグメント利益
1,336億円（前期比 8.0％増）

売上収益構成比　83.5％

主要な事業内容

当セグメントは、独自のマイクロピエゾ技術やマイクロディスプレイ技術などの強みを活かし、各商品の開発、製造、販売およびこれらに付帯するサービスの提供を行っております。

○プリンティングシステム事業
インクジェットプリンター、ページプリンター、カラーイメージスキャナー、商業用インクジェットプリンター、シリアルインパクトドットマトリクスプリンター（SIDM）、POSシステム関連製品、インクジェットラベルプリンターおよびこれらの消耗品など

○ビジュアルコミュニケーション事業
液晶プロジェクター、液晶プロジェクター用高温ポリシリコンTFT液晶パネル、ラベルプリンター、スマートグラスなど

○その他
PCなど

プリンティングシステム事業の売上収益は為替影響もあり増加となりました。製品別の内容は以下のとおりです。
　ページプリンターは、主に高付加価値製品へ販売を絞り込んだことにより数量減少となった結果、売上は減少しました。
　SIDMは、徴税需要が一巡した中国に加え、米州・用領域が拡大し、またカスタムやオリジナルのTシャツ作成の需要が高まったため布地に直接印刷できる製品の普及が進み、販売地域の拡大が進みました。
増益となりました。
　以上の結果、情報関連機器事業セグメントの売上収益は9,072億円（前期比7.9％増）、セグメント利益は1,336億円（前期比8.0％増）となりました。

事例2　部門別の説明の中で記載している場合
北越紀州製紙株式会社

（7）主要な事業内容

(平成27年3月31日現在)

事業名	事業内容
①紙パルプ事業	紙・パルプ製品の製造販売
②パッケージング・紙加工事業	紙器・液体容器等の製造販売、ビジネスフォーム等の各種印刷製品の製造販売、DPS（データプロセッシングサービス）事業等
③その他	木材事業、建設業、不動産売買、運送・倉庫業、古紙卸業等

1 株式会社の現況に関する事項
(9) 主要な営業所および工場

Q 41 当事業年度中の事業所の統廃合等について注記すべきですか。

A 当項目では、「当該事業年度の末日における」主要な営業所および工場についての状況を記載することとされておりますので、事業所の統廃合については必須の記載とはされていません。しかし、前事業年度に開示した事業所等が統廃合により閉鎖されたり、事業所名が変わったりした場合には、開示の連続性の観点から、その旨を注記で記載することが望ましいでしょう。

●関連規定●
【施行規則】
　（株式会社の現況に関する事項）
　第120条　前条第1号に規定する「株式会社の現況に関する事項」とは、次に掲げる事項（当該株式会社の事業が二以上の部門に分かれている場合にあっては、部門別に区別することが困難である場合を除き、その部門別に区別された事項）とする。
　二　当該事業年度の末日における主要な営業所及び工場並びに使用人の状況

■記載事例■

リズム時計工業株式会社

(8) 主要な事業所（平成27年3月31日現在）
① 当社の主要な事業所

名　　称	所　在　地
本　　社	埼玉県さいたま市大宮区北袋町一丁目299番地12
事　業　所　益子工場	栃木県芳賀郡益子町
支　店　東京支店	東京都台東区
大阪支店	大阪府大阪市中央区

（注）平成26年10月1日付で、仙台支店を東京支店に、名古屋支店・福岡支店を大阪支店にそれぞれ統合いたしました。

1 株式会社の現況に関する事項
(10) 使用人の状況

Q 42 使用人数のみを記載していますが、それ以外の内容についても記載する必要があるのでしょうか。

A 使用人の状況では、当社の状況については、使用人の人数のほか、前期末比増減数、平均年齢、平均勤続年数について記載することが考えられます。ただし、企業集団の状況については、人数のみの事例が多いようです。また、使用人の構成その他の状況に重要な変動が生じた場合のその内容や臨時従業員および出向者等について注記する事例も多く見受けられます。

(参考文献)
石井裕介・小畑良晴・阿部光成編著『新しい事業報告・計算書類——経団連ひな型を参考に〔第4版〕』(商事法務、2012年) 53頁

●関連規定●
【施行規則】
　(株式会社の現況に関する事項)
　第120条　前条第1号に規定する「株式会社の現況に関する事項」とは、次に掲げる事項(当該株式会社の事業が2以上の部門に分かれている場合にあっては、部門別に区別することが困難である場合を除き、その部門別に区別された事項)とする。
　　二　当該事業年度の末日における主要な営業所及び工場並びに使用人の状況

■記載事例■

株式会社AOKIホールディングス

(13) 従業員の状況 (平成27年3月31日現在)
① 企業集団の従業員の状況

事業区分	従業員数（名）	前連結会計年度末比増減（名）
ファッション事業	2,228 (2,362)	185 (33)
アニヴェルセル・ブライダル事業	753 (512)	63 (7)
カラオケルーム運営事業	261 (1,136)	7 (91)
複合カフェ運営事業	402 (1,679)	43 (244)
全社（共通）	62 (41)	△7 (2)
合計	3,706 (5,730)	291 (377)

(注) 1. 従業員数は、就業員数を記載しております。
2. 上記従業員数の（外書）は、有期契約の従業員（パート社員、アルバイトは1日8時間換算）の当連結会計年度の平均雇用人数です。
3. 全社（共通）として記載されている従業員数は、特定の事業に区分できない管理部門等に所属しております。

② 当社の従業員の状況

従業員数（名）	前事業年度末比増減（名）	平均年齢（歳）	平均勤続年数（年）
62 (41)	△7 (2)	43.0	15.9

(注) 1. 従業員数は、就業員数を記載しております。
2. 上記従業員数の（外書）は、有期契約の従業員（パート社員、アルバイトは1日8時間換算）の年間平均雇用人数です。
3. 従業員は、管理部門等に所属しております。

1 株式会社の現況に関する事項
⑽ 使用人の状況

Q 43 当社は臨時従業員の占める割合が大きいのですが、臨時従業員についてどのように開示すればよいでしょうか。

A 施行規則上は、臨時従業員についての取扱いは定められておりませんが、本項目がその会社（企業集団）を支える人的設備を開示させることを目的としていることに鑑みれば、ある程度の割合を超える臨時従業員についてはその人数を開示すべきものと思われます。「ある程度の割合」については各社で判断することとなりますが、有価証券報告書の「従業員の状況」においては、臨時従業員数が従業員数の100分の10以上である場合に開示が求められていることから、それに準じて従業員数の100分の10以上の臨時従業員について開示することが考えられます。

また、開示方法については、有価証券報告書に準じて、1年間の平均雇用人員を外書きで示す例が一般的です。

なお、施行規則上、項目名は「使用人の状況」と規定されていますが、必ずしも法定の「使用人」の用語を使用しなければならないわけではありません。「使用人」と「従業員」は意味合いに違いはありませんので、「臨時従業員」の用語を使用するのであれば、整合性の観点から、項目名を「従業員の状況」とすることが考えられます。

●関連規定●

【施行規則】
（株式会社の現況に関する事項）
第120条　前条第1号に規定する「株式会社の現況に関する事項」とは、次に掲げる事項（当該株式会社の事業が二以上の部門に分かれている場合にあっては、部門別に区別することが困難である場合を除き、その部門別に区別された事項）とする。
　二　当該事業年度の末日における主要な営業所及び工場並びに使用人の状況

【開示府令】
　第3号様式　記載上の注意（9）
　　第2号様式記載上の注意（29）に準じて記載すること。
　第2号様式　記載上の注意（29）
　　b　連結会社又は提出会社において、臨時従業員が相当数以上ある場合には、最近日までの1年間におけるその平均雇用人員を外書きで示すこと。ただし、当該臨時従業員の総数が従業員数の100分の10未満であるときは、記載を省略することができる。

■記載事例■

事例1　伊藤忠食品株式会社

(8) 従業員の状況

従業員数	前期末比増減数
1,023名	28名減

（注）上記には臨時従業員643名（年間平均人員数）を含んでおりません。

事例2　京阪電気鉄道株式会社

(8) 従業員の状況 （平成27年3月31日現在）

事業区分	従業員数 (名)
運輸業	4,760 [1,534]
不動産業	575 [984]
流通業	791 [2,873]
レジャー・サービス業	578 [670]
その他の事業	55 [123]
全社（共通）	185 [26]
合計	6,944 [6,210]

（注）1. 従業員数は、就業人員数であります。
　　　2. 従業員数の合計は、前期末に比し233名増加いたしました。
　　　3. 臨時従業員数は、[ ] 内に年間の平均人員を外数で記載しております。

1 株式会社の現況に関する事項
(10) 使用人の状況

Q 44 合併に伴い、前期に比べ使用人数が大幅に増加しましたが、その内容を説明すべきでしょうか。

A 施行規則上は、使用人数の増減があった際の取扱いは定められておりませんが、本項目がその会社（企業集団）を支える人的状況を開示させることを目的としていることに鑑みれば、合併により使用人数が大幅に増加したのであれば、その旨を増加員数と合わせて注記等で説明することが望ましいでしょう。合併に限らず、業容の拡大に伴う増加や会社分割による減少、希望退職者募集による減少等も同様です。

●関連規定●
【施行規則】
　　（株式会社の現況に関する事項）
　第120条　前条第1号に規定する「株式会社の現況に関する事項」とは、次に掲げる事項（当該株式会社の事業が二以上の部門に分かれている場合にあっては、部門別に区別することが困難である場合を除き、その部門別に区別された事項）とする。
　二　当該事業年度の末日における主要な営業所及び工場並びに使用人の状況

■記載事例■

事例1　従業員数の増加事由を記載する場合
株式会社ハピネット

② 当社の従業員の状況

従業員数	前事業年度末比増減	平均年齢	平均勤続年数
532（21）名	107名増（2名減）	37歳11ヶ月	12年0ヶ月

(注) 1. 従業員数は就業員数であり、パート及び嘱託社員は（　）内に年間の平均人員を外数で記載しております。
　　 2. 従業員数が前事業年度末に比べて107名増加しておりますが、主として平成26年4月1日付で連結子会社の株式会社ハピネット・ピーエムを吸収合併したことによるものであります。

事例2　従業員数の減少事由を記載する場合
ルネサスエレクトロニクス株式会社

(10) 企業集団の従業員の状況（平成27年3月31日現在）

従業員数	前期末比増減
21,083名	6,118名減

(注) 1. 従業員数は就業人員（当社グループからグループ外への出向者を除き、グループ外から当社グループへの出向者を含む。）であり、臨時従業員は含まれていません。
　　 2. 人的合理化施策や事業・生産構造改革の実施などにより、従業員数は、前期末と比べ6,118名減少しています。

1 株式会社の現況に関する事項
(11) 主要な借入先の状況

Q 45 主要な借入先の状況に記載すべき借入先を判断する基準はありますか。

A 施行規則上は、当事業年度末日における「主要な借入先」を記載することとされていますが（120条1項3号）、「主要」の判断基準は定められていません。いわゆるメインバンクを中心に、資金調達における借入金の割合が大きい場合に記載することとなります。

なお、「借入れとの関連でメインバンクといえるものがない場合であっても、ある借入先からの借入金の絶対額が大きい場合には、その借入先は『主要な借入先』と解するべき」（弥永真生『コンメンタール会社法施行規則・電子公告規則』（商事法務、2007年）666頁）とされています。

また、「実質的に無借金といえるか、あるいは会社の事業規模に比べて借入の額が僅少であり、会社の事業への影響が小さいような場合には、借入が存在しても、特に記載を要しない」（石井裕介・小畑良晴・阿部光成編著『新しい事業報告・計算書類――経団連ひな型を参考に〔第4版〕』（商事法務、2012年）59頁）と解されています。

●関連規定●
【施行規則】
　（株式会社の現況に関する事項）
　第120条　前条第1号に規定する「株式会社の現況に関する事項」とは、次に掲げる事項（当該株式会社の事業が二以上の部門に分かれている場合にあっては、部門別に区別することが困難である場合を除き、その部門別に区別された事項）とする。
　　三　当該事業年度の末日において主要な借入先があるときは、その借入先及び借入額

1 株式会社の現況に関する事項
(11) 主要な借入先の状況

Q 46 金融機関以外からの借入れについても主要な借入先の状況に記載してよいでしょうか。

A 当項目はいわゆる「メインバンク」を開示するものですが、「借入れとの関連でメインバンクといえるものがない場合であっても、ある借入先からの借入金の絶対額が大きい場合には、その借入先は『主要な借入先』と解するべき」(弥永真生『コンメンタール会社法施行規則・電子公告規則』(商事法務、2007年) 666頁) とされておりますので、金融機関以外、例えば親会社等のグループ会社からの借入れであっても、重要なものであれば開示すべきと思われます。

また、いわゆる「借入金」以外に、金融機関を引受人とする社債を注記等で記載する例も見受けられます。

●関連規定●
【施行規則】
(株式会社の現況に関する事項)
第120条 前条第1号に規定する「株式会社の現況に関する事項」とは、次に掲げる事項(当該株式会社の事業が二以上の部門に分かれている場合にあっては、部門別に区別することが困難である場合を除き、その部門別に区別された事項)とする。
　三　当該事業年度の末日において主要な借入先があるときは、その借入先及び借入額

■記載事例■

事例1　金融機関以外からの借入れを記載する場合
リコーリース株式会社

（8）主要な借入先の状況（平成27年3月31日現在）

借入先	借入額
株式会社リコー	64,578百万円
リコージャパン株式会社	63,260
株式会社三菱東京UFJ銀行	28,372
株式会社みずほ銀行	25,000
三井住友信託銀行株式会社	23,000
農林中央金庫	20,000
信金中央金庫	20,000

事例2　社債残高を記載する場合
リオン株式会社

(10) 主要な借入先

借入先	借入金残高
株式会社みずほ銀行	595,550千円
株式会社三菱東京ＵＦＪ銀行	593,750千円
株式会社三井住友銀行	478,734千円

（注）　上記のほか、社債として株式会社みずほ銀行引受の私募債100,000千円及び株式会社三井住友銀行引受の私募債60,000千円の残高があります。

1 株式会社の現況に関する事項
(11) 主要な借入先の状況

Q 47 シンジケートローンによる借入れがある場合、どのように記載すべきでしょうか。

A シンジケートローンとは、まとめて多額の資金調達を実施したいという調達側の要請に対応するため、複数の金融機関が協調してシンジケート団を組成し、1つの融資契約書に基づき、同一条件で融資するものです。通常、主要な借入先の状況では、1つの借入先からの借入額を記載しますのでシンジケートローンのように、複数の金融機関からの借入れである場合は、シンジケートローンであることを借入先として明記し、注記等で補足説明するのが一般的です。

●関連規定●
質問に係る規定はありません。

■記載事例■

電気化学工業株式会社（現デンカ株式会社）

(9) **主要な借入先**（平成27年3月31日現在）

借入先	借入額
シンジケート・ローン	32,000 百万円
株式会社みずほ銀行	16,877
株式会社三井住友銀行	9,943
農林中央金庫	7,486
株式会社三菱東京ＵＦＪ銀行	4,025

(注) シンジケート・ローンは株式会社みずほ銀行、株式会社三井住友銀行および株式会社日本政策投資銀行を幹事とし、株式会社第四銀行ほかの協調融資によるものであります。

1 株式会社の現況に関する事項
(11) 主要な借入先の状況

Q 48 コミットメントライン契約を締結している場合、どのように記載すべきでしょうか。

A コミットメントライン契約とは、融資先と金融機関があらかじめ契約した期間・融資枠の範囲内で、融資先の請求に基づき、融資を実行することを約束する契約です。主要な借入先の状況では、コミットメントライン契約に基づく契約の締結をしている旨や、当該契約に基づく借入残高があるか否かを注記で説明する事例があります。

●関連規定●
質問に係る規定はありません。

■記載事例■

事例1 借入実行残高が無い場合
株式会社長谷工コーポレーション

1-8. 主要な借入先及び借入額

借　入　先	借入金残高
	百万円
株　式　会　社　り　そ　な　銀　行	26,293
株　式　会　社　み　ず　ほ　銀　行	24,979
三　井　住　友　信　託　銀　行　株　式　会　社	18,376
三　菱　Ｕ　Ｆ　Ｊ　信　託　銀　行　株　式　会　社	8,610
株　式　会　社　三　井　住　友　銀　行	8,002
み　ず　ほ　信　託　銀　行　株　式　会　社	6,420

(注) 主力取引金融機関（株式会社りそな銀行、株式会社みずほ銀行、三井住友信託銀行株式会社、三菱ＵＦＪ信託銀行株式会社、株式会社三井住友銀行）と総額630億円のシンジケーション方式によるコミットメントライン契約を締結しております。なお、当期末における借入実行残高はございません。

事例2 借入実行残高がある場合
ダイジェット工業株式会社

(10) 主要な借入先および借入額

借入先	借入金残高
株式会社みずほ銀行	1,152,094 千円
株式会社三菱東京UFJ銀行	980,000

(注) 当社グループにおいては、運転資金等の効率的かつ機動的な調達を行うことを目的として、取引銀行2行とシンジケーション方式によるコミットメントライン契約を締結しております。
この契約に基づく当連結会計年度末の借入実行状況は次のとおりであります。
借入極度額　　　　　2,000,000千円
借入実行残高　　　　　200,000千円
差引借入未実行残高　1,800,000千円

1 株式会社の現況に関する事項
(12) その他株式会社の現況に関する重要な事項

Q 49 その他株式会社の現況に関する重要な事項にはどのような内容を記載することが考えられるのでしょうか。

A 「事業の経過およびその成果」から「主要な借入先」までの項目のほか、株式会社の現況に関する重要な事項がある場合には、その事項を記載することとなります。

具体的には、重要な訴訟の提起・判決・和解、事故、不祥事、社会貢献等について記載することが考えられます。また、記載方法については、独立した項目とせず、「事業の経過およびその成果」や「対処すべき課題」に記載することも考えられます。

なお、事業年度の末日後に生じた財産および損益に影響を与えない重要な事象が生じた場合には、当該内容について記載することが考えられます。ただし、事業報告は監査役（会）の監査を受けなければならないことから（会社法436条1項・2項）、事業報告の内容とすることができるのは、監査役（会）の監査報告受領までに生じた事象に限られます。その後に生じた事象については、事業報告以外の箇所（監査報告の後ろ等）に「監査役会の監査報告書受領後に生じた当社および企業集団に関する重要な事実」のような項目を設けて記載することが考えられます。

（参考文献）
石井裕介・小畑良晴・阿部光成編著『新しい事業報告・計算書類――経団連ひな型を参考に〔第4版〕』（商事法務、2012年）64頁

●関連規定●
【施行規則】
　（株式会社の現況に関する事項）
　第120条　前条第1号に規定する「株式会社の現況に関する事項」とは、次に掲げる事

項(当該株式会社の事業が2以上の部門に分かれている場合にあっては、部門別に区別することが困難である場合を除き、その部門別に区別された事項)とする。
九　前各号に掲げるもののほか、当該株式会社の現況に関する重要な事項

■記載事例■

事例1　事業年度中に発生した事項を記載している事例
塩野義製薬株式会社
7．その他企業集団の現況に関する重要な事項
訴訟
当社は、平成23年12月、米国において「ドリバックス(日本販売名:フィニバックス)」の後発品申請を行ったSandoz Inc.に対し、Peninsula Pharmaceuticals, Inc.及びJanssen Pharmaceuticals, Inc.と共同で、当社が保有する物質特許権に基づき、上記後発品申請に基づくFDA承認の有効日が物質特許満了日より早くならないこと等を求める特許権侵害訴訟をニュージャージー州地区連邦地方裁判所で提起いたしました。また、当社は、平成24年12月、同じくSandoz Inc.に対し、当社が保有する結晶特許に基づき、上記後発品申請に基づくFDA承認の有効日が結晶特許満了日より早くならないこと等を求める特許権侵害訴訟をニュージャージー州地区連邦地方裁判所で提起いたしました。これらの両訴訟は、平成27年3月、和解が成立し、終結いたしました。
更に、当社は、平成25年4月、Hospira Inc.に対し、平成27年1月、Aurobindo Pharma Ltd.に対し、同年同月、Apotex Inc.に対し、それぞれ当社が保有する結晶特許に基づき、上記後発品申請に基づくFDA承認の有効日が結晶特許満了日より早くならないこと等を求める特許権侵害訴訟をニュージャージー州地区連邦地方裁判所(Aurobindo Pharma Ltd.についてはイリノイ州北部連邦地方裁判所でも)で提起いたしました。当該訴訟は、現在も係属中です。

事例2　事業年度後に発生した事項を記載している事例
アイカ工業株式会社

（12）その他企業集団の現況に関する重要な事項

　　当社は、平成27年4月27日開催の取締役会において、昭和電工株式会社（以下「昭和電工」）のフェノール樹脂事業を譲受けるための株式譲受契約を締結することを決議し、同日昭和電工と同契約を締結いたしました。

①対象事業　　昭和電工におけるフェノール樹脂事業
②対象事業の売上高（平成26年12月期実績）　　40億円
③事業譲受の理由

　　昭和電工のフェノール樹脂事業は、長い歴史に培われた高い技術力と、建築用途のほか自動車、鉄鋼、塗料、電子材料など幅広い用途の製品群を有しております。当該対象事業の技術力と製品群を海外拠点に展開することで、今後、大きく伸張することが期待される中国・ASEAN地域におけるフェノール樹脂事業の強化を図ると共に、国内外市場の非建築用途向けビジネスの一層の拡充を推進することにより、化成品事業全体の更なる構造変革と成長を実現して参ります。

④譲受方法等

　　昭和電工が、新たに設立する同社の完全子会社（以下「新会社」）に対し、吸収分割により対象事業の全てを承継した後、当社が新会社の発行済株式総数の85％に相当する数の新会社株式を平成27年9月に昭和電工より譲受ける予定です。昭和電工が継続所有する残りの15％の新会社株式については、さらに2年後を目途に当社が譲受ける予定です。

2　株式会社の株式に関する事項
(1)　大株主

Q 50　記載する必要がある大株主はどのような株主でしょうか。

A　施行規則では、大株主の定義はありませんが、事業報告で記載すべき株主は持株比率の上位10名であり、一般的にはこの上位10名の株主を大株主と呼んでいます。なお、10位が複数いる場合には、10名となる株主を記載すれば足りますが、10位の株主を全員記載する事例もあります。

　なお、大株主には議決権を行使できない自己株式や保振名義の失念株式は含まれませんので、上位10名に該当する場合も大株主からは除く必要があります。

●関連規定●
【施行規則】
　（株式会社の株式に関する事項）
　第122条　第119条第3号に規定する「株式会社の株式に関する事項」とは、次に掲げる事項とする。
　　一　当該事業年度の末日において発行済株式（自己株式を除く。）の総数に対するその有する株式の数の割合が高いことにおいて上位となる10名の株主の氏名又は名称、当該株主の有する株式の数（種類株式発行会社にあっては、株式の種類及び種類ごとの数を含む。）及び当該株主の有する株式に係る当該割合

■記載事例■

11名以上の大株主を記載している事例
シンプロメンテ株式会社

Ⅱ．株式に関する事項

(1) 発行可能株式総数　　　　　4,000,000株

(2) 発行済株式の総数　　　　　1,730,100株

(3) 株主数　　　　　　　　　　1,086名

(4) 大株主（上位10位）

株　主　名	持株数 株	持株比率 ％
内　藤　秀　雄	425,600	24.59
株式会社　ShuManagement	200,000	11.56
内　藤　秀　治　郎	188,600	10.90
内　藤　剛	90,000	5.20
合　田　利　恵	78,000	4.50
NORTHERN TRUST CO. (AVFC) SUB A/C NON TREATY	43,020	2.48
株式会社　ＳＢＩ証券	39,400	2.27
岡　村　元　芳	31,500	1.82
大　崎　秀　文	26,000	1.50
内　藤　千　佳　子	24,000	1.38
西　坂　智　佳	24,000	1.38

（注）　持株比率は小数点第3位を切り捨てて表示しております。

2 株式会社の株式に関する事項
(1) 大株主

Q 51 持株比率はどのように算出するのでしょうか。

 各株主が有する株式数を発行済株式総数から自己株式数を控除した株式数で除して算出します。図示すると以下のとおりとなります。

$$持株比率 = \frac{各株主の持株数}{発行済株式総数 - 自己株式数}$$

なお、従業員等に信託を通じて自社の株式を交付する取引として、信託に残存する自社の株式は会計上は自己株式と認識されますが、持株比率の算出にあたって控除する自己株式数には含みませんので注意が必要です。控除する自己株式数は株主名簿に掲載されている自己名義の株式数に限ります。

●関連規定●
【施行規則】
　（株式会社の株式に関する事項）
　第122条　第119条第3号に規定する「株式会社の株式に関する事項」とは、次に掲げる事項とする。
　　一　当該事業年度の末日において発行済株式（自己株式を除く。）の総数に対するその有する株式の数の割合が高いことにおいて上位となる10名の株主の氏名又は名称、当該株主の有する株式の数（種類株式発行会社にあっては、株式の種類及び種類ごとの数を含む。）及び当該株主の有する株式に係る当該割合

2 株式会社の株式に関する事項
(1) 大株主

Q 52 大量保有報告書を受領しましたが、その内容を記載する必要があるのでしょうか。

A 事業報告で記載する大株主の持株数等については、株主名簿に記載されている内容で記載するのが実務的な対応となります。大量保有報告書の写しを受領した場合でも、施行規則ではその内容を記載する明文はありませんが、株主名簿と大量保有報告書で株式数が相違し会社で実質保有状況が確認できない場合には、開示府令で定める有価証券報告書における大量保有報告書等の受領に関する規定に準じて、実質所有状況の確認ができない旨および大量保有報告書の写しの内容をその他重要な事項として注記することが考えられます。

●関連規定●

【施行規則】
　（株式会社の株式に関する事項）
　第122条　第119条第3号に規定する「株式会社の株式に関する事項」とは、次に掲げる事項とする。
　　二　前号に掲げるもののほか、株式会社の株式に関する重要な事項

【開示府令】
　第3号様式記載上の注意（25）大株主の状況
　　e　会社が大量保有報告書等の写しの送付を受けた場合（法第27条の30の11第4項の規定により送付したとみなされる場合を含む。）であって、当該大量保有報告書等に記載された当該書類の提出者の株券等の保有状況が株主名簿の記載内容と相違するときには、実質所有状況を確認して記載すること。なお、記載内容が大幅に相違している場合であって実質所有状況の確認ができないときには、その旨及び大量保有報告書等の記載内容を注記すること。

■記載事例■

理研計器株式会社

2．会社の現況
（1）株式の状況（平成27年3月31日現在）
① 発行可能株式総数　　　　　94,000,000株
② 発行済株式の総数　　　　　23,661,000株
③ 株主数　　　　　　　　　　　　3,182名
④ 大株主（上位10名）

株　　　主　　　名	持株数（千株）	持株比率（％）
THE SFP VALUE REALIZATION MASTER FUND LIMITED	1,492	6.42
理研計器協力会社持株会	1,395	6.00
第 一 生 命 保 険 株 式 会 社	1,200	5.16
株 式 会 社 み ず ほ 銀 行	1,135	4.88
損害保険ジャパン日本興亜株式会社	982	4.22
理 研 計 器 従 業 員 持 株 会	917	3.95
株 式 会 社 三 井 住 友 銀 行	837	3.60
オ イ レ ス 工 業 株 式 会 社	747	3.21
長 野 計 器 株 式 会 社	711	3.06
日本トラスティ・サービス信託銀行株式会社（信託口）	577	2.48

（注）1．持株比率は自己株式（406,544株）を控除して計算しております。
　　　2．シンフォニー・フィナンシャル・パートナーズ（シンガポール）ピーティーイー・リミテッドから平成26年12月5日付で関東財務局長に提出された大量保有報告書により、平成26年11月28日現在、1,572,800株（保有割合6.65％）を保有している旨の報告を受けております。しかし、当社として当事業年度末における同社の実質所有株式数の確認ができないため上記大株主には含めておりません。
　　　3．日本興亜損害保険株式会社は、平成26年9月1日付で株式会社損害保険ジャパンと合併し、損害保険ジャパン日本興亜株式会社に商号変更しております。

2 株式会社の株式に関する事項
(1) 大株主

Q 53 大株主が逝去して相続手続中ですが、どのように記載すればよいのでしょうか。

A 株主名は基本的には事業年度末の株主名簿に記載されている株主名を記載することになります。したがって、事業年度末には大株主が逝去されている場合でも当該大株主の氏名が株主名簿上に記載されていれば、当該株主名、持株数および持株比率を記載することになります。しかし、事業報告に記載されている株主が実際には事業年度末には存在していないため、その他重要な事項として株主が逝去している旨等を注記で記載することが考えられます。

●関連規定●
【施行規則】
　（株式会社の株式に関する事項）
　第122条　第119条第3号に規定する「株式会社の株式に関する事項」とは、次に掲げる事項とする。
　二　前号に掲げるもののほか、株式会社の株式に関する重要な事項

■記載事例■

タイガースポリマー株式会社

(4) 大株主

株 主 名	持株数	持株比率
タイガー興産有限会社	1,965 千株	9.8 %
タイガース取引先持株会	1,329	6.6
日本トラスティ・サービス信託銀行株式会社（信託口）	1,086	5.4
株式会社三菱東京ＵＦＪ銀行	979	4.9
澤 田 宏 治	888	4.4
Ｔ．Ｐ．Ｃ持株会	885	4.4
株式会社京都銀行	776	3.9
澤 田 博 行	600	3.0
タイガースポリマー従業員持株会	574	2.9
三井住友信託銀行株式会社	474	2.4

(注) 1. 持株比率は、自己株式を控除して算出しております。
　　 2. 平成27年3月25日、澤田博行氏は逝去されましたが、相続手続き未了のため、株主名簿上の名義
　　　　で記載しております。

2 株式会社の株式に関する事項
(2) 種類株式発行会社

Q 54 種類株式発行会社の場合はどのように記載すればよいのでしょうか。

A 大株主については、株主の有する株式の数は株式の種類ごとの数を含むと規定されていますので、株式の種類と種類ごとの株式数を記載する必要があります。持株比率については種類ごとの記載が規定されていませんので、所有合計数で算出します。例えば、普通株式の発行済株式総数が10,000株、A種株式の発行済株式総数が2,000株、普通株式の自己株式が1,000株で、株主Xが普通株式3,000株、A種株式300株を所有している場合には、持株比率は所有株式数3,300株（普通株式3,000株＋A種株式300株）を発行済株式総数11,000株（普通株式10,000株＋A種株式2,000株－自己株式1,000株）で除した、30％となります。したがって、この方法で算出した持株比率で上位10名となる株主を記載することになります。

また、その他重要な事項として記載されている発行可能株式数、発行済株式総数、株主数についても株式の種類ごとに記載するのが一般的です。

～種類株式発行会社の「持株比率」の算出について～

株主X

発行済株式総数　普通株式：10,000株（自己株式1,000株）
　　　　　　　　A種株式：2,000株

所有株式数　普通株式：3,000株
　　　　　　A種株式：300株

分母となる株式数の算出方法
　宝株式会社の発行済株式総数　　　　　　　　　　**分母となる株式数**
　　普通株式：10,000株（うち自己株式1,000株）　⇒　普通株式（10,000 − 1,000）
　　A種株式：2,000株　　　　　　　　　　　　　　　＋）A種株式（2,000）
　　　　　　　　　　　　　　　　　　　　　　　　　＝　11,000株

分子となる株式数の算出方法
　株主Xの所有株式数　　　　　　　　　　　　　　**分子となる株式数**
　　普通株式：3,000株　　　　　　　　　　　　⇒　普通株式（3,000）
　　A種株式：300株　　　　　　　　　　　　　　　＋）A種株式（300）
　　　　　　　　　　　　　　　　　　　　　　　　＝　3,300株

　　株主Xの「持株比率」は、$\dfrac{3,300}{11,000} \times 100 = \underline{30\%}$ となります。

●関連規定●

【施行規則】
　（株式会社の株式に関する事項）
　第122条　第119条第3号に規定する「株式会社の株式に関する事項」とは、次に掲げる事項とする。
　一　当該事業年度の末日において発行済株式（自己株式を除く。）の総数に対するその有する株式の数の割合が高いことにおいて上位となる10名の株主の氏名又は名称、当該株主の有する株式の数（種類株式発行会社にあっては、株式の種類及び種類ごとの数を含む。）及び当該株主の有する株式に係る当該割合

■記載事例■

事例1　株式会社伊藤園

2. 会社の株式に関する事項
(1) 発行可能株式総数　　普通株式　　　200,000,000株
　　　　　　　　　　　　第1種優先株式　200,000,000株

(2) 発行済株式の総数　　普通株式　　　89,212,380株（自己株式数　535,579株）
　　　　　　　　　　　　第1種優先株式　34,246,962株（自己株式数　102,678株）

(3) 当事業年度末の株主数　普通株式　　　74,306名（前期末比　　352名増）
　　　　　　　　　　　　　第1種優先株式　67,341名（前期末比　　775名増）

(4) 大株主の状況

株　主　名	持株数			合計株式出資比率
	普通株式	第1種優先株式	合計株式	
グリーンコア株式会社	17,403千株	5,861千株	23,264千株	18.94%
公益財団法人本庄国際奨学財団	5,200	1,560	6,760	5.50
本　庄　八　郎	2,445	882	3,328	2.71
伊藤園従業員持株会	2,611	311	2,923	2.38
ステート ストリート バンク アンド トラスト カンパニー 505223	2,430	－	2,430	1.98
日本マスタートラスト信託銀行株式会社（信託口）	2,338	63	2,401	1.96
ビーエヌワイエムエル ノン トリーテイー アカウント	2,219	－	2,219	1.81
ステート ストリート バンク アンド トラスト カンパニー	1,081	1,083	2,164	1.76
ザ バンク オブ ニューヨーク ジャスディック トリーテイー アカウント	29	2,061	2,090	1.70
東洋製罐グループホールディングス株式会社	1,955	126	2,081	1.69

（注）1. 上記のほか、普通株式の自己株式535千株、第1種優先株式の自己株式102千株、合計の自己株式638千株（0.52%）があります。
　　　2. 上記の合計株式出資比率は自己株式を控除して算出しております。

事例2　富士通コンポーネント株式会社
2. 会社の株式に関する事項
(1) 発行可能株式総数　　　普　通　株　式　　26,000,000株
　　　　　　　　　　　　　第2種優先株式　　　　　8,000株
(2) 発行済株式の総数　　　普　通　株　式　　 7,963,000株
　　　　　　　　　　　　　第2種優先株式　　　　　2,000株
(3) 株　主　数　　　　　　普　通　株　式　　　　2,937名
　　　　　　　　　　　　　第2種優先株式　　　　　　1名
(4) 大　株　主

株　主　名	持株数			持株比率
	普通株式	第2種優先株式	合計株式	
	株	株	株	%
富　士　通　株　式　会　社	4,535,200	2,000	4,537,200	56.96
吉　　田　　　　　　　稔	144,000	—	144,000	1.80
桜　　井　　　昭　　　一	139,600	—	139,600	1.75
株　式　会　社　み　ず　ほ　銀　行	125,400	—	125,400	1.57
塚　　田　　　修　　　身	120,800	—	120,800	1.51
大　久　保　　敬　　　一	105,000	—	105,000	1.31
滝　　口　　初　　五　　郎	57,600	—	57,600	0.72
針　　山　　　ち　ゑ　子	55,000	—	55,000	0.69
日　本　証　券　金　融　株　式　会　社	54,500	—	54,500	0.68
柿　　島　　　興　　　一	51,300	—	51,300	0.64

2 株式会社の株式に関する事項
(3) その他株式に関する重要な事項

Q 55 「その他株式に関する重要な事項」としてどのような内容を記載することが考えられますか。

A 発行可能株式総数、発行済株式総数、株主数を記載するのが一般的です。そのほか、自己株式の取得・処分・消却等を行った場合、新株発行等を行った場合、単元株式数の変更を行った場合など、株主に対して重要と考えられる情報について記載している事例も見受けられます。

なお、株主数には、自己株式がある場合の自社、保振、単元未満株式のみ保有している株主の人数も含めます。

●関連規定●
【施行規則】
　（株式会社の株式に関する事項）
　第122条　第119条第3号に規定する「株式会社の株式に関する事項」とは、次に掲げる事項とする。
　　二　前号に掲げるもののほか、株式会社の株式に関する重要な事項

■記載事例■

事例1　発行可能株式数等を記載している事例
東レ株式会社
　2．会社の株式に関する事項
　　(1) 発行可能株式総数　　　4,000,000,000株
　　(2) 発行済株式の総数　　　1,599,106,347株（自己株式　32,375,056株を除く。）
　　(3) 当期末株主数　　　　　162,527名
　　(4) 上位10名の株主

事例2　自己株式処分を記載している事例
エステー株式会社
⑤　その他株式に関する重要な事項
　　当社は、平成27年4月30日開催の取締役会の決議に基づき、平成27年5月26日付で、220,000株の自己株式を処分いたしました。

事例3　自己株式取得を記載している事例
セガサミーホールディングス株式会社
⑤　その他株式に関する重要な事項
　　当社は、今後の事業展開に応じた機動的な資本政策に備えるため、会社法第165条第3項の規定により読み替えて適用される同法第156条の規定に基づく平成27年2月12日の当社取締役会決議により、平成27年2月18日から4月16日の間、市場取引により、1,000万株の自己株式を総額18,120百万円で取得いたしました。

事例4　新株発行を記載している事例
パンチ工業株式会社
⑤　その他株式に関する重要な事項
　　2015年3月10日を払込期日とする公募による新株式の発行（1,800,000株）及び2015年3月25日を払込期日とする第三者割当による新株式の発行（300,000株）により、発行済株式の総数が2,100,000株、資本金及び資本準備金がそれぞれ1,326百万円増加しております。

3 株式会社の新株予約権等に関する事項
(1) 当社役員が保有する新株予約権等

Q 56 役員が保有している新株予約権等と当該新株予約権等の内容の概要はどのようなものでしょうか。

A 当事業年度末日に在任している取締役、監査役など会社役員が職務執行の対価として交付された新株予約権等を保有している場合に、当該新株予約権が記載対象となります。「新株予約権等」とは施行規則2条3項14号で「新株予約権その他当該法人等に対して行使することにより当該法人等の株式その他の持分の交付を受けることができる権利をいう。」とされています。一般的には、ストック・オプションのように報酬として新株予約権を交付されている場合になります。したがって、第三者割当など報酬として交付されていない新株予約権等は記載対象にはなりません。

記載すべき新株予約権の内容の概要に関しての明記はありませんが、新株予約権の目的となる株式の種類および株式数、払込金額、行使価額、行使期間、行使条件などを記載するのが一般的です。

●関連規定●
【施行規則】
　（株式会社の新株予約権等に関する事項）
　第123条　第119条第4号に規定する「株式会社の新株予約権等に関する事項」とは、次に掲げる事項とする。
　　一　当該事業年度の末日において当該株式会社の会社役員（当該事業年度の末日において在任している者に限る。以下この条において同じ。）が当該株式会社の新株予約権等（職務執行の対価として当該株式会社が交付したものに限る。以下この号及び次号において同じ。）を有しているときは、次に掲げる者の区分ごとの当該新株予約権等の内容の概要及び新株予約権等を有する者の人数

■記載事例■

日本高純度化学株式会社

3. 会社の新株予約権等に関する事項（平成27年3月31日現在）
(1) 当社役員が保有している新株予約権等の状況
　① 平成17年6月24日開催の株主総会決議による新株予約権

	取　締　役 （社外取締役を除く）	社外取締役	監　査　役
保有者数	4名	―	―
新株予約権の数	82個	―	―
目的である株式の種類及び数	普通株式16,400株	―	―
新株予約権の払込金額	払込を要しない		
新株予約権の行使価額	1株あたり3,294円		
新株予約権の行使期間	平成19年7月1日から平成27年6月30日		
新株予約権の行使の条件	新株予約権の割当を受けた者が当社の取締役、監査役又は使用人たる地位にあることを要すが、任期満了による退任、定年退職その他正当な理由のある場合はこの限りではない。但し、その権利行使はその地位を喪失した後1年間とする。		

（注）平成26年4月1日付で1株につき100株の割合で株式分割を行ったことにより、新株予約権の目的となる株式数、行使に際して出資される財産の価額をそれぞれ分割割合に応じて調整しております。

　② 平成23年6月17日開催の株主総会決議による新株予約権

	取　締　役 （社外取締役を除く）	社外取締役	監　査　役
保有者数	4名	―	―
新株予約権の数	100個	―	―
目的である株式の種類及び数	普通株式10,000株	―	―
新株予約権の払込金額	払込を要しない		
新株予約権の行使価額	1株あたり2,134円		
新株予約権の行使期間	平成25年8月1日から平成28年7月31日		
新株予約権の行使の条件	新株予約権の割当を受けた者が当社の取締役、監査役又は使用人たる地位にあることを要すが、任期満了による退任、定年退職その他正当な理由のある場合はこの限りではない。但し、その権利行使はその地位を喪失した後1年間とする。		

（注）平成26年4月1日付で1株につき100株の割合で株式分割を行ったことにより、新株予約権の目的となる株式数、行使に際して出資される財産の価額をそれぞれ分割割合に応じて調整しております。

3 株式会社の新株予約権等に関する事項
(1) 当社役員が保有する新株予約権等

Q 57 当事業年度中に退任した役員がいる場合には、退任役員が保有していた新株予約権も含めて記載するのでしょうか。

A 記載対象となる会社役員の定義として事業年度の末日において在任している者に限るとされていますので、事業年度末までに退任した会社役員は含めずに記載することになります。

●関連規定●
【施行規則】
　（株式会社の新株予約権等に関する事項）
　第123条　第119条第4号に規定する「株式会社の新株予約権等に関する事項」とは、次に掲げる事項とする。
　　一　当該事業年度の末日において当該株式会社の会社役員（当該事業年度の末日において在任している者に限る。以下この条において同じ。）が当該株式会社の新株予約権等（職務執行の対価として当該株式会社が交付したものに限る。以下この号及び次号において同じ。）を有しているときは、次に掲げる者の区分ごとの当該新株予約権等の内容の概要及び新株予約権等を有する者の人数

3 株式会社の新株予約権等に関する事項
(1) 当社役員が保有する新株予約権等

Q 58 役員が保有する新株予約権は当事業年度中に交付したもののみ記載すればよいのでしょうか。

A 役員が保有する新株予約権に関しては、事業年度の末日において保有している新株予約権となりますので、事業年度中に交付されたもののみに限定されず過年度に交付されたものも事業年度末日で保有していれば含めて記載することになります。

●関連規定●
【施行規則】
　（株式会社の新株予約権等に関する事項）
　第123条　第119条第4号に規定する「株式会社の新株予約権等に関する事項」とは、次に掲げる事項とする。
　一　当該事業年度の末日において当該株式会社の会社役員（当該事業年度の末日において在任している者に限る。以下この条において同じ。）が当該株式会社の新株予約権等（職務執行の対価として当該株式会社が交付したものに限る。以下この号及び次号において同じ。）を有しているときは、次に掲げる者の区分ごとの当該新株予約権等の内容の概要及び新株予約権等を有する者の人数

3 株式会社の新株予約権等に関する事項
(1) 当社役員が保有する新株予約権等

Q 59 当社使用人であったときに交付された新株予約権を保有している当社役員が在任している等、交付時から地位が異動している場合にはどのように記載すればよいのでしょうか。

A 当社使用人など当社役員以外の立場で新株予約権を交付された場合においても、事業年度の末日に当社役員として就任しており、当該新株予約権を保有している場合には、会社役員として記載対象となります。その場合は、注記でその内容を説明している事例もあります。なお、事業年度中に当社役員の立場で新株予約権を交付されたが、事業年度の末日では当社役員を退任して当社使用人になっている場合には、記載対象となりません。

●関連規定●
【施行規則】
　（株式会社の新株予約権等に関する事項）
　第123条　第119条第4号に規定する「株式会社の新株予約権等に関する事項」とは、次に掲げる事項とする。
　　一　当該事業年度の末日において当該株式会社の会社役員（当該事業年度の末日において在任している者に限る。以下この条において同じ。）が当該株式会社の新株予約権等（職務執行の対価として当該株式会社が交付したものに限る。以下この号及び次号において同じ。）を有しているときは、次に掲げる者の区分ごとの当該新株予約権等の内容の概要及び新株予約権等を有する者の人数

■記載事例■

事例1　アスクル株式会社

2．新株予約権等の状況
(1) 当社役員が保有している職務執行の対価として交付された新株予約権の状況
（平成27年5月20日現在）

発行決議の日	平成22年9月17日
保有人数および新株予約権の個数	
当社取締役(社外取締役を除く)（注）1	3名　　454個
当社社外取締役	2名　　143個
当社監査役　（注）2	1名　　160個
新株予約権の目的となる株式の種類	普通株式
新株予約権の目的となる株式の数	75,700株 （新株予約権1個につき100株）
新株予約権の1個当たりの払込金額	無償
権利行使時に出資される1株当たりの財産の価額	1,768円
新株予約権の行使に際して株式を発行する場合の資本組入額	884円
新株予約権の行使期間	自平成24年9月18日 至平成27年9月17日
有利な条件の内容	－

（注）1．当社取締役に付与している新株予約権のうち、1名については取締役就任前に付与されたものであります。
　　　2．当社監査役保有分は、新株予約権発行時に当社取締役の地位にあったときに付与されたものであります。

事例2　株式会社ティラド

3．新株予約権等に関する事項

(1) 当社役員が保有している職務執行の対価として交付された新株予約権の状況（平成27年3月31日現在）

発行決議の日		平成23年6月28日
新株予約権の数		357個
新株予約権の目的となる株式の種類と数		普通株式　357,000株（新株予約権1個当たり1,000株）
新株予約権の発行価額		無償
新株予約権の行使時の払込金額		1株当たり　382円
新株予約権の行使期間		平成25年7月2日から平成28年7月1日まで
役員の保有状況	取締役	新株予約権の数　26個
		目的である株式の数　26,000株
		保有者数　4名
	監査役	新株予約権の数　9個
		目的である株式の数　9,000株
		保有者数　2名

(注) 監査役のストックオプションは、使用人の時に付与されたものであります。

3 株式会社の新株予約権等に関する事項
(2) その他新株予約権等に関する重要な事項

Q 60
「その他新株予約権に関する重要な事項」としてどのようなものを記載することが考えられますか。

A 転換社債型新株予約権付社債、第三者割当による新株予約権、有償ストック・オプションの発行など、職務執行の対価を目的とした新株予約権以外に発行された新株予約権について重要性があるものを記載することになります。なお、重要性の判断については明文はありませんが、行使された場合の純資産に与える影響や目的となる株式数による株式の希釈化などを考慮して記載の判断をすればよいと思います。

●関連規定●
【施行規則】
　（株式会社の新株予約権等に関する事項）
　第123条　第119条第4号に規定する「株式会社の新株予約権等に関する事項」とは、次に掲げる事項とする。
　　三　前2号に掲げるもののほか、当該株式会社の新株予約権等に関する重要な事項

■記載事例■

事例1　新株予約権付社債を記載している事例

アルプス電気株式会社

②その他新株予約権等に関する重要な事項

	2019年満期ユーロ円建取得条項付転換社債型新株予約権付社債
発行決議の日	平成26年3月5日
新株予約権の数	3,000個
新株予約権の目的となる株式の種類及び数	普通株式　16,648,168株
新株予約権の発行価額	無償
新株予約権の行使時の払込金額	1,802円
新株予約権の行使期間	自　平成26年4月7日 至　平成31年3月11日
新株予約権付社債の残高	30,238百万円

事例2　第三者割当による新株予約権を記載している事例

株式会社ジーンテクノサイエンス

(2)　その他新株予約権等に関する重要な事項

① 平成25年2月28日開催の取締役会決議及び平成25年4月26日開催の臨時株主総会決議に基づき発行した第2回新株予約権

新株予約権の数	80個
新株予約権の目的となる株式の種類及び数	普通株式　847,440株 （新株予約権1個につき　10,593株）
新株予約権の払込金額	新株予約権1個当たり　188,000円
新株予約権の行使に際して出資される財産の価額	新株予約権1個当たり　19,999,584円 （1株当たり　1,888円）
権利行使期間	平成25年5月1日から 平成30年4月27日まで
新株予約権の行使条件	（注）
割当先	第三者割当の方法により、本新株予約権の全部をウィズ・ヘルスケアPE1号投資事業有限責任組合に割り当てた。

（注）新株予約権の行使条件は、以下のとおりであります。
　　(1)　新株予約権の行使によって、当社の発行済株式総数が当該時点における授権株式数を超過することとなるときは、新株予約権の行使を行うことはできない。
　　(2)　各新株予約権の一部行使はできない。

事例3　有償ストック・オプションを記載している事例
ザインエレクトロニクス株式会社

(3) その他新株予約権等に関する重要な事項

当社は、平成26年2月5日開催の当社取締役会において、会社法第236条、第238条および第240条の規定に基づき、当社の取締役、従業員ならびに当社完全子会社および完全孫会社従業員に対し、業績目標コミットメント型有償ストック・オプションとして、新株予約権を発行することを決議いたしました。その概要は以下のとおりです。

割 当 日	平成26年3月3日
割 当 の 対 象 者	当社の取締役、従業員ならびに当社完全子会社および完全孫会社従業員
新 株 予 約 権 の 数	2,988個
目的となる株式の種類と数	普通株式　298,800株
発 行 価 額	1個あたり300円
行 使 価 額	1個あたり110,000円
行 使 期 間	平成28年4月1日～平成30年12月31日
権 利 行 使 条 件	新株予約権者は、下記①または②に掲げる条件を満たした場合、各新株予約権者に割り当てられた新株予約権のうち、それぞれ定められた割合の個数を、当該条件を満たした期の有価証券報告書の提出日の翌月1日から行使することができる。なお、行使可能な新株予約権の数に1個未満の端数が生じる場合は、これを切り捨てた数とする。 ①平成27年12月期の当社グループ連結営業利益が16億円を超過した場合 　割り当てられた新株予約権の50% ②平成28年12月期の当社グループ連結営業利益が25億円を超過した場合 　割り当てられた新株予約権の100%

4 株式会社の会社役員に関する事項
(1) 全般事項

Q 61 開示対象となる役員の範囲を教えてください。

A 「会社役員に関する事項」(「社外役員に関する事項」も含む)において、開示対象となる会社役員は、「直前の定時株主総会の終結の日の翌日以降に在任していた者」に限定される記載事項と、この範囲に限定されない記載事項に大別されます。

ただし、開示対象となる会社役員の範囲が「直前の定時株主総会の終結の日の翌日以降に在任していた者」に限定されない記載事項についても、「当事業年度に係る報酬等」のように記載事項の性質上、当事業年度に在任していたものが開示対象となる場合もあります。

すなわち、開示対象となる会社役員の範囲が限定されない記載事項については、各記載事項において開示が要求されている内容を勘案しながら会社役員の開示対象を考えることになります。

具体的に「会社役員に関する事項」の各記載事項の開示対象となる会社役員の範囲については、下記表をご参照ください。

	記載事項
直前の定時株主総会の終結の日の翌日以降に在任していた者	(会社役員に関する事項)(施行規則121条) ○氏名(1号) ○地位および担当(2号) ○責任限定契約の内容の概要(3号) ○重要な兼職の状況(8号) ○財務および会計に関する相当程度の知見(9号)
	(社外役員に関する事項)(施行規則124条1項) ○重要な兼職先である法人等と当社との関係(1号・2号) ○特定関係事業者との親族関係(3号) ○事業年度中の活動状況(4号)

「直前の定時株主総会の終結の日の翌日以降に在任していた者」に限定されないもの	（会社役員に関する事項）（施行規則121条） ○当事業年度に係る報酬等（4号） ○当事業年度に受け、または受ける見込みの額が明らかとなった報酬等（5号） ○報酬等の額またはその算定方法の決定方針等の概要（6号）（指名委員会等設置会社以外の会社では省略可能） ○辞任または解任に関する事項（7号） ○常勤の監査委員・監査等委員の選定の有無（指名委員会等設置会社・監査等委員設置会社の場合）（10号） ○その他会社役員に関する重要な事項（11号）
	（社外役員に関する事項）（施行規則124条1項） ○当事業年度に係る報酬等（5号） ○当事業年度に受け、または受ける見込みの額が明らかとなった報酬等（6号） ○親会社等からの報酬等（7号） ○社外役員の意見（8号）

●関連規定●

【施行規則】
　（株式会社の会社役員に関する事項）
　第121条　第119条第2号に規定する「株式会社の会社役員に関する事項」とは、次に掲げる事項とする。ただし、当該事業年度の末日において指名委員会等設置会社でない株式会社にあっては、第6号に掲げる事項を省略することができる。
　一　会社役員（直前の定時株主総会の終結の日の翌日以降に在任していた者に限る。次号、第3号、第8号及び第9号並びに第128条第2項において同じ。）の氏名（会計参与にあっては、氏名又は名称）
　二　会社役員の地位及び担当
　三　会社役員（取締役又は監査役に限る。）と当該株式会社との間で法第427条第1項の契約を締結しているときは、当該契約の内容の概要（当該契約によって当該会社役員の職務の適正性が損なわれないようにするための措置を講じている場合にあっては、その内容を含む。）
　四　当該事業年度に係る会社役員の報酬等について、次のイからハまでに掲げる場合の区分に応じ、当該イからハまでに定める事項
　　イ　会社役員の全部につき取締役（監査等委員会設置会社にあっては、監査等委員である取締役又はそれ以外の取締役。イ及びハにおいて同じ。）、会計参与、監査役又は執行役ごとの報酬等の総額を掲げることとする場合　取締役、会計参与、監査役又は執行役ごとの報酬等の総額及び員数

ロ　会社役員の全部につき当該会社役員ごとの報酬等の額を掲げることとする場合　当該会社役員ごとの報酬等の額
　　ハ　会社役員の一部につき当該会社役員ごとの報酬等の額を掲げることとする場合　当該会社役員ごとの報酬等の額並びにその他の会社役員についての取締役、会計参与、監査役又は執行役ごとの報酬等の総額及び員数
　五　当該事業年度において受け、又は受ける見込みの額が明らかとなった会社役員の報酬等（前号の規定により当該事業年度に係る事業報告の内容とする報酬等及び当該事業年度前の事業年度に係る事業報告の内容とした報酬等を除く。）について、同号イからハまでに掲げる場合の区分に応じ、当該イからハまでに定める事項
　六　各会社役員の報酬等の額又はその算定方法に係る決定に関する方針を定めているときは、当該方針の決定の方法及びその方針の内容の概要
　七　辞任した会社役員又は解任された会社役員（株主総会又は種類株主総会の決議によって解任されたものを除く。）があるときは、次に掲げる事項（当該事業年度前の事業年度に係る事業報告の内容としたものを除く。）
　　イ　当該会社役員の氏名（会計参与にあっては、氏名又は名称）
　　ロ　法第342条の2第1項若しくは第4項又は第345条第1項（同条第4項において読み替えて準用する場合を含む。）の意見があるときは、その意見の内容
　　ハ　法第342条の2第2項又は第345条第2項（同条第4項において読み替えて準用する場合を含む。）の理由があるときは、その理由
　八　当該事業年度に係る当該株式会社の会社役員（会計参与を除く。）の重要な兼職の状況
　九　会社役員のうち監査役、監査等委員又は監査委員が財務及び会計に関する相当程度の知見を有しているものであるときは、その事実
　十　次のイ又はロに掲げる場合の区分に応じ、当該イ又はロに定める事項
　　イ　株式会社が当該事業年度の末日において監査等委員会設置会社である場合　常勤の監査等委員の選定の有無及びその理由
　　ロ　株式会社が当該事業年度の末日において指名委員会等設置会社である場合　常勤の監査委員の選定の有無及びその理由
　十一　前各号に掲げるもののほか、株式会社の会社役員に関する重要な事項

（社外役員等に関する特則）
第124条　会社役員のうち社外役員である者が存する場合には、株式会社の会社役員に関する事項には、第121条に規定する事項のほか、次に掲げる事項を含むものとする。
　一　社外役員（直前の定時株主総会の終結の日の翌日以降に在任していた者に限る。次号から第4号までにおいて同じ。）が他の法人等の業務執行者であることが第121条第8号に定める重要な兼職に該当する場合は、当該株式会社と当該他の法人等との関係
　二　社外役員が他の法人等の社外役員その他これに類する者を兼任していることが第

121条第8号に定める重要な兼職に該当する場合は、当該株式会社と当該他の法人等との関係
三　社外役員が次に掲げる者の配偶者、三親等以内の親族その他これに準ずる者であることを当該株式会社が知っているときは、その事実（重要でないものを除く。）
　　イ　当該株式会社の親会社等（自然人であるものに限る。）
　　ロ　当該株式会社又は当該株式会社の特定関係事業者の業務執行者又は役員（業務執行者であるものを除く。）
四　各社外役員の当該事業年度における主な活動状況（次に掲げる事項を含む。）
　　イ　取締役会（当該社外役員が次に掲げる者である場合にあっては、次に定めるものを含む。ロにおいて同じ。）への出席の状況
　　　⑴　監査役会設置会社の社外監査役　監査役会
　　　⑵　監査等委員会設置会社の監査等委員　監査等委員会
　　　⑶　指名委員会等設置会社の監査委員　監査委員会
　　ロ　取締役会における発言の状況
　　ハ　当該社外役員の意見により当該株式会社の事業の方針又は事業その他の事項に係る決定が変更されたときは、その内容（重要でないものを除く。）
　　ニ　当該事業年度中に当該株式会社において法令又は定款に違反する事実その他不当な業務の執行（当該社外役員が社外監査役である場合にあっては、不正な業務の執行）が行われた事実（重要でないものを除く。）があるときは、各社外役員が当該事実の発生の予防のために行った行為及び当該事実の発生後の対応として行った行為の概要
五　当該事業年度に係る社外役員の報酬等について、次のイからハまでに掲げる場合の区分に応じ、当該イからハまでに定める事項
　　イ　社外役員の全部につき報酬等の総額を掲げることとする場合　社外役員の報酬等の総額及び員数
　　ロ　社外役員の全部につき当該社外役員ごとの報酬等の額を掲げることとする場合　当該社外役員ごとの報酬等の額
　　ハ　社外役員の一部につき当該社外役員ごとの報酬等の額を掲げることとする場合　当該社外役員ごとの報酬等の額並びにその他の社外役員についての報酬等の総額及び員数
六　当該事業年度において受け、又は受ける見込みの額が明らかとなった社外役員の報酬等（前号の規定により当該事業年度に係る事業報告の内容とする報酬等及び当該事業年度前の事業年度に係る事業報告の内容とした報酬等を除く。）について、同号イからハまでに掲げる場合の区分に応じ、当該イからハまでに定める事項
七　社外役員が次のイ又はロに掲げる場合の区分に応じ、当該イ又はロに定めるものから当該事業年度において役員としての報酬等を受けているときは、当該報酬等の総額（社外役員であった期間に受けたものに限る。）
　　イ　当該株式会社に親会社等がある場合　当該親会社等又は当該親会社等の子会社等（当該株式会社を除く。）

ロ　当該株式会社に親会社等がない場合　当該株式会社の子会社
　八　社外役員についての前各号に掲げる事項の内容に対して当該社外役員の意見があ
　　るときは、その意見の内容

4 株式会社の会社役員に関する事項
(2) 取締役および監査役の氏名等

Q 62　「重要な兼職」に判断基準はあるのでしょうか。

A　会社役員に重要な兼職がある場合は、当該兼職の状況について記載することとされていますが、その判断基準については明確に定められていません。

「重要な兼職」であるか否かの判断については、例えば次のような事項を考慮することが考えられます。

> 「重要な兼職」の判断の際に考慮すべき事項
> ・兼職先の会社が取引上重要な会社であるか否か
> ・兼職先の会社において重要な職務を担当するか否か
> ・当社の取締役の職務に専念できるか否か
> ・兼職先との間で利益相反が生じる可能性があるか否か etc

（参考文献）
小松岳志・澁谷亮「事業報告の内容に関する規律の全体像」商事法務1863号（2009年）16頁
弥永真生『コンメンタール会社法施行規則・電子公告規則』（商事法務、2007年）409頁、676頁、677頁、683頁

●関連規定●
【施行規則】
　（株式会社の会社役員に関する事項）
　第121条　第119条第2号に規定する「株式会社の会社役員に関する事項」とは、次に掲げる事項とする。ただし、当該事業年度の末日において指名委員会等設置会社でない株式会社にあっては、第6号に掲げる事項を省略することができる。
　　八　当該事業年度に係る当該株式会社の会社役員（会計参与を除く。）の重要な兼職の状況

4 株式会社の会社役員に関する事項
(2) 取締役および監査役の氏名等

Q 63 事業報告で開示する「重要な兼職」と選任議案で記載する「重要な兼職」の関連性を教えてください。

A 事業報告では、事業年度における会社役員の「重要な兼職」について記載することとされています。

一方、株主総会参考書類における取締役・監査役の選任に関する議案においても、株主総会参考書類作成時点における候補者の「重要な兼職」(取締役または監査役就任後に退任予定のものを除く)に該当する事実を記載することとされており、事業報告とは記載の基準となる時点が異なります。取締役・監査役の選任に関する議案を上程される場合には、株主総会参考書類との整合性についても注意しなければなりません(事業報告と株主総会参考書類の関係性については次頁参照)。

●関連規定●
【施行規則】
　　(取締役の選任に関する議案)
　第74条
　2　前項に規定する場合において、株式会社が公開会社であるときは、株主総会参考書類には、次に掲げる事項を記載しなければならない。
　　二　候補者が当該株式会社の取締役に就任した場合において第121条第8号に定める重要な兼職に該当する事実があることとなるときは、その事実

　　(株式会社の会社役員に関する事項)
　第121条　第119条第2号に規定する「株式会社の会社役員に関する事項」とは、次に掲げる事項とする。ただし、当該事業年度の末日において指名委員会等設置会社でない株式会社にあっては、第6号に掲げる事項を省略することができる。
　　八　当該事業年度に係る当該株式会社の会社役員(会計参与を除く。)の重要な兼職の状況

事業報告及び参考書類における「重要な兼職の状況」の関係

＜前提条件＞
専務取締役〇〇〇〇
　兼職：株式会社宝商会　代表取締役社長
　　　　→総会後も引き続き兼職予定
　　　　Ｄイノベーション株式会社
　　　　　　　　　代表取締役社長
　　　　→期末日後に就任

社外取締役××××
　兼職：株式会社宝商会　社外取締役
　　　　→総会後も引き続き兼職予定
　　　　ＰＮ株式会社　社外取締役
　　　　→総会までに退任予定
　　　　株式会社Ｆメディア　監査役
　　　　　　　　（社外ではない）
　　　　→総会後も引き続き兼職予定

事業報告

4．会社役員に関する事項
(1) 取締役及び監査役の氏名等

地位	氏名	担当及び重要な兼職の状況
専務取締役	〇〇〇〇	株式会社宝商会　代表取締役社長
取締役(社外)	××××	株式会社宝商会　社外取締役 ＰＮ株式会社　社外取締役 株式会社Ｆメディア　監査役

(注) 専務取締役〇〇〇〇氏は、事業年度末日後の〇月〇日付でＤイノベーション株式会社の代表取締役社長に就任しております。

(3) 社外役員に関する事項
取締役××××
①重要な兼職先である法人等と当社との関係
　株式会社宝商会は、当社の発行済株式の30％を保有する大株主であります。
　ＰＮ株式会社と当社との間には特別の関係はありません。

参考書類

第〇号議案　取締役〇名選任の件

候補者番号	氏名 (生年月日)	略歴、地位、担当及び重要な兼職の状況	所有する当社の株式数
1			
2	〇〇〇〇 (昭和〇年〇月〇日)	(重要な兼職の状況) 株式会社宝商会　代表取締役社長 Ｄイノベーション株式会社　代表取締役社長	
3	×××× (昭和〇年〇月〇日)	(重要な兼職の状況) 株式会社宝商会　社外取締役 株式会社Ｆメディア　監査役	

（吹き出し）事業年度末日後参考書類作成までに就任した重要な兼職も記載する

（吹き出し）総会までに退任予定であれば記載は不要

4 株式会社の会社役員に関する事項
(2) 取締役および監査役の氏名等

Q 64 株主総会招集通知の発送後に、会社役員が重要な兼職を退任する予定がありますが、その旨について説明する必要はあるのでしょうか。

A 株主総会招集通知発送後に発生する事象は、事業報告に係る監査役会の監査報告書受領後の事象であるため、事業報告に記載することはできません。

したがって、株主総会招集通知発送後に、会社役員が重要な兼職を退任する予定がある場合は、その旨について説明する必要はありません。

●関連規定●
質問に係る規定はありません。

4 株式会社の会社役員に関する事項
(2) 取締役および監査役の氏名等

Q 65 会社役員の地位、担当、重要な兼職の状況は、いつ時点の内容を記載する必要があるのですか。また、当事業年度中または当事業年度末日後に、異動があった場合には、当該異動の内容を記載する必要がありますか。

A 会社役員の地位、担当、重要な兼職の状況の記載時点については、明文でその記載時点の特定がなされていないため、事業報告が「各事業年度に係る」ものであること（会社法435条2項）から、当事業年度期間に関する事実を記載するものと考えられます（小松岳志・澁谷亮「事業報告の内容に関する規律の全体像」商事法務1863号（2009年）13頁～16頁）。

したがって、当事業年度中に当該役職等の異動があった場合には、その内容を説明することが望ましいと考えられます。なお、その記載方法としては、会社役員に関する事項の役員一覧表には、当事業年度末日時点に在任している地位、担当、重要な兼職の状況を記載し、欄外注記で当事業年度中の異動状況を記載したり、別に異動者の一覧表を作成して記載するのが一般的です。

また、当事業年度末日後に当該役職等に異動があった場合は、上記の「各事業年度に係る」ものではありませんが、その異動の内容が施行規則121条11号の「株式会社の会社役員に関する重要な事項」に該当するのであれば、当該異動の状況についても記載することとなります。この場合の記載の方法としても、欄外注記や一覧表で説明する会社が多く見られます。

●関連規定●
【会社法】
　（計算書類等の作成及び保存）
　第435条　株式会社は、法務省令で定めるところにより、その成立の日における貸借対照表を作成しなければならない。
　2　株式会社は、法務省令で定めるところにより、各事業年度に係る計算書類（貸借対照表、損益計算書その他株式会社の財産及び損益の状況を示すために必要かつ適当な

ものとして法務省令で定めるものをいう。以下この章において同じ。）及び事業報告並びにこれらの附属明細書を作成しなければならない。

【施行規則】
（株式会社の会社役員に関する事項）
第121条　第119条第2号に規定する「株式会社の会社役員に関する事項」とは、次に掲げる事項とする。ただし、当該事業年度の末日において指名委員会等設置会社でない株式会社にあっては、第6号に掲げる事項を省略することができる。
一　会社役員（直前の定時株主総会の終結の日の翌日以降に在任していた者に限る。次号、第3号、第8号及び第9号並びに第128条第2項において同じ。）の氏名（会計参与にあっては、氏名又は名称）
二　会社役員の地位及び担当
十一　前各号に掲げるもののほか、株式会社の会社役員に関する重要な事項

■記載事例■

事例1　当事業年度中の異動状況を注記の文章で記載している事例
株式会社ハマキョウレックス
　3．会社役員に関する事項
　　(1) 取締役及び監査役の氏名等　　　　　　　　　（平成27年3月31日付）

会社における地位	氏　　　名	担当及び重要な兼職の状況
代表取締役会長	大須賀　正孝	浜協サービス株式会社代表取締役社長 株式会社スーパーレックス取締役会長 静岡県トラック運送健康保険組合理事長 静岡県トラック運送厚生年金基金理事長 日本3PL協会会長 静岡県トラック協会会長 全日本トラック協会常任理事 近物レックス株式会社取締役 静岡県自動車会議所会長 浜松商工会議所会頭
代表取締役社長	大須賀　秀徳	近物レックス株式会社取締役会長 株式会社スーパーレックス取締役
専務取締役	山崎　裕康	執行役員 株式会社スーパーレックス監査役 近物レックス株式会社監査役

　（注）　1．取締役足立邦彦は、社外取締役であります。また株式会社東京証券取引所の定めに基づく独立役員であります。
　　　　2．監査役金原茂憲及び監査役杉山利明の両氏は、社外監査役であります。また株式会社東京証券取引所の定めに基づく独立役員であります。
　　　　3．監査役金原茂憲氏は、企業経営等の豊富な経験や実績、幅広い見識を有し、財務及び会計に関する相当程度の知見を有するものであります。
　　　　4．監査役杉山利明氏は、企業経営者として財務・会計に関する相当程度の知識を有するものであります。
　　　　5．取締役山崎裕康氏は、平成26年8月1日付で、常務取締役から専務取締役に就任いたしました。

事例2　当事業年度末日後の異動状況を表で記載している事例
株式会社アルファ
(3) 会社役員の状況
① 取締役及び監査役の状況（平成27年3月31日現在）

地　位	氏　名	担当及び重要な兼職の状況
代表取締役社長	木之瀬　茂	ALPHA HOUSING HARDWARE (THAILAND) CO., LTD. 取締役会長

〜〜〜〜〜〜〜〜〜〜〜〜〜〜〜〜〜〜〜〜〜〜〜〜〜〜〜〜〜〜〜〜〜〜〜〜〜〜

| 監査役 | 中村　由紀夫 | |

(注) 1. 取締役那須井勝久氏は、社外取締役であります。なお、当社は同氏を東京証券取引所の定めに基づく独立役員として指定し、同取引所に届け出ております。
　　 2. 監査役菅沼清嵩氏及び中村由紀夫氏は、社外監査役であります。
　　 3. 当事業年度末日後の取締役の地位、担当および重要な兼職の異動は次のとおりであります。

氏　名	異動前	異動後	異動年月日
川名　祥之	取締役常務執行役員	代表取締役社長	平成27年4月1日
木之瀬　茂	代表取締役社長	取締役相談役	平成27年4月1日

4 株式会社の会社役員に関する事項
(2) 取締役および監査役の氏名等

Q 66 当事業年度中に辞任（または解任）により役員を退任した者がいます。その場合、事業報告で記載する必要がある事項は何ですか。また、任期満了により退任した役員についても同様の事項を開示する必要がありますか。

A 辞任した会社役員または解任された会社役員がいる場合には、①当該会社役員の氏名、②監査役が辞任または解任について意見があるときは当該意見の内容、③監査役の辞任についての理由があるときは当該理由を記載する必要があります（施行規則121条7号）。

②および③は、(a)作成する事業報告が報告される定時株主総会において述べられる予定の監査役の意見・理由が当事業年度中に判明した場合は、当該述べられる予定の意見および理由を記載し、(b)監査役の意見および理由の陳述が当事業年度中の株主総会（前定時株主総会、臨時株主総会）で行われた場合は、当該陳述された意見および理由を記載します。ただし、当事業年度より前の事業年度に係る事業報告の内容としたものについては、再度開示しなくてもよいこととされています（施行規則121条7号括弧書）。

また、開示対象となる会社役員が事業年度の途中（直前の定時株主総会の日の翌日以降）において、辞任等により退任した場合、事業年度末日時点において在任している役員と同様、地位および担当等、施行規則121条各号に規定される事項についての記載が求められるものと考えられます（葉玉匡美「事業報告の基準時」T&Amaster 209号41頁）。

この場合、氏名、地位および担当欄において、当該会社役員の氏名ならびに当該会社役員の退任時の地位および担当を記載して、注記で当該会社役員が退任している旨ならびに退任時の地位および担当を記載している旨を説明している例や、表中には当該会社役員を含めずに、欄外注記において、当該会社役員の氏名、地位および担当等を説明する例があります。

一方、任期満了により退任した役員については、上記①〜③の記載は求め

られておりませんので、何も記載する義務はありません。ただし、役員を退任するという点では辞任と同様であるため、任意的に当該会社役員の氏名を記載している会社もあります。

●関連規定●
【施行規則】
　（株式会社の会社役員に関する事項）
　第121条　第119条第2号に規定する「株式会社の会社役員に関する事項」とは、次に掲げる事項とする。ただし、当該事業年度の末日において指名委員会等設置会社でない株式会社にあっては、第6号に掲げる事項を省略することができる。
　　七　辞任した会社役員又は解任された会社役員（株主総会又は種類株主総会の決議によって解任されたものを除く。）があるときは、次に掲げる事項（当該事業年度前の事業年度に係る事業報告の内容としたものを除く。）
　　　イ　当該会社役員の氏名（会計参与にあっては、氏名又は名称）
　　　ロ　法第342条の2第1項若しくは第4項又は第345条第1項（同条第4項において読み替えて準用する場合を含む。）の意見があるときは、その意見の内容
　　　ハ　法第342条の2第2項又は第345条第2項（同条第4項において読み替えて準用する場合を含む。）の理由があるときは、その理由

■記載事例■

事例1　辞任した役員の氏名を記載している事例
富士機工株式会社
　（注）1．社外取締役桑木　肇氏は、公認会計士の資格を有しており、財務および会計に関する相当程度の知見を有するものであります。なお、当社は同氏を東京証券取引所の定めに基づく独立役員として指定し、同取引所に届け出ております。
　　　　2．平成26年6月20日開催の第94期定時株主総会において、新たに伊月憲康氏および桑木　肇氏が取締役に選任され、就任いたしました。
　　　　3．平成26年6月20日開催の第94期定時株主総会終結の時をもって、福田　譲氏は任期満了により取締役を退任いたしました。
　　　　4．平成26年6月20日開催の第94期定時株主総会終結の時をもって、桑木　肇氏は辞任により監査役を退任いたしました。
　　　　5．株式会社ジェイテクトおよび株式会社タチエスは、当社の特定関係事業者に該当いたします。

事例2　辞任した役員の退任時の地位、担当等を記載している事例
株式会社幸楽苑（現幸楽苑ホールディングス）

(注) 1. 取締役鈴木庸夫氏は、会社法第2条第15号に定める社外取締役であります。
2. 監査役前田昭氏、星野昌洋氏及び石田宏寿氏の3氏は、会社法第2条第16号に定める社外監査役であります。
3. 取締役鈴木庸夫氏及び監査役前田昭氏、星野昌洋氏、石田宏寿氏の4氏は、東京証券取引所に対し、独立役員として届け出ております。
4. 取締役鈴木庸夫氏は、企業の経営者として長年の経験を有し、財務及び会計に関する相当程度の知見を有するものであります。
5. 監査役前田昭氏及び星野昌洋氏の両氏は、企業の経営者として長年の経験を有し、財務及び会計に関する相当程度の知見を有するものであります。
6. 監査役石田宏寿氏は、長年教育・宗教に従事されると共に、その後も学校や病院の経営に携わられ、豊富な経験及び幅広い見識と倫理観を有するものであります。
7. 平成27年4月1日付で、以下のとおり一部取締役の担当が変更となりました。

氏　名	地　位	担　当
武田　典久	専務取締役	管理本部長兼総務部長
渡辺　秀夫	取締役	内部監査室長

8. 当事業年度中に退任した取締役

氏　名	退任時の地位・担当及び重要な兼職の状況	退任日	退任理由
青木　憲夫	取締役開発本部長	平成26年12月31日	辞任

4 株式会社の会社役員に関する事項
(2) 取締役および監査役の氏名等

Q 67 会社役員の状況において、財務および会計に関する相当の知見を有する者がいる場合は、その旨を記載することとされていますが、どのような場合に「財務および会計に関する相当程度の知見」を有しているといえるのでしょうか。

A 監査役（指名委員会等設置会社である場合は監査委員、監査等委員会設置会社である場合は監査等委員）が財務および会計に関する相当程度の知見を有している場合は、その事実を記載します。

これは、会計監査の一端を担う監査役等が財務および会計に関する知見を有するかどうかを開示させることを趣旨とした項目です。

財務および会計に関する相当程度の知見を有するという事実について、明確な基準はありませんが、公認会計士や税理士など一定の法的資格を有する場合や、経理部門で経験を積んできているなどの事実上のものであっても差し支えないものと考えられています。

（参考文献）
相澤哲・郡谷大輔「事業報告（上）」商事法務1762号（2006年）7頁

●関連規定●
【施行規則】
（株式会社の会社役員に関する事項）
第121条　第119条第2号に規定する「株式会社の会社役員に関する事項」とは、次に掲げる事項とする。ただし、当該事業年度の末日において指名委員会等設置会社でない株式会社にあっては、第6号に掲げる事項を省略することができる。
　九　会社役員のうち監査役、監査等委員又は監査委員が財務及び会計に関する相当程度の知見を有しているものであるときは、その事実

■記載事例■

事例1　株式会社アルプス物流

4．会社役員に関する事項

(1) 取締役及び監査役の氏名等

会社における地位	氏　名	担当及び重要な兼職の状況
〜〜〜	〜〜〜	〜〜〜
監査役	國吉卓司	公認会計士

(注) 1. 取締役　大山高氏は、社外取締役であります。また、監査役　遠山悌二郎氏、三浦修氏及び國吉卓司氏は、社外監査役であります。
2. 監査役　國吉卓司氏は公認会計士の資格を有しており、財務及び会計に関する相当程度の知見を有するものであります。
3. 平成26年6月18日開催の第50回定時株主総会において、大山高氏及び吹山浩司氏が取締役に新たに選任され、就任いたしました。
4. 取締役　大山高氏並びに監査役　遠山悌二郎氏、三浦修氏及び國吉卓司氏につきましては、株式会社東京証券取引所に対し、独立役員として届け出ております。

事例2　株式会社豆蔵ホールディングス

1．取締役及び監査役の氏名等（平成27年3月31日現在）

地　位	氏　名	担当及び重要な兼職の状況
〜〜〜	〜〜〜	〜〜〜
監査役（常勤）	立野満夫	株式会社豆蔵監査役 株式会社ネクストスケープ監査役 株式会社フォスターネット監査役 ジェイエムテクノロジー株式会社監査役
監査役	山本英二	山本英二法律事務所所長
監査役	中村　仁	住友商事株式会社顧問 株式会社オープンストリーム監査役

(注) 1. 取締役鈴木邦男氏は、社外取締役であります。また、監査役立野満夫氏、山本英二氏及び中村仁氏は、社外監査役であります。なお、当社は、鈴木邦男氏及び立野満夫氏を東京証券取引所の定めに基づく独立役員として届け出ております。
2. 監査役立野満夫氏は、長年にわたる経理業務の経験を有しており、財務及び会計に関する相当程度の知見を有するものであります。
3. 監査役中村仁氏は、経理、財務を含む経営管理、内部統制等に関する豊富な経験を有しており、財務及び会計に関する相当程度の知見を有するものであります。
4. 取締役佐藤浩二氏は、平成27年3月31日付で株式会社オープンストリームにおける代表取締役社長を辞し、平成27年4月1日より同社代表取締役会長に就任しております。また、同氏は平成27年4月1日付でジェイエムテクノロジー株式会社の代表取締役社長に就任しております。

4 株式会社の会社役員に関する事項
(2) 取締役および監査役の氏名等

Q68 執行役員制度を採用している場合には、「会社役員に関する事項」において執行役員の氏名等も記載した方がよいのでしょうか。

A 執行役員は会社役員（施行規則2条3項4号）には該当しませんので、事業報告の「会社役員に関する事項」において、記載対象とはなりませんが、取締役および監査役の氏名等を記載させる趣旨が、その事業年度における経営および責任の所在を明らかにすることを目的とすれば、執行役員制度に関する情報は非常に重要な情報であるといえます（資料版商事法務282号（2007年）138頁）。

したがって、執行役員の状況を、「株式会社に関する重要な事項」（施行規則118条1号）または、「会社役員に関する重要な事項」（施行規則121条11号）として、記載することが考えられます。

執行役員制度を導入している会社では、「取締役および監査役の氏名等」の注記等で執行役員の状況を記載している例が見受けられます。

●関連規定●
【施行規則】
第118条　事業報告は、次に掲げる事項をその内容としなければならない。
　一　当該株式会社の状況に関する重要な事項（計算書類及びその附属明細書並びに連結計算書類の内容となる事項を除く。）

（株式会社の会社役員に関する事項）
第121条　第119条第2号に規定する「株式会社の会社役員に関する事項」とは、次に掲げる事項とする。ただし、当該事業年度の末日において指名委員会等設置会社でない株式会社にあっては、第6号に掲げる事項を省略することができる。
　十一　前各号に掲げるもののほか、株式会社の会社役員に関する重要な事項

■記載事例■

愛三工業株式会社

(注) 1. 監査役 岸澤修、杉山雅則および中村元志の3氏は、会社法第2条第16号に定める社外監査役であります。なお、監査役 岸澤修氏は、東京証券取引所および名古屋証券取引所の定めに基づく独立役員であります。
トヨタ自動車株式会社は、当社の主要株主であり、製品の販売先であります。
2. 監査役 岸澤修氏は、公認会計士の資格を有しており、財務および会計に関する相当程度の知見を有するものであります。
3. ※印は、平成26年6月13日開催の第112回定時株主総会で新たに選任された取締役および監査役であります。
4. 常勤監査役 一ノ宮博英および監査役 杉原功一の両氏は、平成26年6月13日開催の第112回定時株主総会終結のときをもって辞任いたしました。
5. 取締役兼務者以外の執行役員は次のとおりです。

氏　　　　名	地　　位	担当および重要な兼職の状況
山　口　昌　弘	常務執行役員	株式会社アイサン ナスモコ インダストリ 取締役社長
小　柳　和　明	執 行 役 員	調達部担当、調達部長
井　上　弘　之	執 行 役 員	総務人事部担当、総務人事部長
中　島　毅　裕	執 行 役 員	フランクリン プレシジョン インダストリー株式会社 取締役社長
小　坂　純　文	執 行 役 員	生産技術部門担当、第1生産技術部長
植　木　洋次郎	執 行 役 員	経営企画部担当、経営企画部長
西　村　和　彦	執 行 役 員	研究開発部・先行開発部・ＰＴ適合開発部・第2製品開発部担当、先行開発部長
坂　上　康　則	執 行 役 員	品質保証部門担当、品質保証部長

6. 当事業年度後における取締役および執行役員の担当の異動 (平成27年4月1日付)

氏　　名	変更後	変更前
髙城孝明	生産技術部門・環境推進センター統括、生産部門副統括、環境推進センター長	生産技術部門・環境推進センター統括、環境推進センター長
鳥居久直	技術部門副統括、技術企画部担当、電子技術開発プロジェクトリーダー	技術部門副統括、技術企画部担当
中根　徹	営業部門統括、第2営業部長	営業部門統括
多田源二郎	品質保証部門・設計品質統括部担当、設計品質統括部長	品質保証部門担当、設計品質向上プロジェクトリーダー
時村治紀	本社工場担当、本社工場長	生産企画部・本社工場担当、本社工場長
西村和彦	システム開発部・先行技術開発部・第2製品開発部担当、ＦＣプロジェクトリーダー	研究開発部・先行開発部・ＰＴ適合開発部・第2製品開発部担当、先行開発部長

4　株式会社の会社役員に関する事項
(3)　責任限定契約に関する事項

Q 69　会社法改正後も責任限定契約の締結者の範囲を拡大しないで、従来どおり、社外取締役および社外監査役と責任限定契約を締結できる旨の定款規定を設けていますが、事業報告のどの項目で開示すればよいのでしょうか。

A　会社法改正後も従来どおり社外役員とのみ責任限定契約を締結できることとしているのであれば、社外役員に関係する記載事項であることについて、従来と変わりはありませんので、社外役員に関する事項として記載することでも問題ありません。

もっとも、会社法改正に伴う施行規則の改正により、「(社外役員を設けた株式会社の特則)」としてではなく、「(株式会社の会社役員に関する事項)」の記載事項として規定されたため、社外役員に関する事項の中で記載するのではなく、取締役および監査役の氏名等の注記等、または、「責任限定契約の内容の概要」を別項目として設けて記載してもよいと考えます。

(参考文献)
一般社団法人日本経済団体連合会「会社法施行規則及び会社計算規則による株式会社の各種書類のひな型(改訂版)」(2015年4月10日)23頁

●関連規定●
【施行規則】
　(株式会社の会社役員に関する事項)
第121条　第119条第2号に規定する「株式会社の会社役員に関する事項」とは、次に掲げる事項とする。ただし、当該事業年度の末日において指名委員会等設置会社でない株式会社にあっては、第6号に掲げる事項を省略することができる。
　三　会社役員(取締役又は監査役に限る。)と当該株式会社との間で法第427条第1項の契約を締結しているときは、当該契約の内容の概要(当該契約によって当該会社役員の職務の適正性が損なわれないようにするための措置を講じている場合にあっては、その内容を含む。)

4 株式会社の会社役員に関する事項
(4) 取締役および監査役の報酬等

Q 70 役員の報酬開示としてどのような開示が求められますか。

A 公開会社では、事業報告において、①当事業年度に係る会社役員の報酬等と②当事業年度において受けまたは受ける見込みの額が明らかとなった報酬等をその内容とすることが求められています（施行規則121条4号・5号）。

①は、当事業年度との対応関係がある報酬等を指し、具体的には定額報酬、役員賞与の支給予定額、役員退職慰労引当金繰入額および会社役員に対して付与したストック・オプションの当事業年度に費用計上した額が該当します。

また、役員の報酬開示では、①の当事業年度に係る報酬の他に、当事業年度との対応関係がない報酬等で当事業年度中に支給したものまたは当事業年度中に支給予定額が明らかとなったものについては、「当事業年度において受けまたは受ける見込みの額が明らかとなった報酬等」として記載することとなります（施行規則121条5号、124条1項6号）。

ただし、当該報酬等の額については、「当事業年度に係る報酬等」として開示している内容および過年度の事業報告に記載している内容と重複する場合は、当事業年度に係る事業報告での記載は不要となります（施行規則121条5号括弧書、124条1項6号括弧書）。

具体的には、当事業年度中に役員退職慰労金を支給した場合、または役員退職慰労金の支給予定額が明らかとなった場合等において、その支給額または支給予定額を記載することとなります。この支給額または支給予定額が、「当事業年度に係る報酬等」として記載している内容および過年度の事業報告に記載している内容と重複する場合は、これらの額の開示は不要となります。

●関連規定●
【施行規則】
　(株式会社の会社役員に関する事項)
　第121条　第119条第2号に規定する「株式会社の会社役員に関する事項」とは、次に掲げる事項とする。ただし、当該事業年度の末日において指名委員会等設置会社でない株式会社にあっては、第6号に掲げる事項を省略することができる。
　　四　当該事業年度に係る会社役員の報酬等について、次のイからハまでに掲げる場合の区分に応じ、当該イからハまでに定める事項
　　　イ　会社役員の全部につき取締役(監査等委員会設置会社にあっては、監査等委員である取締役又はそれ以外の取締役。イ及びハにおいて同じ。)、会計参与、監査役又は執行役ごとの報酬等の総額を掲げることとする場合　取締役、会計参与、監査役又は執行役ごとの報酬等の総額及び員数
　　　ロ　会社役員の全部につき当該会社役員ごとの報酬等の額を掲げることとする場合　当該会社役員ごとの報酬等の額
　　　ハ　会社役員の一部につき当該会社役員ごとの報酬等の額を掲げることとする場合　当該会社役員ごとの報酬等の額並びにその他の会社役員についての取締役、会計参与、監査役又は執行役ごとの報酬等の総額及び員数
　　五　当該事業年度において受け、又は受ける見込みの額が明らかとなった会社役員の報酬等(前号の規定により当該事業年度に係る事業報告の内容とする報酬等及び当該事業年度前の事業年度に係る事業報告の内容とした報酬等を除く。)について、同号イからハまでに掲げる場合の区分に応じ、当該イからハまでに定める事項

　(社外役員等に関する特則)
　第124条　会社役員のうち社外役員である者が存する場合には、株式会社の会社役員に関する事項には、第121条に規定する事項のほか、次に掲げる事項を含むものとする。
　　五　当該事業年度に係る社外役員の報酬等について、次のイからハまでに掲げる場合の区分に応じ、当該イからハまでに定める事項
　　　イ　社外役員の全部につき報酬等の総額を掲げることとする場合　社外役員の報酬等の総額及び員数
　　　ロ　社外役員の全部につき当該社外役員ごとの報酬等の額を掲げることとする場合　当該社外役員ごとの報酬等の額
　　　ハ　社外役員の一部につき当該社外役員ごとの報酬等の額を掲げることとする場合　当該社外役員ごとの報酬等の額並びにその他の社外役員についての報酬等の総額及び員数
　　六　当該事業年度において受け、又は受ける見込みの額が明らかとなった社外役員の報酬等(前号の規定により当該事業年度に係る事業報告の内容とする報酬等及び当該事業年度前の事業年度に係る事業報告の内容とした報酬等を除く。)について、同号イからハまでに掲げる場合の区分に応じ、当該イからハまでに定める事項

■記載事例■

日本碍子株式会社

② 当事業年度に係る取締役及び監査役の報酬等の額

区　　　　　分	支　給　人　数	報　酬　等　の　額
取　　　締　　　役 （う ち 社 外 取 締 役）	15人 （2）	502百万円 （24）
監　　　査　　　役 （う ち 社 外 監 査 役）	5 （2）	79 （20）
計 （う ち 社 外 役 員）	20 （4）	581 （44）

(注) 1. 上記報酬等の額には、取締役（社外取締役を除く）に対する株式報酬型ストック・オプションとして割り当てた新株予約権に関する報酬67百万円及び取締役（社外取締役を除く）に対する役員賞与の支給見込額を含めております。
2. 上記取締役の支給人数及び報酬等の額には、平成26年6月27日に退任した取締役（社外取締役ではありません）3名及び各人に対する報酬等の額を含んでおります。
3. 上記監査役の支給人数及び報酬等の額には、平成26年6月27日に退任した監査役（社外監査役ではありません）1名及び同人に対する報酬等の額を含んでおります。
4. 平成19年6月28日開催の株主総会において、取締役の報酬限度額を年額800百万円（うち社外取締役30百万円。但し、株式報酬型ストック・オプションとして割り当てる新株予約権に関する報酬は含まない）、取締役(社外取締役を除く)の株式報酬型ストック・オプションとして割り当てる新株予約権に関する報酬限度額を年額200百万円、監査役の報酬限度額を年額100百万円と決議いただいております。
5. なお、上記報酬等の額の他に、取締役蒲野宏之氏に対し、独立委員会の委員長職を委託しており、当事業年度における職務遂行に係る対価及び費用は46百万円となっております。また、監査役田中節夫氏に対し、同委員会の委員職を委託しており、当事業年度における職務遂行に係る対価及び費用は25百万円となっております。
6. また、上記報酬等の額の他に、当事業年度において、平成26年6月27日に退任した取締役（社外取締役ではありません）1名に対して退職慰労金40百万円を支給しております。

4 株式会社の会社役員に関する事項
(4) 取締役および監査役の報酬等

Q 71 事業年度中の役員退職慰労引当金の増加額は記載事項となりますか。

A 当事業年度において役員退職慰労引当金の繰入額を計上している場合は、「当事業年度に係る報酬等の額」として、当該繰入額について記載します。

　退職慰労金は実務上、社内規程として、具体的な算定方法を定めた退職慰労金規程を定め、概ね一定の基準のもとで支給されております。会計上も、退職慰労金規程に従って算定される金額をもとに引当金（退職慰労引当金）を計上する会社が多く、こうした会社では、在任中の役員に対して将来支給される退職慰労金について、当事業年度に帰属するべき金額を合理的に見積もることは可能です。例えば、退職慰労引当金を計上している会社においては、当事業年度における引当金の増加額を当事業年度に係る報酬と評価することが適当であると考えられます。

　当事業年度に帰属するべき金額を合理的に見積もることができない会社であっても、定時株主総会終結の時をもって退任することがあらかじめ判明している場合であって、支給予定額をあらかじめ合理的に見積もることが可能であるときは、当該定時株主総会に提出する事業報告において、支給予定額を開示することになります。

（参考文献）
髙田剛『実務家のための役員報酬の手引き』（商事法務、2013年）299頁

●関連規定●
【施行規則】
　（株式会社の会社役員に関する事項）
　第121条　第119条第2号に規定する「株式会社の会社役員に関する事項」とは、次に

掲げる事項とする。ただし、当該事業年度の末日において指名委員会等設置会社でない株式会社にあっては、第6号に掲げる事項を省略することができる。
　四　当該事業年度に係る会社役員の報酬等について、次のイからハまでに掲げる場合の区分に応じ、当該イからハまでに定める事項
　　イ　会社役員の全部につき取締役（監査等委員会設置会社にあっては、監査等委員である取締役又はそれ以外の取締役。イ及びハにおいて同じ。）、会計参与、監査役又は執行役ごとの報酬等の総額を掲げることとする場合　取締役、会計参与、監査役又は執行役ごとの報酬等の総額及び員数
　　ロ　会社役員の全部につき当該会社役員ごとの報酬等の額を掲げることとする場合　当該会社役員ごとの報酬等の額
　　ハ　会社役員の一部につき当該会社役員ごとの報酬等の額を掲げることとする場合　当該会社役員ごとの報酬等の額並びにその他の会社役員についての取締役、会計参与、監査役又は執行役ごとの報酬等の総額及び員数
　五　当該事業年度において受け、又は受ける見込みの額が明らかとなった会社役員の報酬等（前号の規定により当該事業年度に係る事業報告の内容とする報酬等及び当該事業年度前の事業年度に係る事業報告の内容とした報酬等を除く。）について、前号イからハまでに掲げる場合の区分に応じ、当該イからハまでに定める事項

（社外役員等に関する特則）
第124条　会社役員のうち社外役員である者が存する場合には、株式会社の会社役員に関する事項には、第121条に規定する事項のほか、次に掲げる事項を含むものとする。
　五　当該事業年度に係る社外役員の報酬等について、次のイからハまでに掲げる場合の区分に応じ、当該イからハまでに定める事項
　　イ　社外役員の全部につき報酬等の総額を掲げることとする場合　社外役員の報酬等の総額及び員数
　　ロ　社外役員の全部につき当該社外役員ごとの報酬等の額を掲げることとする場合　当該社外役員ごとの報酬等の額
　　ハ　社外役員の一部につき当該社外役員ごとの報酬等の額を掲げることとする場合　当該社外役員ごとの額並びにその他の社外役員についての報酬等の総額及び員数
　六　当該事業年度において受け、又は受ける見込みの額が明らかとなった社外役員の報酬等（前号の規定により当該事業年度に係る事業報告の内容とする報酬等及び当該事業年度前の事業年度に係る事業報告の内容とした報酬等を除く。）について、同号イからハまでに掲げる場合の区分に応じ、当該イからハまでに定める事項

■記載事例■

ジェコス株式会社

4. 取締役および監査役の報酬等の額

  取締役8名   208百万円
  監査役5名   40百万円（うち社外 4名 24百万円）

（注）1. 上記支給額には、平成27年6月23日開催の第48回定時株主総会において決議予定の役員賞与46百万円（取締役43百万円、監査役3百万円）を含んでおります。
   2. 上記支給額には、当事業年度に計上した役員退職慰労引当金繰入額29百万円（取締役24百万円、監査役5百万円）を含んでおります。
   3. 上記支給額のほか、平成26年6月26日開催の第47回定時株主総会決議に基づき、役員退職慰労金を退任取締役1名に対し4百万円を支給しております。

4 株式会社の会社役員に関する事項
(4) 取締役および監査役の報酬等

Q 72 当事業年度中に支払った役員退職慰労金は開示事項となりますか。

A 当事業年度中に役員退職慰労金を支払った場合、当該事業年度に係る事業報告に「当事業年度において受けた報酬等」として、役員退職慰労金を支払った会社役員の員数およびこれらの役員に対する支給額を記載します（施行規則121条5号、124条1項6号）。ただし、支給額が、過年度の事業報告において役員退職慰労引当金等の額として開示した金額と重複する場合は、当該支給額についての記載は不要となります（施行規則121条5号括弧書、124条1項6号括弧書）。

これに対し、例えば功労加算金などが発生した場合に、当該支給額が過年度の事業報告において開示した金額の合計額を超えることになれば、当然ながら未開示部分の支給額について開示が必要となりますので、留意が必要です。

この場合の記載方法としては、次の方法が考えられます。
① 役員退職慰労金の支給額を開示し、過年度の事業報告において開示した金額を含む旨を明示する方法
② 役員退職慰労金の支給額から、過年度の事業報告において開示した金額を除いた金額を開示する方法

●関連規定●
【施行規則】
　（株式会社の会社役員に関する事項）
　第121条　第119条第2号に規定する「株式会社の会社役員に関する事項」とは、次に掲げる事項とする。ただし、当該事業年度の末日において指名委員会等設置会社でない株式会社にあっては、第6号に掲げる事項を省略することができる。
　　四　当該事業年度に係る会社役員の報酬等について、次のイからハまでに掲げる場合

の区分に応じ、当該イからハまでに定める事項
　　イ　会社役員の全部につき取締役（監査等委員会設置会社にあっては、監査等委員である取締役又はそれ以外の取締役。イ及びハにおいて同じ。）、会計参与、監査役又は執行役ごとの報酬等の総額を掲げることとする場合　取締役、会計参与、監査役又は執行役ごとの報酬等の総額及び員数
　　ロ　会社役員の全部につき当該会社役員ごとの報酬等の額を掲げることとする場合　当該会社役員ごとの報酬等の額
　　ハ　会社役員の一部につき当該会社役員ごとの報酬等の額を掲げることとする場合　当該会社役員ごとの報酬等の額並びにその他の会社役員についての取締役、会計参与、監査役又は執行役ごとの報酬等の総額及び員数
　五　当該事業年度において受け、又は受ける見込みの額が明らかとなった会社役員の報酬等（前号の規定により当該事業年度に係る事業報告の内容とする報酬等及び当該事業年度前の事業年度に係る事業報告の内容とした報酬等を除く。）について、同号イからハまでに掲げる場合の区分に応じ、当該イからハまでに定める事項

（社外役員等に関する特則）
第124条　会社役員のうち社外役員である者が存する場合には、株式会社の会社役員に関する事項には、第121条に規定する事項のほか、次に掲げる事項を含むものとする。
　五　当該事業年度に係る社外役員の報酬等について、次のイからハまでに掲げる場合の区分に応じ、当該イからハまでに定める事項
　　イ　社外役員の全部につき報酬等の総額を掲げることとする場合　社外役員の報酬等の総額及び員数
　　ロ　社外役員の全部につき当該社外役員ごとの報酬等の額を掲げることとする場合　当該社外役員ごとの報酬等の額
　　ハ　社外役員の一部につき当該社外役員ごとの報酬等の額を掲げることとする場合　当該社外役員ごとの報酬等の額並びにその他の社外役員についての報酬等の総額及び員数
　六　当該事業年度において受け、又は受ける見込みの額が明らかとなった社外役員の報酬等（前号の規定により当該事業年度に係る事業報告の内容とする報酬等及び当該事業年度前の事業年度に係る事業報告の内容とした報酬等を除く。）について、同号イからハまでに掲げる場合の区分に応じ、当該イからハまでに定める事項

■記載事例■

株式会社ウッドワン

(2) 取締役及び監査役の報酬等

区分	人数	報酬等の額	摘要
取締役	8	183百万円	
監査役	4	15百万円	うち社外監査役2名6百万円
計	12	199百万円	

(注) 1. 取締役の報酬等の額には、使用人兼務取締役の使用人分給与は含まれておりません。
2. 上記には、当事業年度に計上した役員退職慰労引当金繰入額23百万円（取締役22百万円、監査役1百万円）が含まれております。
3. 上記には、取締役に対してストック・オプションとして付与した新株予約権に係る当事業年度中の費用計上額25百万円が含まれております。
4. 上記のほか、平成26年6月26日開催の第62回定時株主総会の決議に基づき、役員退職慰労金として退任取締役1名に対し14百万円を支給しております。なお、この金額には、当事業年度及び過年度の事業報告において開示した役員退職慰労引当金繰入額8百万円を含んでおります。

4 株式会社の会社役員に関する事項
(4) 取締役および監査役の報酬等

Q 73 役員賞与がある場合、どのような開示事項がありますか。

A 原則として「当事業年度に係る報酬等」として記載することとなります。例えば、当事業年度に係る定時株主総会において、役員賞与支給議案が提出されている場合、当該議案の決議に基づき支給する役員賞与の支給予定額を「当事業年度に係る報酬等」として、報酬等の総額に含めて開示することとなります。また、役員賞与支給議案を提出せずに報酬の枠内で役員賞与を支給する場合には、当事業年度にかかる費用計上額を報酬等の総額に含めて開示する必要があります。

ただし、事業報告の対象となる事業年度に客観的に対応する報酬等であっても、当該報酬等の額がその事業年度に係る事業報告作成時に判明しない場合には、その後に会社役員が当該報酬等を「受け、又は受ける見込みの額が明らかとなった」事業年度に係る事業報告において記載することとなります。

したがって、事業報告作成時に当該事業報告に対応する事業年度に係る役員賞与の支給予定額が判明しない場合には、その後の事業年度に係る事業報告において役員賞与の支給額を記載します。

事例としては、役員賞与支給議案が提出されている場合で、当該議案の決議に基づき支給する役員賞与の支給予定額を「当事業年度に係る報酬等」として、報酬等の総額に含めて開示する会社が多く見られます。

●関連規定●
【施行規則】
（株式会社の会社役員に関する事項）
第121条　第119条第2号に規定する「株式会社の会社役員に関する事項」とは、次に

掲げる事項とする。ただし、当該事業年度の末日において指名委員会等設置会社でない株式会社にあっては、第6号に掲げる事項を省略することができる。
　四　当該事業年度に係る会社役員の報酬等について、次のイからハまでに掲げる場合の区分に応じ、当該イからハまでに定める事項
　　イ　会社役員の全部につき取締役（監査等委員会設置会社にあっては、監査等委員である取締役又はそれ以外の取締役。イ又はハにおいて同じ。）、会計参与、監査役又は執行役ごとの報酬等の総額を掲げることとする場合　取締役、会計参与、監査役又は執行役ごとの報酬等の総額及び員数
　　ロ　会社役員の全部につき当該会社役員ごとの報酬等の額を掲げることとする場合　当該会社役員ごとの報酬等の額
　　ハ　会社役員の一部につき当該会社役員ごとの報酬等の額を掲げることとする場合　当該会社役員ごとの報酬等の額並びにその他の会社役員についての取締役、会計参与、監査役又は執行役ごとの報酬等の総額及び員数
　五　当該事業年度において受け、又は受ける見込みの額が明らかとなった会社役員の報酬等（前号の規定により当該事業年度に係る事業報告の内容とする報酬等及び当該事業年度前の事業年度に係る事業報告の内容とした報酬等を除く。）について、前号イからハまでに掲げる場合の区分に応じ、当該イからハまでに定める事項

（社外役員等に関する特則）
第124条　会社役員のうち社外役員である者が存する場合には、株式会社の会社役員に関する事項には、第121条に規定する事項のほか、次に掲げる事項を含むものとする。
　五　当該事業年度に係る社外役員の報酬等について、次のイからハまでに掲げる場合の区分に応じ、当該イからハまでに定める事項
　　イ　社外役員の全部につき報酬等の総額を掲げることとする場合　社外役員の報酬等の総額及び員数
　　ロ　社外役員の全部につき当該社外役員ごとの報酬等の額を掲げることとする場合　当該社外役員ごとの報酬等の額
　　ハ　社外役員の一部につき当該社外役員ごとの報酬等の額を掲げることとする場合　当該社外役員ごとの報酬等の額並びにその他の社外役員についての報酬等の総額及び員数
　六　当該事業年度において受け、又は受ける見込みの額が明らかとなった社外役員の報酬等（前号の規定により当該事業年度に係る事業報告の内容とする報酬等及び当該事業年度前の事業年度に係る事業報告の内容とした報酬等を除く。）について、同号イからハまでに掲げる場合の区分に応じ、当該イからハまでに定める事項

■記載事例■

第一実業株式会社

(2) 取締役および監査役の報酬等の総額
  取締役6名 257百万円
  監査役4名   37百万円（うち社外監査役　2名　7百万円）
 (注) 1. 株主総会の決議による取締役の報酬限度額は、年換算216百万円であります。（平成23年6月23日定時株主総会決議）
   2. 取締役の報酬には第92期定時株主総会の第3号議案が原案どおり承認可決することを条件として支払う予定の役員賞与の額60百万円および平成25年7月31日開催の取締役会の決議によりストックオプションとして取締役6名に付与した新株予約権13百万円（報酬等としての額）を含んでおります。
   3. 株主総会の決議による監査役の報酬限度額は、年換算45百万円であります。（平成16年6月25日定時株主総会決議）

4 株式会社の会社役員に関する事項
(4) 取締役および監査役の報酬等

Q 74 ストック・オプションがある場合、どのような開示事項がありますか。

A 会社役員に対して付与したストック・オプションについても職務執行の対価としての性質を有するため、ストック・オプションとして与えられた報酬等の総額（ストック・オプションの価値）を開示することとなります。

具体的には、会社役員に付与したストック・オプションの価値のうち、当事業年度の報酬分に相当する金額を「当事業年度に係る報酬等」として記載することとなります。当該金額については、ストック・オプションに関する会計基準が適用されている場合、当該事業年度に費用計上された金額を基準として記載するものと考えられます（相澤哲＝郡谷大輔「事業報告（上）」商事法務1762号（2006年）9頁）。

なお、会社法施行前に付与されたストック・オプションについては「職務執行の対価ではない」との見解もあることから、原則として報酬等としての開示は不要と考えられます。

事例としては、注記でストック・オプション価値を算定して金額を表示する例が多く見られます。

（参考文献）
石井裕介・小畑良晴・阿部光成編著『新しい事業報告・計算書類——日本経団連ひな型を参考に〔第4版〕』（商事法務、2012年）116頁

●関連規定●
【施行規則】
　（株式会社の会社役員に関する事項）
　第121条　第119条第2号に規定する「株式会社の会社役員に関する事項」とは、次に掲げる事項とする。ただし、当該事業年度の末日において指名委員会等設置会社でない株式会社にあっては、第6号に掲げる事項を省略することができる。
　　四　当該事業年度に係る会社役員の報酬等について、次のイからハまでに掲げる場合の区分に応じ、当該イからハまでに定める事項
　　　イ　会社役員の全部につき取締役（監査等委員会設置会社にあっては、監査等委員である取締役又はそれ以外の取締役。イ及びハにおいて同じ。）、会計参与、監査役又は執行役ごとの報酬等の総額を掲げることとする場合　取締役、会計参与、監査役又は執行役ごとの報酬等の総額及び員数
　　　ロ　会社役員の全部につき当該会社役員ごとの報酬等の額を掲げることとする場合　当該会社役員ごとの報酬等の額
　　　ハ　会社役員の一部につき当該会社役員ごとの報酬等の額を掲げることとする場合　当該会社役員ごとの報酬等の額並びにその他の会社役員についての取締役、会計参与、監査役又は執行役ごとの報酬等の総額及び員数

　（社外役員等に関する特則）
　第124条　会社役員のうち社外役員である者が存する場合には、株式会社の会社役員に関する事項には、第121条に規定する事項のほか、次に掲げる事項を含むものとする。
　　五　当該事業年度に係る社外役員の報酬等について、次のイからハまでに掲げる場合の区分に応じ、当該イからハまでに定める事項
　　　イ　社外役員の全部につき報酬等の総額を掲げることとする場合　社外役員の報酬等の総額及び員数
　　　ロ　社外役員の全部につき当該社外役員ごとの報酬等の額を掲げることとする場合　当該社外役員ごとの報酬等の額
　　　ハ　社外役員の一部につき当該社外役員ごとの報酬等の額を掲げることとする場合　当該社外役員ごとの報酬等の額並びにその他の社外役員についての報酬等の総額及び員数

■記載事例■

日医工株式会社

② 取締役及び監査役の報酬等の総額

区　　　　　分	支　給　人　員	支　　給　　額
取　　　締　　　役	9名	266百万円
監　　　査　　　役	6名	24百万円
合　　　　　　　計 （　う　ち　社　外　役　員　）	15名 (6名)	291百万円 (20百万円)

(注) 1．監査役の支給人員及び支給額には、平成26年6月20日開催の第50期定時株主総会をもって退任した監査役2名を含んでおります。
　　 2．取締役の報酬限度額は、平成19年2月27日開催の第42期定時株主総会決議において年額300百万円以内と決議いただいております。また、別枠で、平成24年2月28日開催の第47期定時株主総会において、社外取締役を除く取締役のストック・オプション報酬額は、短期及び中期株式報酬型ストック・オプション報酬額として年額165百万円、長期株式報酬型ストック・オプション報酬額として年額100百万円を上限とすると決議いただいております。
　　 3．監査役の報酬限度額は、平成19年2月27日開催の第42期定時株主総会決議において年額60百万円以内と決議いただいております。
　　 4．上記の報酬等の額には、ストック・オプション報酬として割り当てた新株予約権に係る当事業年度における費用計上額として、次の金額が含まれております。
　　　　・取締役7名　40百万円

4 株式会社の会社役員に関する事項
(4) 取締役および監査役の報酬等

Q 75 使用人兼務取締役の使用人分の給与を開示する必要はあるのでしょうか。

A 会社役員として受ける報酬等について記載するため、使用人兼務取締役の使用人分給与（賞与を含む）の額については、原則として記載は不要です。

ただし、使用人分の給与・賞与等の額が絶対額において、あるいは取締役の報酬等との比較において相対的に多額である場合等、取締役の報酬等として開示された内容だけでは、その株式会社の取締役に対する職務執行の対価として与えられている財産上の利益の額を適切に判断できない場合には、実質的に会社役員の報酬として支給していると評価できるほどの重要性があると判断することができます。

重要性があると判断した場合は、「株式会社の会社役員に関する重要な事項」に該当することとなり、使用人分給与の額を注記として記載することになります。

（参考文献）
弥永真生『コンメンタール会社法施行規則・電子公告規則』（商事法務、2007年）678頁、679頁

●関連規定●
【施行規則】
　（株式会社の会社役員に関する事項）
　第121条　第119条第2号に規定する「株式会社の会社役員に関する事項」とは、次に掲げる事項とする。ただし、当該事業年度の末日において指名委員会等設置会社でない株式会社にあっては、第6号に掲げる事項を省略することができる。
　　十一　前各号に掲げるもののほか、株式会社の会社役員に関する重要な事項

■記載事例■

東レ株式会社

(2) 取締役および監査役の報酬等の額

区　　　　　分	支給人数	報酬等の額
取　　　　　締　　　　　役 （　う　ち　社　外　取　締　役　）	30名 (1名)	1,548百万円 (9百万円)
監　　　　　査　　　　　役 （　う　ち　社　外　監　査　役　）	4名 (2名)	108百万円 (21百万円)
計	34名	1,655百万円

(注) 1. 取締役の支給人数には、当期に退任した取締役4名を含んでおります。
2. 報酬等の額には、第134回定時株主総会において決議予定の役員賞与166百万円（取締役157百万円、監査役9百万円（うち社外監査役2百万円））を含んでおります。
3. 報酬等の額には、取締役に付与された新株予約権によるストックオプション報酬額261百万円を含んでおります。
4. 報酬等の額には、使用人兼務役員の使用人給与相当額75百万円は含まれておりません。
5. その他、第130回定時株主総会において決議された役員退職慰労金制度廃止に伴う退職慰労金打切り支給として、退任取締役（2名）に218百万円を支給しておりますが、退任取締役への支給額のうち22百万円を当期の報酬等の額に含んでおります。

4　株式会社の会社役員に関する事項
(4)　取締役および監査役の報酬等

Q 76　前事業年度の事業報告において開示した役員退職慰労金・役員賞与の支給予定額を超える金額が当事業年度中に会社役員に対して支給されました。当該支給額と当該支給予定額の差額について開示しなければなりませんか。

A　前事業年度の事業報告において開示した役員退職慰労金・役員賞与の支給予定額と当事業年度中に実際に支給した金額との間に差額がある場合は、当該差額について記載する必要があります。

　施行規則では、過年度の事業報告にすでに開示されている報酬等の金額については、当事業年度の事業報告において重複して開示する必要はないこととされています。しかし、当該差額があった場合は、当該差額分について過年度の事業報告には開示されていないため、当事業年度に係る事業報告において当該差額を開示する必要があります。

　なお、当該差額は、「当事業年度に係る報酬等」（当事業年度と対応関係がある職務執行の対価）ではありませんので、報酬額の表には含めずに注記で説明することに留意が必要です。

●関連規定●
【施行規則】
（株式会社の会社役員に関する事項）
第121条　第119条第2号に規定する「株式会社の会社役員に関する事項」とは、次に掲げる事項とする。ただし、当該事業年度の末日において指名委員会等設置会社でない株式会社にあっては、第6号に掲げる事項を省略することができる。
　四　当該事業年度に係る会社役員の報酬等について、次のイからハまでに掲げる場合の区分に応じ、当該イからハまでに定める事項
　　イ　会社役員の全部につき取締役（監査等委員会設置会社にあっては、監査等委員である取締役又はそれ以外の取締役。イ及びハにおいて同じ。）、会計参与、監査役又は執行役ごとの報酬等の総額を掲げることとする場合　取締役、会計参与、監査役又は執行役ごとの報酬等の総額及び員数
　　ロ　会社役員の全部につき当該会社役員ごとの報酬等の額を掲げることとする場合

　　　　当該会社役員ごとの報酬等の額
　　ハ　会社役員の一部につき当該会社役員ごとの報酬等の額を掲げることとする場合
　　　　当該会社役員ごとの報酬等の額並びにその他の会社役員についての取締役、会計
　　　　参与、監査役又は執行役ごとの報酬等の総額及び員数
五　当該事業年度において受け、又は受ける見込みの額が明らかとなった会社役員の
　　報酬等（前号の規定により当該事業年度に係る事業報告の内容とする報酬等及び当
　　該事業年度前の事業年度に係る事業報告の内容とした報酬等を除く。）について、
　　同号イからハまでに掲げる場合の区分に応じ、当該イからハまでに定める事項

■記載事例■

東洋ゴム工業株式会社

(2) 取締役及び監査役の報酬等の総額

区　　　分	員　数（名）	報酬等の総額（百万円）
取　締　役	10	245
監　査　役	4	58

注）1．株主総会決議による取締役の報酬限度額は、年額300百万円以内（平成18年6月29日定時株主総会決議）及び監査役の報酬限度額は、年額80百万円以内（平成18年6月29日定時株主総会決議）であります。
　　2．上記報酬額には、当期において計上した役員賞与引当金79百万円が含まれております。
　　3．上記員数及び報酬等の総額には、社外役員（社外取締役及び社外監査役）6名に対する報酬56百万円が含まれております。
　　4．上記員数及び報酬等の総額には、平成26年3月28日付で退任した取締役2名が含まれております。
　　5．上記のほか、当期に支払った前期の役員賞与と前期の役員賞与引当金との差額3百万円を支払っております。

4 株式会社の会社役員に関する事項
(4) 取締役および監査役の報酬等

Q77 役員報酬の決定方針を定めている場合、どのような内容を記載しなければならないのですか。また、すべての会社が記載する必要があるのでしょうか。

A 各会社役員の報酬等の額またはその算定方法に係る決定に関する方針を定めているときは、当該方針の決定の方法およびその方針の内容の概要について記載します（施行規則121条6号）。なお、当事業年度の末日において、指名委員会等設置会社でない会社である場合は、当該事項の記載を省略することができます。

指名委員会等設置会社においては、報酬委員会が当該方針を必ず定めなければならないため（会社法409条1項）、方針の決定の方法および内容の概要を事業報告に記載する必要があります。

一方、指名委員会等設置会社でない会社の場合は、各会社役員の報酬等の額またはその算定方法に係る決定に関する方針を定めた場合であっても、当該方針の決定方法およびその方針の内容の概要について記載する義務はありませんが（施行規則121条柱書但書）、有価証券報告書において「役員の報酬等の額またはその算定方法に係る決定に関する方針の内容および決定方法」（当該方針を定めていない場合にはその旨）の記載が義務付けられていることから、その記載に合わせて当該事項を記載している例もあります。

●関連規定●
【施行規則】
（株式会社の会社役員に関する事項）
第121条　第119条第2号に規定する「株式会社の会社役員に関する事項」とは、次に掲げる事項とする。ただし、当該事業年度の末日において指名委員会等設置会社でない株式会社にあっては、第6号に掲げる事項を省略することができる。
　六　各会社役員の報酬等の額又はその算定方法に係る決定に関する方針を定めているときは、当該方針の決定の方法及びその方針の内容の概要

■記載事例■

JX ホールディングス株式会社
(3) 取締役および監査役の報酬等の決定に関する事項
- **取締役および監査役の報酬等の限度額**

　取締役および監査役の報酬等の限度額は、当社第1回定時株主総会において、次のとおり決議されています。
　① 取締役の報酬等の額は、1事業年度につき11億円以内(うち社外取締役分2億円以内)とする。なお、使用人兼務取締役の使用人分の給与および賞与を含まないこととする。
　② 監査役の報酬等の額は、1事業年度につき2億円以内とする。
　取締役の報酬等は、次に記載する方針に基づき、上記の範囲内で支給しています。また、監査役の報酬等は、その職務の独立性という観点から定額報酬とし、各監査役の協議に基づき、上記の範囲内で支給しています。

- **取締役の報酬等の算定方法にかかる決定に関する方針**

　取締役の報酬等については、役割に応じて毎月支給される定額報酬と連結経常利益に応じてその額が変動する賞与の二種類で構成しており、当該事業年度の会社業績を反映する体系としています。当該報酬等の決定方針については、報酬諮問委員会(社外取締役2名、代表取締役2名で構成。議長は社外取締役)の審議・答申を経て、取締役会の決議によって決定しています。

4 株式会社の会社役員に関する事項
(5) 社外役員に関する事項

Q 78 社外役員の重要な兼職先と当社との関係としてどのような内容を記載するのでしょうか。

A 当社の社外役員が、①他の法人等の業務執行取締役等を兼任していることが重要な兼職に該当する場合および②他の法人等の社外役員等を兼任していることが重要な兼職に該当する場合は、当該他の法人等と当社との関係を記載します（施行規則124条1項1号・2号）。

当該記載事項における「重要な兼職」の基準は、会社役員に関する事項の「重要な兼職」（施行規則121条8号）と同様の基準を用いることになります。

当社と重要な兼職先との関係の記載については、例えば、他の法人等との間に資本関係や取引関係等があればその内容について記載することが考えられます。

なお、重要な兼職に該当する場合に開示される「当該他の法人等との関係」については、明文上、重要なものに限るという限定は付されていませんが、社外役員としての職務執行に何ら影響を与えるおそれがない一般的な取引条件に基づく単なる取引関係等については開示の対象とされないと解されています。

法人等（施行規則2条3項1号）
　「法人等」とは、施行規則において「法人その他の団体」と規定されています。

「法人その他の団体」の具体例
　会社（株式会社、合名会社、合資会社、合同会社）、特定目的会社、有限責任事業組合、投資事業有限組合、投資法人、学校法人、特定非営利活動法人（NPO法人）、一般（公益）社団法人、一般（公益）財団法人など

(参考文献)

石井裕介・小畑良晴・阿部光成編著『新しい事業報告・計算書類——経団連ひな型を参考に〔第4版〕』(商事法務、2012年) 134頁

●関連規定●

【施行規則】

　　(社外役員等に関する特則)

　第124条　会社役員のうち社外役員である者が存する場合には、株式会社の会社役員に関する事項には、第121条に規定する事項のほか、次に掲げる事項を含むものとする。

　一　社外役員(直前の定時株主総会の終結の日の翌日以降に在任していた者に限る。次号から第4号までにおいて同じ。)が他の法人等の業務執行者であることが第121条第8号に定める重要な兼職に該当する場合は、当該株式会社と当該他の法人等との関係

　二　社外役員が他の法人等の社外役員その他これに類する者を兼任していることが第121条第8号に定める重要な兼職に該当する場合は、当該株式会社と当該他の法人等との関係

■記載事例■

事例1　住友電設株式会社

(3) 社外監査役に関する事項
① 重要な兼職先との関係

氏　名	兼　職　先	兼職内容
間石成人	小野薬品工業株式会社	社外監査役
	大阪高速鉄道株式会社	社外監査役
井上政清	三井住友トラスト・カード株式会社	常任監査役
	株式会社明電舎	社外監査役
稲山秀彰	住友電気工業株式会社	監査役(常勤)

(注) 1. 住友電気工業株式会社は当社の親会社であり、同社と当社の間には、電気工事の請負等に関する取引関係があります。
2. その他の各兼職先と当社の間には、重要な取引その他の関係はありません。

事例2　株式会社ローソン

(5) 社外取締役及び社外監査役の状況
　①重要な兼職の状況及び当該兼職先との関係

区分	氏名	兼職先	兼職内容	当社と当該兼職先との関係
取締役	米澤禮子	株式会社ザ・アール	会長	同氏が会長を務める株式会社ザ・アールと当社との間には、僅少ではありますが、本社受付業務等にかかる受託及び委託の関係があります。取引に際しましては数社での入札を実施し、十分な経済合理性が得られることを確認したうえで決定しております。
	垣内威彦	三菱商事株式会社 三菱食品株式会社	常務執行役員生活産業グループCEO 社外取締役	同氏が常務執行役員として勤務する三菱商事株式会社は、当社の大株主であり、広範囲な業務提携契約に基づく取引があります。同氏が社外取締役を務める三菱食品株式会社と当社との間には、商品の仕入等の取引関係があります。
	大薗恵美	一橋大学大学院国際企業戦略研究科 株式会社りそなホールディングス	教授 社外取締役	
	京谷裕	三菱商事株式会社	執行役員生活原料本部長	同氏が執行役員として勤務する三菱商事株式会社は、当社の大株主であり、広範囲な業務提携契約に基づく取引があります。
	秋山咲恵	株式会社サキコーポレーション	代表取締役社長	

4 株式会社の会社役員に関する事項
(5) 社外役員に関する事項

Q 79 社外役員の重要な兼職先と当社との間には僅少な取引または一般的な取引条件に基づく通常の取引があるだけで、説明すべき関係はないと考えています。このような場合であっても当該関係について説明しなければならないのでしょうか。

A 社外役員の重要な兼職先と当社との関係については、重要なものに限定して記載するという規定はありませんが、社外役員としての職務執行に何ら影響を与えるおそれがない一般的な取引条件に基づく単なる取引関係等については、開示の対象にならないと考えられています。

したがって、社外役員の重要な兼職先と当社との間に僅少な取引または一般的な取引条件に基づく通常の取引があるだけであり、社外役員としての職務の遂行に何ら影響を与えるおそれがないと判断した場合は、当該関係について説明する必要はありません。

なお、当該関係についての説明する必要はないものの、「重要な取引関係はありません。」や「取引関係はありますが、一般的な取引条件に基づく取引であり（僅少な取引であり）特別な関係はありません。」等と記載することにより、社外役員の職務執行に影響を与えるおそれがないことを明確にすることも考えられます。

(参考文献)
小松岳志・澁谷亮「事業報告の内容に関する規律の全体像」商事法務1863号（2009年）19頁

●関連規定●
【施行規則】
　（社外役員等に関する特則）
　第124条　会社役員のうち社外役員である者が存する場合には、株式会社の会社役員に関する事項には、第121条に規定する事項のほか、次に掲げる事項を含むものとする。

一　社外役員（直前の定時株主総会の終結の日の翌日以降に在任していた者に限る。次号から第4号までにおいて同じ。）が他の法人等の業務執行者であることが第121条第8号に定める重要な兼職に該当する場合は、当該株式会社と当該他の法人等との関係
二　社外役員が他の法人等の社外役員その他これに類する者を兼任していることが第121条第8号に定める重要な兼職に該当する場合は、当該株式会社と当該他の法人等との関係

■記載事例■

株式会社ジャックス

④ 社外役員に関する事項

イ．重要な兼職先と当社との関係

社外取締役原邦明氏は、株式会社良品計画の社外監査役を兼務しております。当社は株式会社良品計画との間にカード加盟店取引関係がありますが、一般的な取引であり特別な関係はありません。

社外監査役藤崎三郎助氏は、株式会社藤崎の代表取締役社長を兼務しております。当社は株式会社藤崎との間にクレジット加盟店取引関係がありますが、一般的な取引であり特別な関係はありません。

4 株式会社の会社役員に関する事項
(5) 社外役員に関する事項

Q 80 当事業年度中に社外役員が重要な兼職を退任しました。退任した重要な兼職先と当社との間の関係について記載しなければならないのでしょうか。

A 社外役員の重要な兼職の状況は、当事業年度中の状況を記載することから、社外役員の重要な兼職先と当社との関係についても当事業年度中の状況を記載する必要があります。

したがって、社外役員が当事業年度中に重要な兼職を退任した場合は、退任した重要な兼職先と当社との関係について記載する必要があります。

●関連規定●
【施行規則】
　（社外役員等に関する特則）
　第124条　会社役員のうち社外役員である者が存する場合には、株式会社の会社役員に関する事項には、第121条に規定する事項のほか、次に掲げる事項を含むものとする。
　　一　社外役員（直前の定時株主総会の終結の日の翌日以降に在任していた者に限る。次号から第4号までにおいて同じ。）が他の法人等の業務執行者であることが第121条第8号に定める重要な兼職に該当する場合は、当該株式会社と当該他の法人等との関係
　　二　社外役員が他の法人等の社外役員その他これに類する者を兼任していることが第121条第8号に定める重要な兼職に該当する場合は、当該株式会社と当該他の法人等との関係

■記載事例■

ジャパンフーズ株式会社

② 他の法人等の社外役員等との重要な兼職の状況

地位	氏名	兼職する法人等	兼職の内容
監査役（常勤）	長友　晃	株式会社ウォーターネット	社外監査役

（注）1．当社は株式会社ウォーターネットに出資しているほか、同社との間に水宅配事業関係の商品の売買等の取引関係があります。
　　　2．監査役江名昌彦氏は、株式会社日本アクセスの社外監査役でありましたが、平成26年6月16日付で退任いたしました。当社と同社との間には製品の販売等の取引関係があります。

4 株式会社の会社役員に関する事項
(5) 社外役員に関する事項

Q 81 社外役員の取締役会への出席状況の記載において、書面決議（会社法370条に基づく取締役会決議の省略）についてはどのように取り扱うのでしょうか。

A 取締役会決議の省略（書面決議）を行った場合は、取締役会が開催されないため、当該書面決議については取締役会の開催回数および出席回数に含めずに記載することとなります。なお、その場合、社外役員の取締役会への出席状況の記載と併せて書面決議による取締役会の回数は含めていない旨を注記等により説明している例も見受けられます。

●関連規定●
第124条　会社役員のうち社外役員である者が存する場合には、株式会社の会社役員に関する事項には、第121条に規定する事項のほか、次に掲げる事項を含むものとする。
　四　各社外役員の当該事業年度における主な活動状況（次に掲げる事項を含む。）
　　イ　取締役会（当該社外役員が次に掲げる者である場合にあっては、次に定めるものを含む。ロにおいて同じ。）への出席の状況
　　　(1)　監査役会設置会社の社外監査役　監査役会
　　　(2)　監査等委員会設置会社の監査等委員　監査等委員会
　　　(3)　指名委員会等設置会社の監査委員　監査委員会

■記載事例■

株式会社マネーパートナーズグループ

二．当事業年度における主な活動状況

	活　動　状　況
取締役　畠山　久志	当事業年度の就任以降の在任期間中に開催された取締役会14回のうち13回に出席いたしました。金融商品取引業に関する豊富な経験と専門的な知識を活かし、幅広い見地から、取締役会において、取締役会の意思決定の妥当性、法令遵守をはじめとした業務の適正性を確保するための発言を行っております。
常勤監査役　安齋　一雄	当事業年度の就任以降の在任期間中に開催された監査役会16回のすべてに出席し、取締役会14回のすべてに出席いたしました。国内外にわたる長年のビジネス経験を活かし、幅広い見地から、取締役会において、取締役会の意思決定の妥当性、業務の適正性を確保するための発言を行っております。 また、監査役会において、当社の経理システム並びに内部監査について適宜、必要な発言を行っております。
監査役　鈴木　隆	当事業年度に開催された監査役会20回のすべてに出席し、取締役会18回のすべてに出席いたしました。主に弁護士としての専門的見地から、取締役会において、取締役会の意思決定の妥当性、法令遵守をはじめとした業務の適正性を確保するための発言を行っております。 また、監査役会において、当社のコンプライアンス並びに内部監査について適宜、必要な発言を行っております。
監査役　澤　昭人	当事業年度に開催された監査役会20回のすべてに出席し、取締役会18回のすべてに出席いたしました。主に公認会計士としての専門的見地から、取締役会において、取締役会の意思決定の妥当性、財務及び会計をはじめとした適正性を確保するための発言を行っております。 また、監査役会において、当社の経理システム並びに内部監査について適宜、必要な発言を行っております。

（注）上記の取締役会の開催回数のほか、会社法第370条及び当社定款第26条の規定に基づき、取締役会決議があったものとみなす書面決議が4回ありました。

4 株式会社の会社役員に関する事項
(5) 社外役員に関する事項

Q 82 社外役員の親族関係に関する記載事項がありますが、具体的にどのような事項を記載すべきなのでしょうか。

A 社外役員の配偶者または三親等以内の親族が、当社の自然人である親会社等（いわゆるオーナー）、当社または当社の特定関係事業者の業務執行者または役員であることを当社が知っているときは、その事実を記載する必要があります。

「その事実」を記載することとされていますので、「自然人である当社の親会社等」、「特定関係事業者」および「業務執行者」について具体的な内容を記載することが求められています。

したがって、例えば、社外監査役の三親等以内の親族が当社の主要な取引先の代表取締役社長である場合は、「監査役○○○○氏は当社の特定関係事業者の業務執行者の三親等以内の親族であります。」と記載するのではなく、「監査役○○○○氏は、当社の主要な取引先である△△株式会社の代表取締役社長の三親等以内の親族であります。」と記載することとなります。

(参考文献)
石井裕介・小畑良晴・阿部光成編著『新しい事業報告・計算書類──経団連のひな型を参考に〔第4版〕』（商事法務、2012年）143頁

●関連規定●
【施行規則】
　(社外役員等に関する特則)
　第124条　会社役員のうち社外役員である者が存する場合には、株式会社の会社役員に関する事項には、第121条に規定する事項のほか、次に掲げる事項を含むものとする。
　　三　社外役員が次に掲げる者の配偶者、三親等以内の親族その他これに準ずる者であることを当該株式会社が知っているときは、その事実（重要でないものを除く。）

イ　当該株式会社の親会社等（自然人であるものに限る。）
ロ　当該株式会社又は当該株式会社の特定関係事業者の業務執行者又は役員（業務執行者であるものを除く。）

■記載事例■

株式会社ワークマン
(4) 社外役員に関する事項
① 他の法人等の重要な兼職の状況及び当社と当該他の法人等との関係

区　分	氏　　名	重　要　な　兼　職　の　状　況
監査役	土屋　隆	㈱カインズ社外監査役 ㈱ベイシア社外監査役

(注) ㈱ベイシアとの間には、電算処理業務委託の取引があります。その他、当社と上記兼職先との間には特別な関係はありません。

② 会社又は会社の特定関係事業者の業務執行者との親族関係
　　監査役土屋　隆氏は、当社の業務執行者の三親等以内の親族であります。

4 株式会社の会社役員に関する事項
(5) 社外役員に関する事項

Q 83 親会社等または当該親会社等の子会社または子会社から報酬を受けている場合には、当該金額を開示しなければならないのですか。開示する会社役員の対象は誰ですか。また、当該親会社等および子会社等には外国の会社も含みますか。

A 当社に親会社等があり、社外役員が親会社等または当社の親会社等の子会社等の役員＊を兼任している場合は、当事業年度中に当該親会社等またはその子会社等から受けた役員報酬等の総額を記載します（施行規則124条1項7号イ）。また、当社に親会社等がない場合であっても、社外役員が当社の子会社の役員を兼任しているときは、当社の子会社から受けた役員報酬等の総額を記載する必要があります（施行規則124条1項7号ロ）。使用人として受け取った給与の額についての記載までは要求されていないため、当社の社外役員である期間に受けた当該役員報酬等の総額を開示します。

「当該株式会社の親会社等または当該親会社等の子会社等」には、いわゆる兄弟会社およびその子会社が含まれるほか、その株式会社の子会社も含まれます。

また、会社法および施行規則では子会社等とは「法人または自然人」が支配している会社等（会社のほか、海外会社、会社以外の法人、法人以外の事業体が含まれる）をいい、親会社等とは原則として「会社」を支配している法人または自然人をいうものとされているため、外国の会社も当該事項での開示対象になります。

＊役員：取締役、会計参与、監査役、執行役、理事、監事その他これらに準ずる者（施行規則2条3項3号）

●関連規定●
【施行規則】
(定義)
第2条
3 この省令において、次の各号に掲げる用語の意義は、当該各号に定めるところによる。
　一 法人等　法人その他の団体をいう。
　二 会社等　会社(外国会社を含む。)、組合(外国における組合に相当するものを含む。)その他これらに準ずる事業体をいう。

(社外役員等に関する特則)
第124条　会社役員のうち社外役員である者が存する場合には、株式会社の会社役員に関する事項には、第121条に規定する事項のほか、次に掲げる事項を含むものとする。
　七 社外役員が次のイ又はロに掲げる場合の区分に応じ、当該イ又はロに定めるものから当該事業年度において役員としての報酬等を受けているときは、当該報酬等の総額(社外役員であった期間に受けたものに限る。)
　　イ 当該株式会社に親会社等がある場合　当該親会社等又は当該親会社等の子会社等(当該株式会社を除く。)
　　ロ 当該株式会社に親会社等がない場合　当該株式会社の子会社

■記載事例■

事例1　取締役及び監査役の報酬等の総額で注記している事例
株式会社インテージホールディングス

② 取締役及び監査役の報酬等の総額

区　分	支給人員	支給額
取締役 （うち社外取締役）	6名 (1)	109百万円 (4)
監査役 （うち社外監査役）	4 (2)	39 (7)
合計	10	148

(注)　1．取締役の報酬限度額は、平成18年6月23日開催の第34回定時株主総会において年額300百万円以内と決議いただいております。
　　　2．監査役の報酬限度額は、平成18年6月23日開催の第34回定時株主総会において年額80百万円以内と決議いただいております。
　　　3．上記報酬等の額のほか、社外役員が当社子会社から受けた役員としての報酬額は3百万円です。
　　　4．当社は、平成15年6月をもって取締役及び監査役の退職慰労引当金の新規積み立てを停止し、実質的に退職慰労金制度を廃止しました。また、平成17年6月24日開催の第33回定時株主総会において、平成15年6月以後も引き続き在任する取締役及び監査役に対しては当該制度廃止までの在任期間に対応するものとして、退職慰労金を各氏の退任時に贈呈することを決議いたしました。これに基づき、上記報酬等の額のほか、当期中に退任した取締役1名に対し25百万円の退職慰労金を支給しております。
　　　5．平成26年6月20日開催の第42回定時株主総会において取締役等に対する業績連動型株式報酬制度の導入を決議いただいておりますが、当該制度に基づく株式の給付等の実績はありません。

事例2　社外役員に関する事項で記載している事例
サクサホールディングス株式会社

② 社外役員が当社の子会社から受けた役員報酬等の総額
　　社外監査役が当社の子会社から当事業年度において役員として受けた報酬等の総額は1百万円であります。

4　株式会社の会社役員に関する事項
(6)　社外取締役を置くことが相当でない理由

Q 84　「社外取締役を置くことが相当でない理由」の記載義務が生じる会社はどのような会社でしょうか。

A　事業年度末日において監査役会設置会社（公開会社であり、かつ、大会社であるものに限る）であって有価証券報告書提出義務のある会社が、事業年度の末日に社外取締役を置いていない場合には、事業報告に社外取締役を置くことが相当でない理由を開示する必要があります（施行規則124条2項）。

　また、相当でない理由の内容については、当該会社の当該事業年度における事情に応じて記載または記録しなければならず、社外監査役が2名以上あることのみをもって「相当でない理由」とすることはできないと規定されております（施行規則124条3項）。すなわち、社外取締役を置くことがかえってその企業にマイナスの影響を及ぼすおそれがあるというような事情を説明する必要があります。

　なお、当該事業報告に係る定時株主総会に社外取締役の選任議案が上程される場合には、「社外取締役を置くことが相当でない理由」の説明は、その点も踏まえた比較的簡素なものでもよいと解されます（坂本三郎編著『一問一答　平成26年改正会社法〔第2版〕』（商事法務、2015年）88頁）。

●関連規定●
【施行規則】
　（社外役員等に関する特則）
　第124条
　2　事業年度の末日において監査役会設置会社（大会社に限る。）であって金融商品取引法第24条第1項の規定によりその発行する株式について有価証券報告書を内閣総理大臣に提出しなければならないものが社外取締役を置いていない場合には、株式会社の会社役員に関する事項として、第121条に規定する事項のほか、社外取締役を置く

ことが相当でない理由を事業報告の内容に含めなければならない。
3　前項の理由は、当該監査役会設置会社の当該事業年度における事情に応じて記載し、又は記録しなければならない。この場合において、社外監査役が2人以上あることのみをもって当該理由とすることはできない。

4 株式会社の会社役員に関する事項
(6) 社外取締役を置くことが相当でない理由

Q 85 期中に社外取締役がいたが、期末日時点で不在になった場合、記載義務はありますか。

A 「社外取締役を置くことが相当でない理由」の記載に際しての社外取締役の有無の判断は、事業年度末日を基準に行うこととなりますので、事業年度末日時点において社外取締役がいない監査役会設置会社(公開会社であり、かつ、大会社であるものに限る)であって有価証券報告書提出義務のある会社であれば、期中に社外取締役が存在した場合でも記載義務が生じます。

●関連規定●

【施行規則】
(社外役員等に関する特則)
第 124 条
2 事業年度の末日において監査役会設置会社(大会社に限る。)であって金融商品取引法第24条第1項の規定によりその発行する株式について有価証券報告書を内閣総理大臣に提出しなければならないものが社外取締役を置いていない場合には、株式会社の会社役員に関する事項として、第121条に規定する事項のほか、社外取締役を置くことが相当でない理由を事業報告の内容に含めなければならない。
3 前項の理由は、当該監査役会設置会社の当該事業年度における事情に応じて記載し、又は記録しなければならない。この場合において、社外監査役が2人以上あることのみをもって当該理由とすることはできない。

■記載事例■

株式会社フジコー
(4) 社外取締役を置くことが相当でない理由
　　当社は、当事業年度の末日において社外取締役を置いておりませんが、これは平成27年3月18日に社外取締役の辞任により一時的に不在となったことによるものです。
　　当社では、コーポレートガバナンス等の充実に社外取締役は重要と認識しており、平成27年6月26日開催予定の第65期定時株主総会において社外取締役候補者を含む取締役選任議案を上程いたします。

4　株式会社の会社役員に関する事項
(6)　社外取締役を置くことが相当でない理由

Q 86　「社外取締役を置くことが相当でない理由」として求められる記載の程度はどのように考えればよいでしょうか。

A　「相当でない理由」の内容については、当該会社の当該事業年度における事情に応じて記載しなければならず、社外監査役が2名以上あることのみをもって「相当でない理由」とすることはできないと規定されております（施行規則124条3項）。すなわち、社外取締役を置くことがかえってその企業にマイナスの影響を及ぼすおそれがあるというような事情を説明する必要があります。

　なお、事業報告における「社外取締役を置くことが相当でない理由」の記載の要否は、事業年度末日の状況で判断されるため、事業年度の末日において社外取締役を置いていない場合には、当該事業年度に係る定時株主総会において社外取締役の選任議案を上程するときであっても記載が必要となりますが、この場合における「相当でない理由」の説明は、比較的簡潔なものでよいとされています（坂本三郎編著『一問一答　平成26年改正会社法〔第2版〕』（商事法務、2015年）88頁）。

●関連規定●
【施行規則】
　　（社外役員等に関する特則）
　第124条
　2　事業年度の末日において監査役会設置会社（大会社に限る。）であって金融商品取引法第24条第1項の規定によりその発行する株式について有価証券報告書を内閣総理大臣に提出しなければならないものが社外取締役を置いていない場合には、株式会社の会社役員に関する事項として、第121条に規定する事項のほか、社外取締役を置くことが相当でない理由を事業報告の内容に含めなければならない。
　3　前項の理由は、当該監査役会設置会社の当該事業年度における事情に応じて記載し、又は記録しなければならない。この場合において、社外監査役が2人以上あることのみをもって当該理由とすることはできない。

■記載事例■

事例1　DMG森精機株式会社

⑤　社外取締役を置くことが相当でない理由

　　当社は第67期事業年度において社外取締役を選任しておりませんでしたが、その選任が相当でなかった理由は以下のとおりです。

　　当社は社外取締役の選任によるガバナンス体制の強化について、その意義及び今日社会的にその導入が求められていることも十分認識しており、社外取締役の選任に向け人選を鋭意進めておりました。

　　もとより、当社の社外取締役には、当社の置かれております経済社会並びに工作機械業界における立場に応じた、学識や企業経営に関する見識、経験等ご就任を要請するに相応しい人物であることが自ずと求められると理解しております。しかし、誠に遺憾ながら第66回定時株主総会開催時点ではこれに適う人物にご就任のご内諾を得ることができませんでした。

　　その一方、当社のガバナンス体制は、従前より社外監査役2名を独立役員として指定することにより、独立性・公正性の高い監査を可能とし、現在も十分に機能していると自負しております。

　　このように当社では、既に一定のガバナンス体制が存在することから、上述の状況下であえて適格性に十分な判断がなしえない人物を社外取締役として選任することは、当社の企業価値の向上にマイナスの影響を及ぼすおそれがあると判断し、第67期事業年度においては社外取締役を置くことは相当でないと結論づけました。

事例2　飯田グループホールディングス株式会社

④　社外取締役を選任しない理由

　　当社は、当事業年度の末日において社外取締役を選任しておりません。

　　当社の社外取締役には、当社の経営理念や経営課題を理解していただき、独立した立場から経営効率の向上のための助言や経営の監督を行っていただけるような方が適任であると考えておりますが、残念ながらそのような方を見つけることができませんでした。

　　独立性に乏しい方や、適性を欠く方を社外取締役として選任することは、かえって当社の企業価値の向上にマイナスの影響を及ぼしかねないことから、当事業年度におきましては、社外取締役を置くことは相当でないと判断いたしました。

　　なお、社外のチェックという観点からは、現在2名いる社外監査役が取締役会に出席し、取締役の業務執行を監査するほか、客観的かつ専門的な立場から適宜意見を述べており、経営監視機能の客観性及び中立性確保は図られているものと考えております。

5 会計監査人に関する事項
(1) 会計監査人の氏名等

Q 87 当事業年度中に退任した会計監査人の氏名等も記載する必要があるのでしょうか。

A 会計監査人の氏名または名称については、会社役員のように前回の定時株主総会の翌日以降に在任している者に限るといった規定がないため、事業年度の期首から期末までに在任していた会計監査人が記載対象となります。したがって、前回の定時株主総会で任期満了により退任した会計監査人も記載する必要があります。また、事業年度中に辞任した会計監査人がいる場合または株主総会決議によらずに解任された会計監査人がいる場合にも記載が必要となりますが、前事業年度の事業報告で辞任、解任された旨を記載していれば不要となります。

(参考文献)

小松岳志・澁谷亮「事業報告の内容に関する規律の全体像」商事法務1863号(2009年)20頁

●関連規定●
【施行規則】
第126条 株式会社が当該事業年度の末日において会計監査人設置会社である場合には、次に掲げる事項(株式会社が当該事業年度の末日において公開会社でない場合にあっては、第2号から第4号までに掲げる事項を除く。)を事業報告の内容としなければならない。
一 会計監査人の氏名又は名称
九 辞任した会計監査人又は解任された会計監査人(株主総会の決議によって解任されたものを除く。)があるときは、次に掲げる事項(当該事業年度前の事業年度に係る事業報告の内容としたものを除く。)
　イ 当該会計監査人の氏名又は名称

■記載事例■

事例1　株式会社アイレックス
5.　会計監査人の状況
(1) 名　　称　新日本有限責任監査法人
（注）当社の会計監査人であった聖橋監査法人は、平成26年6月25日開催の第72回定時株主総会終結の時をもって退任いたしました。

事例2　株式会社日本トリム
(4) 会計監査人の状況
①名称　　　　有限責任　あずさ監査法人
　　　　　　　有限責任監査法人トーマツ
（注）有限責任監査法人トーマツは、平成26年6月24日開催の第32期定時株主総会終結の時をもって任期満了により会計監査人を退任いたしました。また、同株主総会で新たに有限責任　あずさ監査法人が会計監査人に選任され就任いたしました。

5　会計監査人に関する事項
(1)　会計監査人の氏名等

Q 88　会計監査人が複数いる場合には、どのように記載するのでしょうか。

A　事業年度中の退任も含め、事業年度中に会計監査人が複数いる場合には、氏名または名称はすべての会計監査人を記載するほか、事業年度に係る会計監査人の報酬等の額についても「各会計監査人」とあることから、会計監査人ごとに記載する必要があります。また、改正省令により、会計監査人の報酬等の同意理由も会計監査人が複数いる場合にはそれぞれ記載する必要がありますが（施行規則126条2号）、同意理由や手続が同じであれば包括して記載することが考えられます。

施行規則126条8号イに基づく株式会社およびその子会社が支払うべき金銭その他の財産上の利益の合計額については「各会計監査人」とはありませんので、複数の会計監査人による合計額を記載することでも足りると考えられます。

●関連規定●
【施行規則】
第126条　株式会社が当該事業年度の末日において会計監査人設置会社である場合には、次に掲げる事項（株式会社が当該事業年度の末日において公開会社でない場合にあっては、第2号から第4号までに掲げる事項を除く。）を事業報告の内容としなければならない。
　一　会計監査人の氏名又は名称
　二　当該事業年度に係る各会計監査人の報酬等の額及び当該報酬等について監査役（監査役会設置会社にあっては監査役会、監査等委員会設置会社にあっては監査等委員会、指名委員会等設置会社にあっては監査委員会）が法第399条第1項の同意をした理由
　八　株式会社が法第444条第3項に規定する大会社であるときは、次に掲げる事項
　　イ　当該株式会社の会計監査人である公認会計士（公認会計士法第16条の2第5

項に規定する外国公認会計士を含む。以下この条において同じ。）又は監査法人に当該株式会社及びその子会社が支払うべき金銭その他の財産上の利益の合計額（当該事業年度に係る連結損益計算書に計上すべきものに限る。）

■記載事例■

宮越ホールディングス株式会社

4．会計監査人の状況
(1) 会計監査人の氏名
　　　　公認会計士　　横田　泰史
　　　　公認会計士　　山本日出樹

(2) 当事業年度に係る会計監査人の報酬等の額
① 当事業年度に係る報酬等の額
　　　公認会計士　　横田　泰史　　　8百万円
　　　公認会計士　　山本日出樹　　　6百万円
② 当社及び子会社が支払うべき金銭その他財産上の利益の合計額
　　　公認会計士　　横田　泰史　　　8百万円
　　　公認会計士　　山本日出樹　　　6百万円

（注）1．重要な子会社については、当社の会計監査人以外の公認会計士又は監査法人（外国におけるこれらの資格に相当する資格を有するものを含む。）の監査を受けております。
　　　2．当社と会計監査人との間の監査契約において会社法に基づく監査と金融商品取引法に基づく監査の監査報酬の額を区分しておりませんので、①の金額には金融商品取引法に基づく監査の報酬等の額を含めて記載しております。

5 会計監査人に関する事項
(2) 会計監査人の報酬等

Q 89 当事業年度中に退任した会計監査人に報酬等を支払っている場合には当該報酬等も記載する必要があるのでしょうか。

事業年度中に退任した会計監査人に対しても、当事業年度の監査に係る監査報酬を支払っている場合には記載する必要があります。

●関連規定●
【施行規則】
第126条 株式会社が当該事業年度の末日において会計監査人設置会社である場合には、次に掲げる事項（株式会社が当該事業年度の末日において公開会社でない場合にあっては、第2号から第4号までに掲げる事項を除く。）を事業報告の内容としなければならない。
二 当該事業年度に係る各会計監査人の報酬等の額及び当該報酬等について監査役（監査役会設置会社にあっては監査役会、監査等委員会設置会社にあっては監査等委員会、指名委員会等設置会社にあっては監査委員会）が法第399条第1項の同意をした理由

■記載事例■

事例1　リズム時計工業株式会社

4．会計監査人の状況
(1) 会計監査人の名称
　　有限責任監査法人トーマツ
　（注）有限責任 あずさ監査法人は、平成26年6月20日開催の第88回定時株主総会終結の時をもって任期満了により会計監査人を退任いたしました。また、同株主総会で新たに有限責任監査法人トーマツが当社の会計監査人に選任され就任いたしました。

(2) 当事業年度に係る会計監査人の報酬等の額
① 当事業年度に係る会計監査人の報酬等
　　有限責任監査法人トーマツ　　33百万円
　　有限責任 あずさ監査法人　　　15百万円

② 当社及び当社子会社が支払うべき金銭その他の財産上の利益の合計額
　　有限責任監査法人トーマツ　　33百万円
　　有限責任 あずさ監査法人　　　15百万円

（注）当社と有限責任監査法人トーマツと有限責任 あずさ監査法人との間の監査契約において、会社法に基づく監査と金融商品取引法に基づく監査の監査報酬の額を区分しておらず実質的にも区別できないため、上記の金額には金融商品取引法に基づく報酬等の額を含めて記載しております。

事例2　株式会社郷鉄工所

5．会計監査人に関する事項
(1) 会計監査人の名称
　　かがやき監査法人
　（注）平成26年6月27日開催の第83期定時株主総会においてかがやき監査法人が選任されたことに伴い、当社の会計監査人であった監査法人東海会計社は退任いたしました。

(2) 当該事業年度に係る会計監査人の報酬等の額

	かがやき監査法人	監査法人東海会計社	支払合計
当事業年度に係る会計監査人の報酬等の額	13,500千円	3,400千円	16,900千円
当社及び子会社が会計監査人に支払うべき金銭その他の財産上の利益の合計額	13,500千円	3,400千円	16,900千円

（注）当社と会計監査人との間の監査契約において、会社法に基づく監査と金融商品取引法に基づく監査の監査報酬の額を区分しておらず、実質的にも区分できないため、上記の金額にはこれらの合計額を記載しております。

5 会計監査人に関する事項
(2) 会計監査人の報酬等

Q 90 「当社および子会社が支払うべき金銭その他の財産上の利益の合計額」にはどのような金額を記載するのでしょうか。

A 施行規則126条2号に規定される「会計監査人の報酬等の額」は監査業務（公認会計士法2条1項の業務）に対する報酬額を記載することになりますが、施行規則126条8号イに規定される「当社および子会社が支払うべき金銭その他の財産上の利益の合計額」は監査に対する報酬に限らず、非監査業務（公認会計士法2条1項の業務以外の業務）に対する報酬額を含めた金額を記載することになります。

監査業務に対する報酬額については、支払の有無または費用計上の有無にかかわらず、監査契約に基づき連結計算書類作成の基礎とされたそれぞれの計算書類等の監査に係る報酬等として支払うべき額を記載し、非監査業務に対する報酬額については、連結損益計算書作成の基礎とされたそれぞれの損益計算書において費用計上した額を記載します。

なお、連結損益計算書に計上すべきものに限るとあるので、子会社については連結子会社に限定されます。

(参考文献)
日本公認会計士協会「会計監査人設置会社における会計監査人に関する事項に係る事業報告の記載例（中間報告）」（法規委員会研究報告第5号）

●関連規定●
【施行規則】
第126条　株式会社が当該事業年度の末日において会計監査人設置会社である場合には、次に掲げる事項（株式会社が当該事業年度の末日において公開会社でない場合にあっては、第2号から第4号までに掲げる事項を除く。）を事業報告の内容としなければならない。
八　株式会社が法第444条第3項に規定する大会社であるときは、次に掲げる事項

イ　当該株式会社の会計監査人である公認会計士（公認会計士法第16条の2第5項に規定する外国公認会計士を含む。以下この条において同じ。）又は監査法人に当該株式会社及びその子会社が支払うべき金銭その他の財産上の利益の合計額（当該事業年度に係る連結損益計算書に計上すべきものに限る。）

5 会計監査人に関する事項
(2) 会計監査人の報酬等

Q 91 当社の子会社が当社の会計監査人に対して監査報酬を支払っているが、当該報酬についても当社の監査役会による同意理由を記載する必要があるのでしょうか。

A 監査役会での同意が必要となるのは、当社が会計監査人に対して支払う監査報酬のみとなります。したがって、子会社が当社の会計監査人に対して支払った監査報酬に対しての同意は不要となり、「当社および子会社が支払うべき金銭その他の財産上の利益の合計額」についても監査役会の同意理由の記載は不要となります。

●関連規定●

【施行規則】
第126条 株式会社が当該事業年度の末日において会計監査人設置会社である場合には、次に掲げる事項（株式会社が当該事業年度の末日において公開会社でない場合にあっては、第2号から第4号までに掲げる事項を除く。）を事業報告の内容としなければならない。
二 当該事業年度に係る各会計監査人の報酬等の額及び当該報酬等について監査役（監査役会設置会社にあっては監査役会、監査等委員会設置会社にあっては監査等委員会、指名委員会等設置会社にあっては監査委員会）が法第399条第1項の同意をした理由

5 会計監査人に関する事項
(3) 非監査業務の内容

Q 92 当社の会計監査人が当社の子会社へ行った非監査業務の内容も記載するのでしょうか。

A 連結子会社が当社の会計監査人に対して非監査業務に係る報酬を支払った場合には、その報酬額は「当社および子会社が会計監査人に支払うべき金銭その他の財産上の利益の合計額」に含まれますが、それによって当社の会計監査人が行った子会社に対する非監査業務の内容は記載する必要はなく、当社に対する非監査業務の内容を記載すれば足ります。

●関連規定●
質問に係る規定はありません。

6　会社の体制および方針
(1)　内部統制システム

Q 93　内部統制システムの運用状況の概要としてどのような内容を記載すればよいのでしょうか。

A　記載すべき内部統制システムの運用状況の概要は、客観的な運用状況を意味するものであり、運用状況の評価の記載を求めるものではなく、具体的な内部統制システムの日々の運用として、例えば、内部統制に関する委員会の開催状況や社内研修の実施状況、内部統制・内部監査部門の活動状況等を記載することが考えられるとされています。

記載方法としては、各体制の運用状況を記載することや各体制をグルーピングして記載することなどが考えられます。

(参考文献)
坂本三郎・堀越健二・辰巳郁・渡辺邦広「会社法施行規則等の一部を改正する省令の解説〔Ⅱ〕——平成27年法務省令第6号」商事法務2061号（2015年）21頁

●関連規定●
質問に係る規定はありません。

■記載事例■

事例1　各体制の運用状況を記載する場合
ショーボンドホールディングス株式会社
　２．体制の運用状況の概要
　　業務の適正を確保するための体制の運用状況の概要は以下の通りであります。

(1) 取締役及び使用人の職務の執行が法令及び定款に適合することを確保するための取組みの状況

　当社では、研修会を継続的に実施し、役員および従業員に対して、法令、規程等を順守することの徹底を図っております。また、コンプライアンスに関する相談・通報体制については監査役を窓口としておりますが、社外にも弁護士を窓口とする通報体制の整備を図っており、一層の強化に努めております。

(2) 取締役の職務の執行に係る情報の保存及び管理に関する取組みの状況

　取締役の職務の執行に係る情報については、総務部が文書管理規定に基づき適切かつ確実に保存・管理しております。

(3) 損失の危険の管理に関する規程その他の取組みの状況

　損失の危機の管理に関しては、リスク管理規程に則り、子会社を含むリスク管理体制の検証および見直しを行い、体制の整備を行っております。

(4) 取締役の職務の執行が効率的に行われることを確保するための取組みの状況

　取締役会は取締役7名で構成され、社外監査役2名を含む監査役3名も出席しております。取締役会は当事業年度中に10回開催し、各議案についての審議、業務執行の状況等についての監督を行い、活発な意見交換がなされており、意思決定および監督の実効性は確保されていると考えております。

(5) 会社並びにその親会社及び子会社から成る企業集団における業務の適正を確保するための取組みの状況

　当社グループでは、法令の改正等の内容を適時通知するなどして、また、事業所単位で研修会を継続的に実施し、役員および従業員に対して、法令、規程等を順守することの徹底を図っております。また、コンプライアンスに関する相談・通報体制については、監査役を窓口としておりますが、社外にも弁護士を窓口とする通報体制の整備を図っており、一層の強化に努めてまいります。

　また、グループ間取引、子会社各社の重要案件の決定、定型外取引、重要な新規取引等については事前協議を十分に行い、グループ決裁基準に基づき、適切に決裁されております。

(6) 監査役がその職務を補助すべき使用人を置くことを求めた場合における当該使用人に関する取組み及び当該使用人の取締役からの独立性に関する取組みの状況

　監査役の監査は、監査室および会計監査人と連携して行われており、十分に機能していると考えられることから、取締役から独立した補助使用人の選任はしておりません。

(7) 取締役及び使用人が監査役に報告をするための体制その他の監査役への報告に関する体制及び監査役の監査が実効的に行われることを確保するための取組みの状況

　　監査役会は、社外監査役2名を含む監査役3名で構成されております。監査役会は当事業年度中に12回開催し、監査に関する重要な事項について報告を受け、協議・決議を行っております。また、代表取締役社長および監査室並びに会計監査人と定期的に会合し、コンプライアンスや内部統制の整備状況について意見交換を行っております。当事業年度における監査役の取締役会への出席は10回であり、代表取締役社長および担当役員から経営状況等の説明を受けております。

(8) 反社会的勢力排除に向けた取組みの状況

　　総務部長が不当要求防止責任者としてその責務を負い、その統括する部署を総務部とし、社内関係部門および当社が加盟する特殊暴力防止対策連合会等の外部専門機関との協力体制を整備しております。また、不当要求があった場合はリスク管理規程に定める不当要求リスクとして認識し、統括部署を中心に外部専門機関と連携して速やかに排除する体制を整備しております。

事例2　各体制をグルーピングして運用状況を記載する場合
株式会社ハニーズ

　上記業務の適正を確保するための体制の運用状況の概要は、次のとおりです。
(1) 法令遵守体制
　法令および各種社内規程の違反状況について、各所管部署より法令遵守担当役員に対し適切に報告がなされ、適正に対応いたしました。また、コンプライアンス委員会において、改正個人情報保護法に関する勉強会を実施し、個人情報管理の重要性を再確認するとともに、個人情報漏洩の防止に努めました。
(2) リスク管理体制
　リスク管理委員会において、各所管部署から報告された戦略リスク、業務プロセスリスクおよび不正リスクなどのレビューを実施して全社的な情報共有に努めたほか、取締役会において、リスク管理委員長から当該リスクの管理状況について報告いたしました。
(3) グループ会社経営管理体制
　グループ会社の経営管理につきましては、主に管理本部担当取締役が統括しております。担当取締役は、毎月開催される定例取締役会においてグループ各社の業績および営業状況を報告しております。なお、内部監査室は内部監査計画に基づき、監査役と連携してグループ各社の内部監査を実施いたしました。
(4) 財務報告の適正性と信頼性の確保
　財務報告の適正性と信頼性を確保するため、内部監査室が作成した内部統制評価スケジュールに基づいて当社グループ全体の内部統制の有効性に係る評価を実施し、取締役会に報告いたしました。
(5) 内部監査
　内部監査室が作成した内部監査基本計画に基づき、当社およびグループ各社の内部監査を実施いたしました。

6 会社の体制および方針
(2) 会社の支配に関する方針

Q 94 買収防衛策を廃止する場合、会社の財務および事業の方針の決定を支配する者の在り方に関する基本方針においてどのような開示方法があるのでしょうか。

A 買収防衛策を廃止する場合、その旨を招集通知に記載すべき規定はありません。しかし、買収防衛策の廃止については重要性が高い事項であり、会社の支配に関する基本方針において買収防衛策を廃止する旨やその理由等を記載するのが望ましいと考えられるため、買収防衛策を廃止する会社では、これらの内容を記載する事例があります。

●関連規定●
【施行規則】
第118条 事業報告は、次に掲げる事項をその内容としなければならない。
　三　株式会社が当該株式会社の財務及び事業の方針の決定を支配する者の在り方に関する基本方針（以下この号において「基本方針」という。）を定めているときは、次に掲げる事項
　　イ　基本方針の内容の概要
　　ロ　次に掲げる取組みの具体的な内容の概要
　　　(1) 当該株式会社の財産の有効な活用、適切な企業集団の形成その他の基本方針の実現に資する特別な取組み
　　　(2) 基本方針に照らして不適切な者によって当該株式会社の財務及び事業の方針の決定が支配されることを防止するための取組み
　　ハ　ロの取組みの次に掲げる要件への該当性に関する当該株式会社の取締役（取締役会設置会社にあっては、取締役会）の判断及びその理由（当該理由が社外役員の存否に関する事項のみである場合における当該事項を除く。）
　　　(1) 当該取組みが基本方針に沿うものであること。
　　　(2) 当該取組みが当該株式会社の株主の共同の利益を損なうものではないこと。
　　　(3) 当該取組みが当該株式会社の会社役員の地位の維持を目的とするものではないこと。

■記載事例■

日清紡ホールディングス株式会社
(2) 株式会社の支配に関する基本方針
① 基本方針の内容
　当社は、最終的に当社の財務および事業の方針（以下「経営方針」といいます。）の決定を支配するのは、株主の皆様であると考えております。他方、実際に経営方針を決定するのは、株主総会において選任され、株主の皆様から委任を受けた取締役により構成される取締役会です。そのため、取締役会は、何よりも当社企業価値、ひいては、当社株主共同の利益（以下単に「株主共同の利益」といいます。）を維持・向上させるために、最善の努力を払うということと、株主の皆様の意向を、取締役会の経営方針の決定に、より速やかに反映するということを、当社の基本方針としております。

～～～～～～～～～～～～～～～～～～～～～～～～～～～

　当社は、本プランの有効期間が平成27年6月26日に開催予定の第172回定時株主総会終了の時までとなっていることから、金融商品取引法の整備などによる買収防衛策を取り巻く環境の変化や機関投資家の声なども参考にしながら、本プランの取扱いについて慎重に検討してまいりました。
　その結果、中長期の戦略目標の達成に向けた施策を着実に実行することにより、持続的な成長を確保し、株主の皆様をはじめ、広く社会・市場・ステークホルダーの皆様からの社会的信頼に応えていくこと、ならびにコーポレートガバナンスのさらなる整備・強化に取り組むことこそが株主共同の利益の確保・向上につながるものであり、本プランの継続は必要不可欠なものではないと判断し、平成27年4月23日開催の当社取締役会において、有効期間の満了をもって本プランを継続しないことを決議いたしました。
　なお、当社は、本プランの有効期間満了後も引き続き、当社株式の大規模な買付行為や買付提案を行おうとする者に対しては、関係諸法令に従い、大規模買付行為の是非を株主の皆様に適切に判断いただくための必要かつ十分な情報の開示を求め、あわせて当社取締役会の意見等を開示するとともに、株主の皆様に検討いただくために必要な時間の確保に努めるなど、適切な措置を講じてまいります。

6　会社の体制および方針
(2)　会社の支配に関する方針

Q 95　買収防衛策を定めていない場合は、会社の財務および事業の方針の決定を支配する者の在り方に関する基本方針について記載しなくてもよいのでしょうか。

A　買収防衛策を定めていない場合であっても、会社の経営方針の決定を支配することが可能な量の株式を保有する株主の取扱いについての基本的な対処方針がある場合には、会社の財務および事業の方針の決定を支配する者の在り方に関する基本方針を記載することになると思われます。

買収防衛策を定めておらず、このような方針もない場合には、記載する必要はありません。

●関連規定●
【施行規則】
第118条　事業報告は、次に掲げる事項をその内容としなければならない。
　三　株式会社が当該株式会社の財務及び事業の方針の決定を支配する者の在り方に関する基本方針（以下この号において「基本方針」という。）を定めているときは、次に掲げる事項
　　イ　基本方針の内容の概要
　　ロ　次に掲げる取組みの具体的な内容の概要
　　　(1)　当該株式会社の財産の有効な活用、適切な企業集団の形成その他の基本方針の実現に資する特別な取組み
　　　(2)　基本方針に照らして不適切な者によって当該株式会社の財務及び事業の方針の決定が支配されることを防止するための取組み
　　ハ　ロの取組みの次に掲げる要件への該当性に関する当該株式会社の取締役（取締役会設置会社にあっては、取締役会）の判断及びその理由（当該理由が社外役員の存否に関する事項のみである場合における当該事項を除く。）
　　　(1)　当該取組みが基本方針に沿うものであること。
　　　(2)　当該取組みが当該株式会社の株主の共同の利益を損なうものではないこと。
　　　(3)　当該取組みが当該株式会社の会社役員の地位の維持を目的とするものではないこと。

■記載事例■

株式会社三菱ケミカルホールディングス
7. 会社の支配に関する基本方針

　当社は、会社の財務及び事業の方針の決定を支配する者の在り方に関する基本方針を定めておりませんが、基本的な考え方は以下の通りであります。

　当社は、効率的かつ透明性の高いグループ経営を行い、経営資源の最適配分を通じて、競争力・収益力を高め、グループとして企業価値のさらなる向上を図ることが、株主の皆様からの負託に応えることになるものと考えております。

　当社は、いわゆる「買収防衛策」を導入しておりませんが、当社グループの企業価値や株主共同の利益を毀損するおそれのある当社株式の大量取得行為が行われる場合には、当社として適切と考えられる措置を講ずる所存であります。

6 会社の体制および方針
(3) 剰余金の配当等の決定方針

Q 96 剰余金の配当等の決定方針ではどのような内容を記載すべきなのでしょうか。

A 会社法459条1項の規定による定款の定めにより取締役会に与えられた剰余金の配当等の決定権限について、当期および将来にわたってどのような方針に基づき行使するかを事業報告に記載します（施行規則126条10号）。本項目において記載が求められているのは、取締役会に与えられるすべての権限についての「方針」であり、剰余金の配当に関する事項のみではなく、自己株式の取得や剰余金の処分に関する事項についての方針も記載する必要があります。

なお、本項目は、条文上「会計監査人設置会社の特則」として位置づけられていますが、「会計監査人の状況」ではなく、「会社の体制および方針」の項目として記載するのが一般的です。もっとも、「対処すべき課題」等、他の項目に関連付けて記載することも考えられます。

●関連規定●
【施行規則】
第126条　株式会社が当該事業年度の末日において会計監査人設置会社である場合には、次に掲げる事項（株式会社が当該事業年度の末日において公開会社でない場合にあっては、第2号から第4号までに掲げる事項を除く。）を事業報告の内容としなければならない。
　十　法第459条第1項の規定による定款の定めがあるときは、当該定款の定めにより取締役会に与えられた権限の行使に関する方針

■記載事例■

楽天株式会社

2. 剰余金の配当等の決定に関する方針

　当社は、企業価値の最大化を念頭に、健全な財務体質の維持、積極的な事業展開に備えるための内部留保の充実等を勘案しつつ、利益還元を行うことを基本方針としており、安定した配当を継続しております。

　当事業年度につきましては、当該基本方針に基づき、平成27年2月12日開催の取締役会において、1株当たり4.5円（前事業年度は、記念配当1円を含み、1株当たり4円。）の配当を決議しております。

　また、当社における剰余金配当の決定機関は取締役会であり、当社の剰余金配当については、期末配当による原則年1回の配当を基本方針とし、その他会社法第459条第1項各号に定める事項による配当については経営環境等の状況を勘案の上、機動的に判断してまいります。

（参考）1株当たり配当金（株式分割調整後）の推移

	第 15 期 (自 平成23年1月1日 至 平成23年12月31日)	第 16 期 (自 平成24年1月1日 至 平成24年12月31日)	第 17 期 (自 平成25年1月1日 至 平成25年12月31日)	第 18 期 (自 平成26年1月1日 至 平成26年12月31日)
1株当たり配当金（円）	2.50	3.00	4.00	4.50

（注）　当社は、平成24年7月1日付で普通株式1株につき100株の株式分割を行っております。

7　特定完全子会社に関する事項

Q 97　どのような会社が特定完全子会社に該当するのでしょうか。

A　当事業年度の末日において、当社が保有するある完全子会社等の株式の帳簿価額および当社の完全子会社等を通じて間接的に保有するある完全子会社等の株式の帳簿価額が当社の当事業年度に係る貸借対照表の総資産額の5分の1を超えている場合、当該ある完全子会社等は「特定完全子会社」に該当します（下図(1)～(3)参照）。

なお、間接保有分については、完全子会社等を通じて保有することが要件とされていますので、完全子会社等ではない子会社を通じた間接保有分は、「特定完全子会社」の該当性の判断の対象外となります（下図(4)参照）。

特定完全子会社の例
(1)　会社Aの株式を100％直接保有

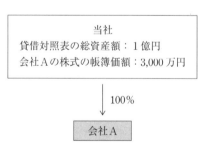

会社Aの株式の帳簿価額（3,000万円）＞貸借対照表の総資産額（1億円）×1／5
＝2,000万円
→会社Aは特定完全子会社に該当

(2) 当社の完全子会社（会社A）を通じて会社Bの株式を100％間接保有

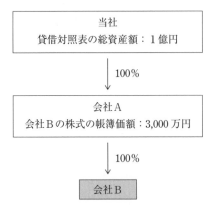

会社Aにおける会社Bの株式の帳簿価額（3,000万円）＞当社の貸借対照表の総資産額（1億円）×1／5＝2,000万円
→会社Bは特定完全子会社に該当

(3) 当社の直接保有分と完全子会社（会社A）の間接保有分を合わせて会社Bの株式を100％保有

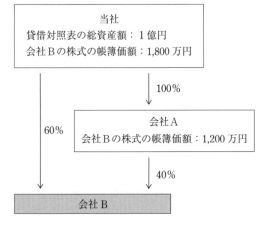

当社における会社Bの帳簿価額（1,800万円）＋会社Aにおける会社Bの株式の帳簿価額（1,200万円）＝3,000万円＞当社の貸借対照表の総資産額（1億円）×1／5＝2,000万円
→会社Bは特定完全子会社に該当

(4) 当社の直接保有分と子会社（会社Ａ）の間接保有分を合わせて会社Ｂの株式を100％保有

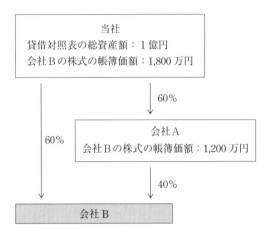

会社Ａは当社の完全子会社ではないため、会社Ａの間接保有分は、特定完全子会社の判断の対象とならない。
→会社Ｂは特定完全子会社に該当せず

●関連規定●
【施行規則】
　第118条　事業報告は、次に掲げる事項をその内容としなければならない。
　　四　当該株式会社（当該事業年度の末日において、その完全親会社等があるものを除く。）に特定完全子会社（当該事業年度の末日において、当該株式会社及びその完全子会社等（法第847条の3第3項の規定により当該完全子会社等とみなされるものを含む。以下この号において同じ。）における当該株式会社のある完全子会社等（株式会社に限る。）の株式の帳簿価額が当該株式会社の当該事業年度に係る貸借対照表の資産の部に計上した額の合計額の5分の1（法第847条の3第4項の規定により5分の1を下回る割合を定款で定めた場合にあっては、その割合）を超える場合における当該ある完全子会社等をいう。以下この号において同じ。）がある場合には、次に掲げる事項
　　　イ　当該特定完全子会社の名称及び住所
　　　ロ　当該株式会社及びその完全子会社等における当該特定完全子会社の株式の当該事業年度の末日における帳簿価額の合計額
　　　ハ　当該株式会社の当該事業年度に係る貸借対照表の資産の部に計上した額の合計額

7　特定完全子会社に関する事項

Q 98　特定完全子会社に関する事項ではどのような内容を記載するのでしょうか。

A　特定完全子会社に関する事項では、次の①から③の事項を記載することとされています。
① 特定完全子会社の名称および住所
② 当社および完全子会社等における特定完全子会社の株式の当事業年度の末日における帳簿価額の合計額
③ 当社の当事業年度に係る貸借対照表の資産の部に計上した額の合計額

①の「住所」については、「住所」であるので、最小独立行政区画である市町村または東京都の区までではなく、「地番」まで記載することになります。

②において記載する金額については、特定完全子会社の株式について、当社が特定完全子会社の株式を直接保有している分と、当社の完全子会社等を通じて特定完全子会社の株式を間接的に保有している分がある場合、当社が保有する特定完全子会社の株式の帳簿価額と当社の完全子会社等が保有する特定完全子会社の株式の帳簿価額を合計した金額を記載することになります。

なお、当社の完全子会社等を通じて間接的に保有している特定完全子会社の株式がない場合は、当社が保有する特定完全子会社の株式の帳簿価額を記載することになります。

③において記載する金額については、当社の貸借対照表の総資産額を記載します。

②と③の金額を開示させる趣旨は、多重代表訴訟の対象となる要件に該当する完全子会社があることを株主に開示させることにあります（②の金額が③の金額の5分の1を超える金額であれば特定完全子会社に該当していることに

なります)。

●関連規定●
【施行規則】
第118条 事業報告は、次に掲げる事項をその内容としなければならない。
　四　当該株式会社(当該事業年度の末日において、その完全親会社等があるものを除く。)に特定完全子会社(当該事業年度の末日において、当該株式会社及びその完全子会社等(法第847条の3第3項の規定により当該完全子会社等とみなされるものを含む。以下この号において同じ。)における当該株式会社のある完全子会社等(株式会社に限る。)の株式の帳簿価額が当該株式会社の当該事業年度に係る貸借対照表の資産の部に計上した額の合計額の5分の1(法第847条の3第4項の規定により5分の1を下回る割合を定款で定めた場合にあっては、その割合)を超える場合における当該ある完全子会社等をいう。以下この号において同じ。)がある場合には、次に掲げる事項
　　イ　当該特定完全子会社の名称及び住所
　　ロ　当該株式会社及びその完全子会社等における当該特定完全子会社の株式の当該事業年度の末日における帳簿価額の合計額
　　ハ　当該株式会社の当該事業年度に係る貸借対照表の資産の部に計上した額の合計額

■記載事例■

株式会社パソナグループ
8　特定完全子会社に関する事項
1．特定完全子会社の名称及び住所
　株式会社パソナ
　東京都千代田区丸の内一丁目5番1号

2．当社及び完全子会社等における特定完全子会社の株式の当事業年度の末日における帳簿価額の合計額
　12,094百万円

3．当社の当事業年度に係る貸借対照表の資産の部に計上した額の合計額
　48,952百万円

8　親会社等との取引に関する事項

Q 99　当社と親会社等との間で取引がある場合には、事業報告において親会社等との間の取引に関する事項について記載しなければならないのでしょうか。また、記載する場合はどのような事項を開示しなければならないのでしょうか。

A　当社と親会社等との間に取引があり、かつ、個別注記表の関連当事者との取引に関する注記において、親会社等との間の取引の記載がある場合に「親会社等との間の取引に関する事項」について記載する必要があります。

したがって、単に親会社等との間で取引があるだけでは、事業報告に上記記載事項を記載する必要はなく、関連当事者との取引に関する注記を要する程度の重要性がある場合に記載する必要性が生じます。

記載する必要がある場合は、次の①から③の事項を記載することとなります。

① 当該取引をするにあたり当社の利益を害さないように留意した事項（当該事項がない場合にはその旨）
② 当該取引が当社の利益を害さないかどうかについての当該株式会社の取締役（取締役会設置会社の場合は、取締役会）の判断およびその理由
③ 社外取締役を置く株式会社において、②の取締役（取締役会設置会社の場合は、取締役会）の判断が社外取締役の意見と異なる場合には、その意見

①については、(i)手続の適正性（具体的には、親会社等との取引の要否や取引条件の決定に際して、当該親会社等からの独立性が確保されているか）と、(ii)内容の合理性（具体的には、親会社等との取引条件が合理的といえるか）が挙げられると考えられています。

②については、支配株主を有する上場会社であれば、「コーポレート・ガ

バランスに関する報告書」、「支配株主等に関する事項の開示」の内容で記載されている少数株主保護の方針や、個別注記表における関連当事者との取引に関する注記で記載する取引条件の決定方針などを参考に記載することが考えられます。なお、事業報告の記載の対象となる取引については、個別にまたは取引の時点で判断をすることまで求めるものではなく、取引の類型ごとに包括的に判断し、また、当該判断の内容が記載された事業報告の承認をもって取締役会の判断とすることも許容されるものと考えられています。

(参考文献)
太子堂厚子・河島勇太「グループ・ガバナンスに関する規律等の見直し」商事法務2057号（2015年）36～38頁
一般社団法人日本経済団体連合会「会社法施行規則及び会社計算規則による株式会社の各種書類のひな型（改訂版）」（2015年4月10日）42頁

●関連規定●
【施行規則】
　第118条　事業報告は、次に掲げる事項をその内容としなければならない。
　　五　当該株式会社とその親会社等との間の取引（当該株式会社と第三者との間の取引で当該株式会社とその親会社等との間の利益が相反するものを含む。）であって、当該株式会社の当該事業年度に係る個別注記表において会社計算規則第112条第1項に規定する注記を要するもの（同項ただし書の規定により同項第4号から第6号まで及び第8号に掲げる事項を省略するものを除く。）があるときは、当該取引に係る次に掲げる事項
　　　イ　当該取引をするに当たり当該株式会社の利益を害さないように留意した事項（当該事項がない場合にあっては、その旨）
　　　ロ　当該取引が当該株式会社の利益を害さないかどうかについての当該株式会社の取締役（取締役会設置会社にあっては、取締役会。ハにおいて同じ。）の判断及びその理由
　　　ハ　社外取締役を置く株式会社において、ロの取締役の判断が社外取締役の意見と異なる場合には、その意見

■記載事例■

株式会社インテリジェント　ウェイブ
3．重要な親会社及び子会社の状況
　(1) 親会社に関する事項
　　　当社の親会社は大日本印刷株式会社で、同社は当社の普通株式13,330,700株（議決権比率50.61％）を保有しております。

　(2) 親会社との間の取引に関する事項
　　イ．当該取引をするに当たり当社の利益を害さないように留意した事項
　　　　一般的な取引条件と同様の適切な条件による取引を基本とし、ソフトウェア開発等については、市場価格、原価率を勘案して当社見積り価格を提示して、一案件毎に価格交渉のうえ、合理的な判断に基づき、公正かつ適正に決定しております。
　　ロ．当該取引が当社の利益を害さないかどうかについての取締役会の判断及びその理由
　　　　当社は親会社より取締役及び監査役を受け入れておりますが、当社経営に対する適切な意見を得ながら、取締役会における多面的な議論を経て決定しております。
　　　　事業運営に関しては、一定の協力関係を保つ必要があると認識しつつ、経営方針や事業計画は当社独自に作成しており、上場会社として独立性を確保し、経営及び事業活動に当たっております。
　　ハ．取締役会の判断が社外取締役の意見と異なる場合の当該意見
　　　　該当事項はありません。

第4編

株主総会参考書類

1 剰余金処分議案

Q 100 その他資本剰余金を原資とする剰余金の配当を行う場合の留意点は、どのようなものでしょうか。

A 剰余金の配当については、「株主に対して交付する金銭等……〔配当等〕の帳簿価額の総額は、当該行為がその効力を生ずる日における分配可能額を超えてはならない」とされています（会社法461条1項）。その他資本剰余金を原資とする剰余金の配当を行う場合も分配可能額（同条2項）があることが前提となります。

また、平成18年の税制改正により、剰余金の配当のうち「その他資本剰余金」を原資とする剰余金の配当については、みなし配当課税の対象となる部分と、税法上の「資本の払戻し」として、配当課税ではなくみなし譲渡益課税（租税特別措置法37条の10）の対象となる部分とで、取扱いが異なることとされています。

みなし譲渡益課税の対象となる部分については、会社は支払時に源泉徴収を行わず、個人株主においては確定申告を行うこととなります。よって、「その他資本剰余金」を配当原資とする場合には、みなし配当課税の対象となる金額や、税法の規定に基づく通知事項を含むみなし譲渡益課税に関する事項について、税理士および会計士に相談し、配当金に係る税金の案内文書作成等の事務手続については株主名簿管理人との打ち合わせが必要です。

●関連規定●
【所得税法】
　（配当所得）
　第24条　配当所得とは、法人（法人税法第2条第6号（定義）に規定する公益法人等及び人格のない社団等を除く。）から受ける剰余金の配当（株式又は出資（公募公社債等運用投資信託以外の公社債等運用投資信託の受益権及び社債的受益権を含む。次条において同じ。）に係るものに限るものとし、資本剰余金の額の減少に伴うもの及

び分割型分割（同法第2条第12号の9に規定する分割型分割をいい、法人課税信託に係る信託の分割を含む。以下この項及び次条において同じ。）によるものを除く。）、利益の配当（資産の流動化に関する法律第115条第1項（中間配当）に規定する金銭の分配を含むものとし、分割型分割によるものを除く。）、剰余金の分配（出資に係るものに限る。）、投資信託及び投資法人に関する法律第137条（金銭の分配）の金銭の分配（出資総額等の減少に伴う金銭の分配として財務省令で定めるもの（次条第1項第3号において「出資等減少分配」という。）を除く。）、基金利息（保険業法第55条第1項（基金利息の支払等の制限）に規定する基金利息をいう。）並びに投資信託（公社債投資信託及び公募公社債等運用投資信託を除く。）及び特定受益証券発行信託の収益の分配（法人税法第2条第12号の15に規定する適格現物分配に係るものを除く。以下この条において「配当等」という。）に係る所得をいう。

（配当等とみなす金額）
第25条　法人（法人税法第2条第6号（定義）に規定する公益法人等及び人格のない社団等を除く。以下この項において同じ。）の株主等が当該法人の次に掲げる事由により金銭その他の資産の交付を受けた場合において、その金銭の額及び金銭以外の資産の価額（同条第12号の15に規定する適格現物分配に係る資産にあっては、当該法人のその交付の直前の当該資産の帳簿価額に相当する金額）の合計額が当該法人の同条第16号に規定する資本金等の額又は同条第17号の2に規定する連結個別資本金等の額のうちその交付の基因となった当該法人の株式又は出資に対応する部分の金額を超えるときは、この法律の規定の適用については、その超える部分の金額に係る金銭その他の資産は、前条第1項に規定する剰余金の配当、利益の配当、剰余金の分配又は金銭の分配とみなす。
　　三　当該法人の資本の払戻し（株式に係る剰余金の配当（資本剰余金の額の減少に伴うものに限る。）のうち分割型分割によるもの以外のもの及び出資等減少分配をいう。）又は当該法人の解散による残余財産の分配
　2　前項に規定する株式又は出資に対応する部分の金額の計算の方法その他同項の規定の適用に関し必要な事項は、政令で定める。

【租税特別措置法】
（株式等に係る譲渡所得等の課税の特例）
第37条の10
　3　居住者又は国内に恒久的施設を有する非居住者が交付を受ける次の各号に掲げる金額（所得税法第25条第1項の規定に該当する部分の金額を除く。）その他政令で定める事由により交付を受ける政令で定める金額は、株式等に係る譲渡所得等に係る収入金額とみなして、同法及びこの章の規定を適用する。
　　三　法人の株主等がその法人の資本の払戻し（株式に係る剰余金の配当（資本剰余金の額の減少に伴うものに限る。）のうち法人税法第2条第12号の9に規定する分割型分割（法人課税信託に係る信託の分割を含む。）によるもの以外のもの及び所得

税法第24条第1項に規定する出資等減少分配をいう。）により、又はその法人の解散による残余財産の分配として交付を受ける金銭の額及び金銭以外の資産の価額の合計額

【所得税法施行令】
　（資本の払戻し等があつた場合の株式等の取得価額）
　第114条　居住者が、その有する株式（以下この項において「旧株」という。）を発行した法人の資本の払戻し（法第25条第1項第3号（配当等とみなす金額）に規定する資本の払戻しをいう。）又は解散による残余財産の分配（以下この項において「払戻し等」という。）として金銭その他の資産を取得した場合には、その払戻し等のあつた日の属する年以後の各年における第105条第1項（有価証券の評価の方法）の規定による旧株の評価額の計算については、その計算の基礎となる旧株一株当たりの取得価額は、旧株一株の従前の取得価額から旧株一株の従前の取得価額に当該払戻し等に係る第61条第2項第3号（所有株式に対応する資本金等の額又は連結個別資本金等の額の計算方法）に規定する割合を乗じて計算した金額を控除した金額とし、かつ、その旧株は、同日において取得されたものとみなす。
　5　第1項に規定する旧株を発行した法人は、同項に規定する払戻し等を行った場合には、当該払戻し等を受けた個人に対し、当該払戻し等に係る同項に規定する割合を通知しなければならない。

【法人税法施行令】
　（所有株式に対応する資本金等の額又は連結個別資本金等の額の計算方法等）
　第23条
　4　法第24条第1項に規定する法人（当該法人が同項第1号に掲げる合併に係る被合併法人である場合にあっては、当該合併に係る合併法人）は、同項各号に掲げる事由により同項に規定する株主等である法人に金銭その他の資産の交付が行われる場合には、当該法人に対し、次に掲げる事項を通知しなければならない。
　　一　当該金銭その他の資産の交付の基因となった法第24条第1項各号に掲げる事由、その事由の生じた日及び同日の前日（同項第3号に規定する資本の払戻しの場合には、その支払に係る基準日）における発行済株式等の総数
　　二　前号の事由に係るみなし配当額（法第24条第1項の規定により法第23条第1項第1号又は第2号に掲げる金額とみなされる金額をいう。）に相当する金額の一株（口数の定めがある出資については、一口）当たり（口数の定めがない出資については、社員その他法第24条第1項に規定する法人の各出資者ごと）の金額

1　剰余金処分議案

Q 101
配当財産の帳簿価額の総額または株主に支払う配当額に円未満の端数が生じる場合はどのように処理すればよいのでしょうか。

A 　株主総会または取締役会で決議する配当財産の帳簿価額の総額は、1株当たり配当額に配当対象となる株式数（発行済株式総数から自己株式などの配当を受ける権利のない株式を除いた株式数）を乗じて計算され、また、株主に支払う配当額は個々の株主の所有株式数に1株当たり配当額を乗じて計算されます。

　1株につき2円50銭の配当とする場合など、1株当たり配当額に円未満の端数があるときは配当財産の帳簿価額の総額または個々の株主に支払う配当額に円未満の端数が生じる場合がありますが、この場合、株主有利に考えて円未満の端数を切り上げることが一般的です。

　この処理により、株主に支払う配当額の合計が配当財産の帳簿価額の総額を上回ることがありますが、その差額は配当金を支払った期の営業外費用として処理することになります。

発行済株式総数1,000株、自己株式25株、1株当たり配当額2円50銭の場合
・配当財産の帳簿価額の総額は2,438円
　2円50銭×(1,000－25)株＝2,437.5円⇒2,438円（円未満切り上げ）
・株主A（333株）、B（321株）、C（321株）の配当額
　株主Aに支払う配当額は833円
　2円50銭×333株＝832.5円⇒833円（円未満切り上げ）
　株主Bおよび株主Cに支払う配当額は803円
　2円50銭×321株＝802.5円⇒803円（円未満切り上げ）

配当額合計は2,439円。2,438円との差額は営業外費用として処理。

●関連規定●
質問に係る規定はありません。

1 剰余金処分議案

Q 102 期末において繰越利益剰余金はマイナスとなりましたが多額の別途積立金があります。株主に配当を支払うことができるでしょうか。

A 繰越利益剰余金がマイナスであっても、分配可能額が十分にあれば、その範囲内において配当を行うことができます。ただし、配当を実施した時点で「繰越利益剰余金」の残高がマイナスとなるような会計処理は「妥当でない」との見解があり（和久友子「会社法下における剰余金の配当に関する会計処理」商事法務1845号（2008年）49頁）、この場合は、繰越利益剰余金のマイナス分と配当総額の合計額に相当する別途積立金を取り崩して繰越利益剰余金に振り替える「その他の剰余金の処分」を行うと同時に、その振替後の金額の一部を配当総額に充てる「剰余金の配当」を行うことになります。

●関連規定●

【会社法】
第452条 株式会社は、株主総会の決議によって、損失の処理、任意積立金の積立てその他の剰余金の処分（前目に定めるもの及び剰余金の配当その他株式会社の財産を処分するものを除く。）をすることができる。この場合においては、当該剰余金の処分の額その他の法務省令で定める事項を定めなければならない。

（剰余金の配当に関する事項の決定）
第454条 株式会社は、前条の規定による剰余金の配当をしようとするときは、その都度、株主総会の決議によって、次に掲げる事項を定めなければならない。
一 配当財産の種類（当該株式会社の株式等を除く。）及び帳簿価額の総額
二 株主に対する配当財産の割当てに関する事項
三 当該剰余金の配当がその効力を生ずる日

■記載事例■

株式会社日本エム・ディ・エム

純資産の部	
株主資本	[10,966,677]
資本金	(3,001,929)
資本剰余金	(2,587,029)
資本準備金	2,587,029
利益剰余金	(5,403,954)
利益準備金	197,500
その他利益剰余金	5,206,454
別途積立金	5,713,000
繰越利益剰余金	△506,545
自己株式	(△26,234)
評価・換算差額等	[19,757]
繰延ヘッジ損益	19,757
純資産合計	10,986,435
負債及び純資産合計	15,078,517

第1号議案　剰余金の処分の件

　剰余金の処分につきましては、以下のとおりといたしたいと存じます。
　1．剰余金の処分に関する事項
　　第43期は繰越利益剰余金がマイナスとなりましたが、これは一過性のものであります。株主の皆様への安定配当を実施するため、別途積立金取崩しのご承認をお願いするものであります。
　（1）減少する剰余金の項目とその額
　　　　別途積立金　　　　800,000,000円
　（2）増加する剰余金の項目とその額
　　　　繰越利益剰余金　　800,000,000円
　2．期末配当に関する事項
　　第43期の期末配当につきましては、当期の業績並びに今後の事業展開等を総合的に勘案いたしまして、以下のとおりといたしたいと存じます。
　（1）配当財産の種類
　　　　金銭といたします。
　（2）配当財産の割当てに関する事項及びその総額
　　　　当社普通株式1株につき金5円といたしたいと存じます。なお、この場合の配当総額は、132,306,725円となります。
　（3）剰余金の配当が効力を生じる日
　　　　平成27年6月22日といたしたいと存じます。

1 剰余金処分議案

Q 103 剰余金の配当に伴って配当総額の10分の1を利益準備金に積み立てるのですが、この積立ては会社法452条の「その他の剰余金の処分」として上程することが必要でしょうか。

A 剰余金の配当をする場合、資本準備金と利益準備金の合計額が資本金の額の4分の1に達していないときは、その金額に達するまで、配当により減少する剰余金の額に10分の1を乗じて得た額を資本準備金または利益準備金として計上しなければなりません。

会社法452条における剰余金の処分とは「貸借対照表に計上されるその他利益剰余金、その他資本剰余金という剰余金について、その内部での科目の変更を意味するにすぎない」(森本滋・弥永真生編『会社法コンメンタール11——計算等(2)』(商事法務、2010年) 108頁)とされており、配当に伴う準備金の積立ては剰余金から準備金への変更であって剰余金内部での計数の変更ではないため、会社法452条の対象外となります。

また、配当に伴う準備金の積立ては、会社法451条の決議による準備金の額の増加事由と区別して規定されていますので(計算規則22条、26条、28条)、準備金の額の増加議案として上程することも不要です。

●関連規定●
【会社法】
　(資本金の額及び準備金の額)
　第445条
　4　剰余金の配当をする場合には、株式会社は、法務省令で定めるところにより、当該剰余金の配当により減少する剰余金の額に10分の1を乗じて得た額を資本準備金又は利益準備金(以下「準備金」と総称する。)として計上しなければならない。

【計算規則】
　(法第445条第4項の規定による準備金の計上)
　第22条　株式会社が剰余金の配当をする場合には、剰余金の配当後の資本準備金の額

は、当該剰余金の配当の直前の資本準備金の額に、次の各号に掲げる場合の区分に応じ、当該各号に定める額を加えて得た額とする。
　一　当該剰余金の配当をする日における準備金の額が当該日における基準資本金額（資本金の額に4分の1を乗じて得た額をいう。以下この条において同じ。）以上である場合　零
　二　当該剰余金の配当をする日における準備金の額が当該日における基準資本金額未満である場合　イ又はロに掲げる額のうちいずれか少ない額に資本剰余金配当割合（次条第1号イに掲げる額を法第446条第6号に掲げる額で除して得た割合をいう。）を乗じて得た額
　　イ　当該剰余金の配当をする日における準備金計上限度額（基準資本金額から準備金の額を減じて得た額をいう。以下この条において同じ。）
　　ロ　法第446条第6号に掲げる額に10分の1を乗じて得た額
2　株式会社が剰余金の配当をする場合には、剰余金の配当後の利益準備金の額は、当該剰余金の配当の直前の利益準備金の額に、次の各号に掲げる場合の区分に応じ、当該各号に定める額を加えて得た額とする。
　一　当該剰余金の配当をする日における準備金の額が当該日における基準資本金額以上である場合　零
　二　当該剰余金の配当をする日における準備金の額が当該日における基準資本金額未満である場合　イ又はロに掲げる額のうちいずれか少ない額に利益剰余金配当割合（次条第2号イに掲げる額を法第446条第6号に掲げる額で除して得た割合をいう。）を乗じて得た額
　　イ　当該剰余金の配当をする日における準備金計上限度額
　　ロ　法第446条第6号に掲げる額に10分の1を乗じて得た額

1 剰余金処分議案

Q 104 配当の効力発生日は株主総会当日ですか。それとも翌日ですか。

A 株主総会当日を効力発生日とすることは、株主総会決議後に現金または銀行振込を行うことにより、法律上は可能です。

しかしながら、実務では、株主数が少ない未上場会社を除き全株主が振込指定の事例は少なく、株主総会当日に現金で支払うか配当金領収書を株主の手許に届けることも上場会社では不可能なことから、効力発生日を株主総会の日の翌営業日（金融機関の営業日）とするのが一般的です。

また、剰余金の配当が効力を生ずる日は、当該配当の基準日から3か月以内に設定しなければなりません（会社法124条2項）。

このため、株主総会日を最終営業日とする場合、および株主総会日の翌日が配当の効力発生日を定める期間の末日で休祝日である場合には、以下のような理由から注意が必要です。

上記の場合は、金融機関の営業日ではないため、基準日から3か月以内に株主が配当金を受け取ることができず、期末配当金債務の履行遅滞にあたり、遅延損害金の請求も可能となります（民法412条1項、415条）。

●関連規定●
【会社法】
　（剰余金の配当に関する事項の決定）
　第454条　株式会社は、前条の規定による剰余金の配当をしようとするときは、その都度、株主総会の決議によって、次に掲げる事項を定めなければならない。
　　一　配当財産の種類（当該株式会社の株式等を除く。）及び帳簿価額の総額
　　二　株主に対する配当財産の割当てに関する事項
　　三　当該剰余金の配当がその効力を生ずる日

2　定款一部変更議案

Q 105　定時株主総会で本店所在地の定款変更を行う予定です。移転日（効力発生日）が未確定の場合、どうすればよいですか。

A　実務上、本店所在地の変更に限らず、定款変更議案作成時点では効力発生日が未確定というケースは容易に想像ができます。さてこの場合、効力発生日が決まっていないから定款変更はできないので、日程が決まったところであらためて臨時株主総会を開催しなければならないのでしょうか。

実務では附則により、効力発生日は次回定時株主総会または日程が確実に確定できる月までに開催される取締役会の決議により定めるものとし、確定した効力発生日をもって本附則を削除するという規定を設けて変更議案を提出しています。

1年を超える場合は次の定時株主総会で決議するべきであり、一般的な最長の期限は次の定時株主総会までに開催される取締役会となります。

●関連規定●
質問に係る規定はありません。

■記載事例■

オリジン電気株式会社

第2号議案　定款の一部変更の件

1．提案の理由
  （1）役職員の安全および事業継続性の観点から、耐震性の高い建物へ移転することにより本店機能を維持するとともに業務スペースを集約することにより業務効率の向上を図るため、本店を移転することに伴い、現行定款第3条の本店の所在地を東京都豊島区から埼玉県さいたま市に変更するものであります。また、本変更に係る効力発生日に関する経過的な措置を定めた附則を設けるものであります。
  （2）取締役および監査役（以下「役員」といいます。）として、期待される役割を十分発揮できるようにし、また今後の適任者の招聘に資するため、会社法に基づき、定款に役員の責任を予め限定する契約を締結できる旨の規定を新設するとともに、新設に伴う条数の繰り下げを行なうものであります。
  なお、定款第28条（取締役の責任免除）の新設に関しては、各監査役の同意を得ております。

2．変更の内容
  変更の内容は、次のとおりであります。

（下線は変更部分を示します。）

現行定款	変更案
第3条　（本店の所在地） 当会社は、本店を東京都豊島区に置く。	第3条　（本店の所在地） 当会社は、本店を埼玉県さいたま市に置く。
（新設）	附　則 第1条　第3条の変更は、平成27年11月30日までに開催される取締役会において決定する本店移転日をもって効力が生じるものとし、本附則は本店移転の効力発生日経過後、これを削除する。

2　定款一部変更議案

Q 106　事業目的を追加する場合、その事業内容を具体的に記載する必要がありますか。

A　会社の目的をどの程度具体的に記載するかについては、会社の目的が登記事項とされていることから（会社法911条3項1号）、登記実務における運用に留意しなければなりません。

会社法制定前は類似商号規制が設けられており、会社の目的がその規制の及ぶ範囲を画する機能を有していたため、目的変更の登記申請を行うとその具体性（会社の事業の範囲を客観的に正確に確定できる程度に具体的に記載すること）の有無について厳しく審査がなされ、具体性を欠くと判断された場合は受理されませんでした。しかし、会社法制定後は類似商号規制が廃止され、それに伴い会社の目的の具体性について審査を要しないとされました（法務省民商782号法務省民事局長通達「会社法の施行に伴う商業登記事務の取扱いについて（通達）」（2006年3月31日）第7部第2）。

そのため、公序良俗に反しない限り、包括的・抽象的なものも認められることとなり、例えば「商業」「製造業」といった記載でも目的として定めることが可能です。ただし、目的の記載内容が抽象的すぎる場合には、許認可や取引等において一定の不利益を受ける可能性もありうることから、実務では、従前どおり会社の事業内容が何であるかを知りうる程度に記載することが定着しているようです。

（参考文献）
日本法令商業登記研究会編『商業登記の手続〔14訂版〕』（日本法令、2015年）125～126頁

●関連規定●
質問に係る規定はありません。

2 定款一部変更議案

Q107 事業年度を変更する場合、どのように定款変更すればよいでしょうか。

A 事業年度を変更する際には、事業年度の規定を変更するだけでは足りず、定時株主総会の議決権の基準日や剰余金の配当の基準日、中間配当基準日、定時株主総会の開催時期など「○月」「○月○日」のように記載されている規定の変更も必要となります。また、移行期間である定款変更後最初の事業年度については、定款上の事業年度と一致しないため、附則により変則の事業年度を明示するのが一般的です。

定款変更後最初の事業年度について、会社法下では最大1年6か月まで設定できるようになりましたが、1年を超える事業年度にする場合は会計監査人や任期を1年としている場合の取締役（以下「会計監査人等」という）の任期に注意が必要です。

例）9月決算会社が12月の定時株主総会で決算期を3月31日に変更する場合

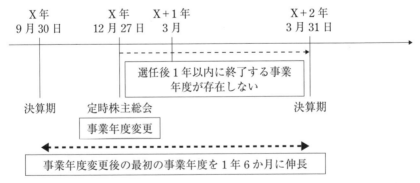

上記の例のように事業年度変更後の最初の事業年度を1年6か月にすると、会計監査人等の任期の終了時点である「選任後1年以内に終了する事業年度のうち最終のものに関する定時株主総会の終結の時」が存在しなくなり

ます。このような場合は事業年度の変更の効力が生じた時点で会計監査人等は任期満了により退任するものと解されますので（東京法務局「会計監査人の選任（重任）の登記の留意事項について（通知）」(2009年12月17日))、定款に事業年度変更後最初の事業年度に係る会計監査人等の任期は当該変更後最初の事業年度に係る定時株主総会終結の時までとする旨の附則を設けるか、または、事業年度の変更が承認後直ちに効力が発生することを明らかにした定款変更の後に、会計監査人等を選任（会計監査人については重任によるみなし再任も含む）することになります。

また、会社法下では、会社法454条5項の決議を行えばどの時点を基準日としても中間配当ができるようになっています。そのため、例えば変更前の中間配当基準日で中間配当を行う場合は、附則に「第○条（中間配当）の規定にかかわらず、第○期事業年度については平成○年○月○日を中間配当の基準日とする」旨の定めが必要となります。

●関連規定●
【計算規則】
（各事業年度に係る計算書類）
第59条
2　各事業年度に係る計算書類及びその附属明細書の作成に係る期間は、当該事業年度の前事業年度の末日の翌日（当該事業年度の前事業年度がない場合にあっては、成立の日）から当該事業年度の末日までの期間とする。この場合において、当該期間は、1年（事業年度の末日を変更する場合における変更後の最初の事業年度については、1年6箇月）を超えることができない。

■記載事例■

株式会社フルキャストホールディングス

第1号議案　定款一部変更の件

現行定款を次のとおり改めたいと存じます。

1．変更の理由

当社の事業年度は、毎年10月1日から9月30日までとしておりますが、現行の事業年度では繁盛期と決算期が重なっており、期初から新しい組織体制に移行することができない状況にあります。従って事業年度を毎年1月1日から12月31日までに変更いたします。

定款の一部変更につきましては、事業年度の変更に伴い、現行定款第9条（招集の時期）、第10条（定時株主総会の基準日）、第18条（取締役の任期）、第40条（会計監査人の任期）、第41条（事業年度）、第42条（剰余金の配当の決定機関）、第43条（剰余金の配当の基準日）、第44条（配当金等の除斥期間）につき所要の変更を行うものであります。

また、事業年度の変更に伴い、第20期事業年度は平成23年10月1日から平成24年12月31日までの15ヶ月間の決算期間となります。そのため、経過措置として、新たに附則を設けることといたします。

2．変更の内容

変更の内容は次のとおりであります。　　　　　　（下線は変更部分を示します。）

現　行　定　款	変　更　案
（招集の時期） 第9条　当会社の定時株主総会は、毎年<u>12月</u>にこれを招集し、臨時株主総会は必要ある場合随時これを招集する。	（招集の時期） 第9条　当会社の定時株主総会は、毎年<u>3月</u>にこれを招集し、臨時株主総会は必要ある場合随時これを招集する。
（定時株主総会の基準日） 第10条　当会社の定時株主総会の議決権の基準日は、毎年<u>9月30日</u>とする。	（定時株主総会の基準日） 第10条　当会社の定時株主総会の議決権の基準日は、毎年<u>12月31日</u>とする。
（取締役の任期） 第18条　取締役の任期は、選任後1年以内に終了する事業年度のうち最終のものに関する定時株主総会の終結の時までとする。 ②　増員または補欠により就任した取締役の任期は、他の在任取締役の任期の満了する時までとする。	（取締役の任期） （現行第18条のとおり）

現 行 定 款	変 更 案
（会計監査人の任期） 第40条　会計監査人の任期は、選任後1年以内に終了する事業年度のうち最終のものに関する定時株主総会の終結の時までとする。 ②　会計監査人は、前項の株主総会において別段の決議がなされなかった時は、当該定時株主総会において再任されたものとみなす。	（会計監査人の任期） （現行第40条のとおり）
（事業年度） 第41条　当会社の事業年度は、毎年10月1日から翌年9月30日までの1年とする。	（事業年度） 第41条　当会社の事業年度は、毎年1月1日から12月31日までの1年とする。
（剰余金の配当の決定機関） 第42条　当会社は、剰余金の配当その他会社法第459条第1項各号に定める事項について、法令に別段の定めがある場合を除き、取締役会の決議によって定めることができる。	（削除）
（剰余金の配当の基準日） 第43条　当会社の期末配当の基準日は、毎年9月30日とする。 ②　当会社の中間配当の基準日は、毎年3月31日とする。	（剰余金の配当の基準日） 第42条　当会社の期末配当の基準日は、毎年12月31日とする。 ②　当会社の中間配当の基準日は、毎年6月30日とする。
（配当金等の除斥期間） 第44条　配当財産が金銭である場合は、支払開始の日から満3年を経過してもなお受領されないときは、当会社はその支払義務を免れる。 ②　未払の配当金には利息をつけない。	（配当金等の除斥期間） 第43条　（現行第44条のとおり）

現 行 定 款	変 更 案
（新設）	附則 第1条　第9条（招集の時期）の規定の変更は、平成24年10月1日からその効力を生じる。 　　　　なお、本附則は、効力発生日後にこれを削除する。 第2条　第10条（定時株主総会の基準日）及び第42条（剰余金の配当の基準日）の規定の変更は、平成24年1月1日からその効力を生じる。 　　　　なお、本附則は、効力発生日後にこれを削除する。 第3条　第18条（取締役の任期）の規定にかかわらず、平成23年12月の定時株主総会において選任された取締役の任期は、平成24年12月31日に終了する事業年度に関する定時株主総会の終結の時までとする。 　　　　なお、本附則は、平成25年3月の定時株主総会終結時にこれを削除する。 第4条　第40条（会計監査人の任期）の規定にかかわらず、平成23年12月の定時株主総会において選任された会計監査人の任期は、平成24年12月31日に終了する事業年度に関する定時株主総会の終結の時までとする。 　　　　なお、本附則は、平成25年3月の定時株主総会終結時にこれを削除する。 第5条　第41条（事業年度）の規定にかかわらず、第20期事業年度は、平成23年10月1日から平成24年12月31日までの15ヶ月とする。 　　　　なお、本附則は、第20期事業年度終了後、これを削除する。

3 資本金・準備金の額の減少議案

Q 108 資本金・準備金の額の減少と同時に剰余金の配当を行うことができるでしょうか。できるとしてその場合の留意点は、どのようなものでしょうか。

A 以下の手続を行うことにより分配可能額（会社法461条2項）があれば、期末配当としての剰余金の配当を行うことができます。
① 株主総会会日の前日までに資本金・準備金の額の減少にあたり必要な債権者異議手続を行います。
② 株主総会において、資本金・準備金の額の減少議案を決議します。
③ ②の議案の可決を条件として、剰余金の処分議案（その他資本剰余金の減少、繰越利益剰余金の増加およびその他資本剰余金を原資とする期末配当を内容とします）を決議します。

この場合、その他資本剰余金の減少および繰越利益剰余金の増加の限度額は、繰越利益剰余金のマイナスを0にする額であり、期末配当の原資はその他資本剰余金となります。

●関連規定●
【会社法】
（資本金の額の減少）
第447条　株式会社は、資本金の額を減少することができる。この場合においては、株主総会の決議によって、次に掲げる事項を定めなければならない。
一　減少する資本金の額
二　減少する資本金の額の全部又は一部を準備金とするときは、その旨及び準備金とする額
三　資本金の額の減少がその効力を生ずる日
2　前項第1号の額は、同項第3号の日における資本金の額を超えてはならない。

（準備金の額の減少）
第448条　株式会社は、準備金の額を減少することができる。この場合においては、株

主総会の決議によって、次に掲げる事項を定めなければならない。
一　減少する準備金の額
二　減少する準備金の額の全部又は一部を資本金とするときは、その旨及び資本金とする額
三　準備金の額の減少がその効力を生ずる日
2　前項第1号の額は、同項第3号の日における準備金の額を超えてはならない。

（債権者の異議）
第449条　株式会社が資本金又は準備金（以下この条において「資本金等」という。）の額を減少する場合（減少する準備金の額の全部を資本金とする場合を除く。）には、当該株式会社の債権者は、当該株式会社に対し、資本金等の額の減少について異議を述べることができる。ただし、準備金の額のみを減少する場合であって、次のいずれにも該当するときは、この限りでない。
一　定時株主総会において前条第1項各号に掲げる事項を定めること。
二　前条第1項第1号の額が前号の定時株主総会の日（第439条前段に規定する場合にあっては、第436条第3項の承認があった日）における欠損の額として法務省令で定める方法により算定される額を超えないこと。
2　前項の規定により株式会社の債権者が異議を述べることができる場合には、当該株式会社は、次に掲げる事項を官報に公告し、かつ、知れている債権者には、各別にこれを催告しなければならない。ただし、第3号の期間は、1箇月を下ることができない。
一　当該資本金等の額の減少の内容
二　当該株式会社の計算書類に関する事項として法務省令で定めるもの
三　債権者が一定の期間内に異議を述べることができる旨
3　前項の規定にかかわらず、株式会社が同項の規定による公告を、官報のほか、第939条第1項の規定による定款の定めに従い、同項第2号又は第3号に掲げる公告方法によりするときは、前項の規定による各別の催告は、することを要しない。
4　債権者が第2項第3号の期間内に異議を述べなかったときは、当該債権者は、当該資本金等の額の減少について承認をしたものとみなす。
5　債権者が第2項第3号の期間内に異議を述べたときは、株式会社は、当該債権者に対し、弁済し、若しくは相当の担保を提供し、又は当該債権者に弁済を受けさせることを目的として信託会社等（信託会社及び信託業務を営む金融機関（金融機関の信託業務の兼営等に関する法律　（昭和18年法律第43号）第1条第1項の認可を受けた金融機関をいう。）をいう。以下同じ。）に相当の財産を信託しなければならない。ただし、当該資本金等の額の減少をしても当該債権者を害するおそれがないときは、この限りでない。
6　次の各号に掲げるものは、当該各号に定める日にその効力を生ずる。ただし、第2項から前項までの規定による手続が終了していないときは、この限りでない。
一　資本金の額の減少　第447条第1項第3号の日

二　準備金の額の減少　前条第1項第3号の日
7　株式会社は、前項各号に定める日前は、いつでも当該日を変更することができる。

第452条　株式会社は、株主総会の決議によって、損失の処理、任意積立金の積立てその他の剰余金の処分（前目に定めるもの及び剰余金の配当その他株式会社の財産を処分するものを除く。）をすることができる。この場合においては、当該剰余金の処分の額その他の法務省令で定める事項を定めなければならない。

（剰余金の配当に関する事項の決定）
第454条　株式会社は、前条の規定による剰余金の配当をしようとするときは、その都度、株主総会の決議によって、次に掲げる事項を定めなければならない。
　一　配当財産の種類（当該株式会社の株式等を除く。）及び帳簿価額の総額
　二　株主に対する配当財産の割当てに関する事項
　三　当該剰余金の配当がその効力を生ずる日
2　前項に規定する場合において、剰余金の配当について内容の異なる二以上の種類の株式を発行しているときは、株式会社は、当該種類の株式の内容に応じ、同項第2号に掲げる事項として、次に掲げる事項を定めることができる。
　一　ある種類の株式の株主に対して配当財産の割当てをしないこととするときは、その旨及び当該株式の種類
　二　前号に掲げる事項のほか、配当財産の割当てについて株式の種類ごとに異なる取扱いを行うこととするときは、その旨及び当該異なる取扱いの内容
3　第1項第2号に掲げる事項についての定めは、株主（当該株式会社及び前項第1号の種類の株式の株主を除く。）の有する株式の数（前項第2号に掲げる事項についての定めがある場合にあっては、各種類の株式の数）に応じて配当財産を割り当てることを内容とするものでなければならない。

（配当等の制限）
第461条　次に掲げる行為により株主に対して交付する金銭等（当該株式会社の株式を除く。以下この節において同じ。）の帳簿価額の総額は、当該行為がその効力を生ずる日における分配可能額を超えてはならない。
　一　第138条第1号ハ又は第2号ハの請求に応じて行う当該株式会社の株式の買取り
　二　第156条第1項の規定による決定に基づく当該株式会社の株式の取得（第163条に規定する場合又は第165条第1項に規定する場合における当該株式会社による株式の取得に限る。）
　三　第157条第1項の規定による決定に基づく当該株式会社の株式の取得
　四　第173条第1項の規定による当該株式会社の株式の取得
　五　第176条第1項の規定による請求に基づく当該株式会社の株式の買取り
　六　第197条第3項の規定による当該株式会社の株式の買取り
　七　第234条第4項（第235条第2項において準用する場合を含む。）の規定による

当該株式会社の株式の買取り
　　八　剰余金の配当
２　前項に規定する「分配可能額」とは、第１号及び第２号に掲げる額の合計額から第３号から第六号までに掲げる額の合計額を減じて得た額をいう（以下この節において同じ。）。
　　一　剰余金の額
　　二　臨時計算書類につき第441条第４項の承認（同項ただし書に規定する場合にあっては、同条第３項の承認）を受けた場合における次に掲げる額
　　　イ　第441条第１項第２号の期間の利益の額として法務省令で定める各勘定科目に計上した額の合計額
　　　ロ　第441条第１項第２号の期間内に自己株式を処分した場合における当該自己株式の対価の額
　　三　自己株式の帳簿価額
　　四　最終事業年度の末日後に自己株式を処分した場合における当該自己株式の対価の額
　　五　第２号に規定する場合における第441条第１項第２号の期間の損失の額として法務省令で定める各勘定科目に計上した額の合計額
　　六　前３号に掲げるもののほか、法務省令で定める各勘定科目に計上した額の合計額

■記載事例■

筆者作成

第１号議案　資本金および準備金の額の減少の件
　　剰余金配当のための分配可能額確保および充実、ならびに今後の機動的かつ効率的な経営を推進するための資本政策に備えるため、下記のとおり資本金および準備金の減少を行い、その他資本剰余金に振り替えることについて、ご承認をお願いするものであります。
１．資本金の額の減少の内容
　(1)　減少する資本金の額
　　　資本金 1,234,567,890 円のうち 300,000,000 円
　(2)　資本金の額の減少が効力を生ずる日
　　　平成28年６月29日
２．準備金の額の減少の内容
　(1)　減少する準備金の項目およびその額
　　　資本準備金　567,890,000 円のうち 500,000,000 円
　(2)　増加する剰余金の内容
　　　その他資本剰余金　500,000,000 円

(3) 資本準備金の減少の効力発生日
　　　平成 28 年 6 月 29 日

第 2 号議案　剰余金の処分の件
　第 1 号議案による資本金および準備金の額の減少による増加後のその他資本剰余金を原資として、下記のとおり剰余金の処分および期末配当を行うことについて、ご承認をお願いするものであります。
　なお、当社は株主の皆様への配分を重要な経営課題として認識し、配当については経営基盤の確立に合わせて安定的かつ継続的配当を行うことを基本方針としています。
　また、本議案は、第 1 号議案　資本金および準備金の額の減少の件　が原案どおり承認され、効力を発生することを条件といたします。
1．剰余金の処分に関する事項
　会社法第 452 条に基づき、第 1 号議案により増加したその他資本剰余金の一部を減少させ、繰越利益剰余金に振り替え、欠損填補に充てたいと存じます。
　(1) 減少する剰余金の内容
　　　その他資本剰余金　　567,890,123 円
　(2) 増加する剰余金の内容
　　　繰越利益剰余金　　567,890,123 円
2．期末配当に関する事項
　この方針に基づき、第 1 号議案のとおり期末配当を行いたいと存じます。
　(1) 配当財産の種類
　　　金銭
　(2) 配当財産の割当てに関する事項およびその総額
　　　当社普通株式 1 株につき 2 円　配当総額　50,000,000 円
　(3) 期末配当金の効力発生日
　　　平成 28 年 6 月 30 日

4 役員選任議案（取締役）

Q 109 取締役の任期が2年の場合、任期途中で辞任する（辞任した）取締役の後任として選任する取締役の任期は、いつまででしょうか。

1．取締役の任期

取締役の任期に関する規定は次のとおりです。

監査等委員会設置会社および指名委員会等設置会社でない公開会社	会社法332条1項	原則：<u>2年</u>*1　定款または株主総会の決議によって短縮可能
指名委員会等設置会社	会社法332条6項	原則：<u>1年</u>*2　定款または株主総会の決議によって短縮可能
監査等委員会設置会社および指名委員会等設置会社でない非公開会社	会社法332条2項	原則：<u>2年</u>*1　定款または株主総会の決議によって短縮可能 定款によって<u>10年</u>*3まで伸長可能
監査等委員会設置会社の監査等委員でない取締役	会社法332条3項	原則：<u>1年</u>*2　定款または株主総会の決議によって短縮可能
監査等委員会設置会社の監査等委員である取締役	会社法332条4項	<u>2年</u>*1　定款または株主総会の決議によって短縮はできない。

※1　選任後2年以内に終了する事業年度のうち最終のものに関する定時株主総会の終結の時まで
※2　選任後1年以内に終了する事業年度のうち最終のものに関する定時株主総会の終結の時まで
※3　選任後10年以内に終了する事業年度のうち最終のものに関する定時株主総会の終結の時まで

2．任期調整規定

取締役の任期を2年と定めている会社においては、増員または補欠として選任された取締役の任期について、定款に他の在任取締役と合わせる旨の任期調整規定を定め、取締役の任期統一を図っているのが一般的です。

定款例

> 増員または補欠として選任された取締役の任期は、他の在任取締役の任期の満了する時までとする。

3．質問に対する回答

定款・株主総会の選任の際の決議で短縮が無い限り、選任後2年以内に終了する事業年度のうち最終のものに関する定時株主総会の終結の時までとなります。

2の例のような定款を持つ会社ではどうでしょうか。この場合は後記の記載例のように補欠候補者であることを選任議案に明記することで他の在任取締役の任期の満了する時までとなります。明記が無い場合には、任期は2年となりますので、注意が必要です。

●関連規定●

【会社法】

（取締役の任期）
第332条　取締役の任期は、選任後2年以内に終了する事業年度のうち最終のものに関する定時株主総会の終結の時までとする。ただし、定款又は株主総会の決議によって、その任期を短縮することを妨げない。

■記載事例■

株式会社エヌジェーケー

第3号議案　取締役1名選任の件

　　取締役端山毅氏は、本総会終結の時をもって辞任いたします。つきましては、その補欠として取締役1名の選任をお願いするものであります。

　　また、その任期は、当社定款第22条第2項により、平成28年6月開催予定の定時株主総会の終結の時までとなります。

　　取締役候補者は、次のとおりであります。

氏　　名 (生年月日)	略歴、地位及び担当並びに重要な兼職の状況		所有する当社株式の数
守野　勇 (もり　の　ゆう) (昭和46年3月4日生)	平成6年4月	エヌ・ティ・ティ・データ通信株式会社（現　株式会社エヌ・ティ・ティ・データ）入社	一株
	平成24年4月	同社グループ経営企画本部経営改革推進部　部長	
	平成27年4月	同社基盤システム事業本部グローバルソフトウェア開発事業部部長　現在に至る	

4　役員選任議案（取締役）

Q 110　株主総会参考書類に「社外取締役を置くことが相当でない理由」の開示が求められるのはどのような場合でしょうか。また、事業報告に開示する「社外取締役を置くことが相当でない理由」の内容と違いはあるのでしょうか。

A　株主総会参考書類における「社外取締役を置くことが相当でない理由」は、公開・大会社である監査役会設置会社であって、その株式につき有価証券報告書の提出義務を負う株式会社*が株主総会に取締役選任議案を提出する場合において下記の要件を満たすときに必要となります。

- 当該株式会社が社外取締役を置いていないとき（株主総会参考書類作成時点において社外取締役を置いているとしても、当該株主総会の終結時に社外取締役を置いていないこととなる見込みがある場合を含む）。
- 取締役に就任したとすれば社外取締役となる見込みである者を候補者とする取締役選任議案を株主総会に提出しないとき。

また、「社外取締役を置くことが相当でない理由」の内容は各株式会社の個別の事情により異なることとなりますが、単に社外取締役を「置かない」理由を説明するだけでなく、社外取締役を置くことがかえってその会社にマイナスの影響を及ぼすというような事情を説明する必要があり（坂本三郎編著『一問一答平成26年改正会社法〔第2版〕』（商事法務、2015年）91頁）、株主総会参考書類における開示では下記の要件を満たさなければなりません。

- 当該株式会社のその時点における事情に応じて記載しなければならない。
- 社外監査役が2名以上あることのみをもって「社外取締役を置くことが相当でない理由」とすることはできない。

事業報告における開示と株主総会参考書類における開示では、いつの時点における「社外取締役を置くことが相当でない理由」を開示するかが異なります。すなわち、事業報告における開示は、既に経過した事業年度の末日における自社の取締役会の構成に関する考え方が求められているのに対して、株主総会参考書類における開示は、株主総会参考書類の作成時点における今後（株主総会後）の自社の取締役会の構成に関する会社の考え方が求められています。そのため、事業年度の末日から株主総会参考書類の作成時点までに「社外取締役を置くことが相当でない理由」に変化が生じた場合は、事業報告と株主総会参考書類の内容が異なる可能性がありますが、2つの時点は近接しているため、内容が同一となる場合も多いと思われます。

　＊施行規則74条の2第2項では「特定監査役会設置会社」と定義されています。

(参考文献)
太子堂厚子『Ｑ＆Ａ監査等委員会設置会社・社外取締役の実務』（商事法務、2015年）133〜134頁

●関連規定●
【施行規則】
　　（社外取締役を置いていない場合等の特則）
　第74条の2　前条第1項に規定する場合において、株式会社が社外取締役を置いていない特定監査役会設置会社（当該株主総会の終結の時に社外取締役を置いていないこととなる見込みであるものを含む。）であって、かつ、取締役に就任したとすれば社外取締役となる見込みである者を候補者とする取締役の選任に関する議案を当該株主総会に提出しないときは、株主総会参考書類には、社外取締役を置くことが相当でない理由を記載しなければならない。
　2　前項に規定する「特定監査役会設置会社」とは、監査役会設置会社（公開会社であり、かつ、大会社であるものに限る。）であって金融商品取引法第24条第1項の規定によりその発行する株式について有価証券報告書を内閣総理大臣に提出しなければならないものをいう。
　3　第1項の理由は、当該株式会社のその時点における事情に応じて記載しなければならない。この場合において、社外監査役が2人以上あることのみをもって当該理由とすることはできない。

■記載事例■

事例1　事業報告における開示
ステラ　ケミファ株式会社
(3) 社外役員等に関する事項
　① 社外取締役を置くことが相当でない理由
　　当社は、事業年度の末日において社外取締役を置いておりませんが、経営への監督の強化という社外取締役の有効性については、当社もこれを認めております。（ⅰ）企業経営に関する深い理解、（ⅱ）無機化学・フッ素化学に関する知見、（ⅲ）独立性、という3つの基準を定めて、候補者を選定してまいりましたが、現在に至るまで適任者を発見できておりません。
　　また、当社は、かねてより当社の業務に精通する取締役が一丸となって経営に当たり、必要に応じ臨機に取締役会を開催し、迅速に意思決定を行ってまいりました。仮に、不適任者を社外取締役として選任した場合には、単なるコストの増加のみならず、意思決定の迅速性、効率性が阻害されるおそれがあるため、拙速に社外取締役を選任することは相当でないと判断しております。
　　一方で、業務の適法性につきましては、独立の社外監査役2名を含む3名の監査役により、経理、税務、法務などの観点から充実した監査が行われており、現状のガバナンスに懸念はないものと考えております。

事例2　株主総会参考書類における開示
ステラ　ケミファ株式会社
(注) 1．各候補者と当社との間には特別の利害関係はありません。
　　 2．上記候補者に社外取締役候補者はおりませんが、社外取締役を置くことが相当でないと判断した理由は、以下のとおりです。
　　　　当社も、経営への監督の強化という社外取締役の有効性については、認めております。そして、（ⅰ）企業経営に関する深い理解、（ⅱ）無機化学・フッ素化学に関する知見、（ⅲ）独立性、という3つの基準を定めて、候補者を選定してまいりましたが、現在に至るまで適任者を発見できておりません。
　　　　また、当社は、かねてより当社の業務に精通する取締役が一丸となって経営に当たり、必要に応じ臨機に取締役会を開催し、迅速に意思決定を行ってまいりました。仮に、不適任者を社外取締役として選任した場合には、単なるコストの増加のみならず、意思決定の迅速性、効率性が阻害されるおそれがあるため、拙速に社外取締役を選任することは相当でないと判断しております。
　　　　一方で、業務の適法性につきましては、独立の社外監査役2名を含む3名の監査役により、経理、税務、法務などの観点から充実した監査が行われており、現状のガバナンスに懸念はないものと考えております。
　　　　引き続き、今般の会社法改正の趣旨についても十分留意のうえ、監査等委員会設置会社への移行の検討も含めまして、当社にとって最適な社外取締役の選定を続けてまいります。

5 役員選任議案（監査役）

Q111 任期途中で辞任する（辞任した）監査役の補欠として後任の監査役を選任するには、どうすればよいでしょうか。

A 定款に任期の満了前に退任した監査役の任期調整規定がある場合、退任する監査役の補欠として選任することにより、新たに選任された監査役の任期を退任した監査役の任期の満了する時までとすることができます。

後記記載事例では、なお書き部分の記載により、補欠選任であることを明確にしています。任期については必須事項ではありませんが、記載している事例も多く見られます。

なお、定款規定があっても、退任監査役の補欠者として監査役を選任しないこともでき、公開会社では当該監査役の任期は原則どおり、「選任後4年以内に終了する事業年度のうち最終のものに関する定時株主総会の終結の時まで」となります。

例えば、辞任する監査役および任期満了により退任する監査役が各1名いる場合、2名の監査役候補者のいずれかを辞任する監査役の補欠として選任しない限り、選任された監査役の任期はいずれも選任後4年以内に終了する事業年度のうち最終のものに関する定時株主総会の終結の時までとなります。

●関連規定●
【会社法】
　（監査役の任期）
　第336条
　3　第1項の規定は、定款によって、任期の満了前に退任した監査役の補欠として選任された監査役の任期を退任した監査役の任期の満了する時までとすることを妨げない。

【全株懇定款モデル】
　（任期）
　第30条
　2　任期の満了前に退任した監査役の補欠として選任された監査役の任期は、退任した監査役の任期の満了する時までとする。

■記載事例■

三井化学株式会社

第3号議案　**監査役3名選任の件**

　監査役門脇英晴氏及び松田博氏の任期が、本定時株主総会終結の時をもって満了し、また、監査役古賀義徳氏から、本定時株主総会終結の時をもって辞任したい旨の申し出がありましたので、監査役3名の選任をお願いするものであります。
　なお、監査役候補者のうち那和保志氏は、監査役古賀義徳氏の補欠として選任されることになりますので、その任期は当社定款の規定により、退任された監査役の任期が満了すべき時までとなります。
　本議案に関しましては、監査役会の同意を得ております。
　監査役候補者は、次のとおりであります。

候補者番号
1　那和　保志
　（なわ　やすし）
　（1955年7月27日生）
　新任

（写真）

所有する当社株式の数
13,000株

略歴、当社における地位及び重要な兼職の状況
略　歴
1978年　4月　当社入社
2005年　6月　当社機能化学品事業グループ機能加工品事業部長
2007年　4月　Mitsui Chemicals Asia Pacific, Ltd.副社長
2008年　4月　Mitsui Chemicals Asia Pacific, Ltd.社長
2009年　4月　当社執行役員待遇嘱託　Mitsui Chemicals Asia Pacific, Ltd.社長
2009年10月　当社執行役員　ニュービジネス推進室長
2012年　4月　当社執行役員待遇嘱託　Mitsui Chemicals Asia Pacific, Ltd.社長
2014年　4月　当社執行役員　アジア総代表兼Mitsui Chemicals Asia Pacific, Ltd.社長
2015年　4月　当社執行役員退任
　　　　　　　当社社長付　現在に至る

6 役員選任議案（取締役・監査役共通）

Q112 候補者氏名として通称名を記載することはできますか。

A 候補者の氏名は生年月日とともにその候補者を特定するための情報として記載が求められています。そのため、略字に注意して、戸籍上の記録と違わないようにするのが原則です。

ただし、戸籍上の氏名よりも通称名の方が高名であるなど、株主が候補者を特定する情報として通称名の方が有益であると判断できるときは、候補者氏名として通称名を記載することも可能です。その場合は戸籍上の氏名を注記等で付記することになります。

また女性役員の場合、候補者氏名として職業上使用している旧姓を記載したうえで戸籍上の氏名を付記する事例がありますが、商業登記規則81条の2により婚姻前の氏をも記録するよう申し出ることができるため、当該申請を行っている場合は旧姓のみの記載でよいこととなります。

●関連規定●
【施行規則】
　　（取締役の選任に関する議案）
　第74条　取締役が取締役（株式会社が監査等委員会設置会社である場合にあっては、監査等委員である取締役を除く。次項第2号において同じ。）の選任に関する議案を提出する場合には、株主総会参考書類には、次に掲げる事項を記載しなければならない。
　　一　候補者の氏名、生年月日及び略歴

　　（監査等委員である取締役の選任に関する議案）
　第74条の3　取締役が監査等委員である取締役の選任に関する議案を提出する場合には、株主総会参考書類には、次に掲げる事項を記載しなければならない。
　　一　候補者の氏名、生年月日及び略歴

（監査役の選任に関する議案）
第76条　取締役が監査役の選任に関する議案を提出する場合には、株主総会参考書類には、次に掲げる事項を記載しなければならない。
一　候補者の氏名、生年月日及び略歴

■記載事例■

事例1　株式会社LIXILグループ

候補者番号 10

〔再任〕〔社外〕

こう だ ま いん
幸 田 真 音
(本名　澤(さわ) 登久子(とくこ))
(昭和26年4月25日生)

〔写真〕

[所有する当社株式の数]
0株

[担当する委員]
報酬委員会委員

[本総会終結時の在任期間]
2年

略歴、当社における地位、担当および重要な兼職の状況

平成7年9月	作家として独立し現在に至る
平成15年1月	財務省財政制度等審議会委員
平成16年4月	滋賀大学経済学部客員教授
平成17年3月	国土交通省交通政策審議会委員
平成18年11月	政府税制調査会委員
平成22年6月	日本放送協会経営委員会委員
平成24年6月	日本たばこ産業株式会社取締役（社外取締役）（現任）
平成25年6月	当社取締役（社外取締役）兼報酬委員会委員（現任）

社外取締役候補者とした理由
　国際金融に関する高い見識に加え作家としての深い洞察力と客観的な視点を備え、財務省や国土交通省の審議会委員を歴任された幅広い経験を有しており、現在、当社社外取締役として経営の重要事項の決定および業務執行に対する監督等、適切な役割を果たしていることから、社外取締役候補者として推薦するものであります。

事例2　株式会社ナ・デックス

7	※ 野口 葉子 （現姓：春馬） （昭和49年11月19日生）	平成13年10月	弁護士登録第二東京弁護士会入会 鳥飼総合法律事務所入所	―
		平成15年11月	名古屋弁護士会（現　愛知県弁護士会）入会 石原総合法律事務所入所	
		平成18年10月	春馬・野口法律事務所開設パートナー（現任）	
		[重要な兼職の状況] 株式会社ゲオホールディングス社外監査役 ジャパンマテリアル株式会社社外監査役 株式会社壱番屋社外取締役		

(注) 1. 各候補者と当社との間に特別の利害関係はありません。
　　 2. ※印は新任候補者であります。
　　 3. 野口葉子氏は、婚姻により春馬姓となりましたが、弁護士業務を旧姓の野口で行っております。

6 役員選任議案(取締役・監査役共通)

Q113 略歴はどの程度の記載が必要ですか。

A 略歴は、取締役としての適格性を判断する事項であり、したがって、選任の判断にとって参考となると思われる略歴について記載することになります。実務上は、株主総会参考書類作成時までの重要な前職、入社年次、歴任した重要な役職名とその就任年月が列挙されるのが一般的です。

また、現在の主な職業についても略歴に含まれます(弥永真生著『コンメンタール会社法施行規則・電子公告規則』(商事法務、2007年)408頁)。

●関連規定●
【施行規則】
　(取締役の選任に関する議案)
　第74条　取締役が取締役(株式会社が監査等委員会設置会社である場合にあっては、監査等委員である取締役を除く。次項第2号において同じ。)の選任に関する議案を提出する場合には、株主総会参考書類には、次に掲げる事項を記載しなければならない。
　一　候補者の氏名、生年月日及び略歴

　(監査等委員である取締役の選任に関する議案)
　第74条の3　取締役が監査等委員である取締役の選任に関する議案を提出する場合には、株主総会参考書類には、次に掲げる事項を記載しなければならない。
　一　候補者の氏名、生年月日及び略歴

　(監査役の選任に関する議案)
　第76条　取締役が監査役の選任に関する議案を提出する場合には、株主総会参考書類には、次に掲げる事項を記載しなければならない。
　一　候補者の氏名、生年月日及び略歴

6 役員選任議案(取締役・監査役共通)

Q 114 3月末決算会社である当社役員が平成×年6月下旬の他社定時株主総会終結の時をもって兼務先の会社役員を退任する予定です。略歴にどのように記載すればよいでしょうか。

A 役員選任議案の略歴は記載期間が限定されていないことから、株主総会参考書類の作成時点(株主総会参考書類の内容についての取締役会承認時点)までに確定している事実を反映して記載することになります。

質問のように招集通知の発送日以後(招集通知を発送前開示する場合にはその開示日以後)に確定する事実については、①略歴上では(現任)である旨を表示し、欄外に退任予定である旨を注記する方法、②略歴上に(現任)と(平成×年6月下旬退任予定)等を併記する方法が考えられます。

●関連規定●
質問に係る規定はありません。

■記載事例■

事例1　略歴上に「現任」を表示し、欄外注記で退任予定を説明する場合
日本発条株式会社

7 ※	末　啓一郎 _{すえ　けいいちろう} (昭和32年7月27日生)	昭和59年 4 月　弁護士登録 　　　　　　　　（第一東京弁護士会所属） 　　　　　　　　高井伸夫法律事務所入所 平成元年 1 月　松尾綜合法律事務所入所 平成 7 年10月　ニューヨーク州　弁護士登録 平成15年 6 月　日本信号株式会社　社外監査役（現職） 平成21年 6 月　ブレークモア法律事務所　パートナー弁護士（現職） 平成24年 6 月　富士テレコム株式会社　社外監査役（現職） 平成26年 6 月　メタウォーター株式会社　社外取締役（現職） 平成26年 6 月　当社監査役（現職） ＜重要な兼職の状況＞ ブレークモア法律事務所パートナー弁護士 日本信号株式会社社外監査役 富士テレコム株式会社社外監査役 メタウォーター株式会社社外取締役	なし

(注) 1. ※は新任の取締役候補者であります。

～～～～～～～～～～～～～～～～～～～～～～～～～～～～～～～～～～

9. 末　啓一郎氏は平成27年6月24日をもって日本信号株式会社の社外監査役を任期満了により退任予定であります。

事例2　略歴上に「現任」と退任予定を併記する場合
株式会社トプコン

3	新任 若林　宏 _{わかばやし　ひろし} (昭和30年8月22生)	昭和54年 4 月　東京芝浦電気㈱(現(株)東芝)入社 平成10年 6 月　同社財務部グループ　グループ長 平成13年 5 月　東芝エレクトロニクス・ヨーロッパ社 平成16年10月　㈱東芝グループ経営部グループ　グループ長 平成18年 5 月　同社PC＆ネットワーク社経理部長 平成21年 6 月　東芝アカウンティングサービス㈱取締役社長(現任) 　　　　　　　(平成27年6月退任予定)	－

6 役員選任議案(取締役・監査役共通)

Q 115 重要な兼職先の「重要性」の判断基準はありますか。また参考書類に記載する「重要な兼職の状況」と事業報告で開示する「重要な兼職の状況」に違いはありますか。

A 兼職の重要性の判断にあたっては、①兼職先の会社が取引上重要な会社であるか否か、②候補者が兼職先の会社において重要な職務を担当するか否か、③当社の取締役の職務に専念できるか否か、④兼職先との間で利益相反が生じる可能性があるか否か等を考慮して決定していくことが考えられます(小松岳志・澁谷亮「事業報告の内容に関する規律の全体像」商事法務1863号(2009)16頁、弥永真生『コンメンタール会社法施行規則・電子公告規則』(商事法務、2007年)409頁、676頁～677頁、683頁)。

また、重要な兼職に該当しないものの例としては、財産管理会社や休眠会社の代表者である場合等が考えられ、その他、候補者が将来取締役に就任する時までに当該「兼職」から離れることが明らかな場合や将来取締役へ就任後間もなく当該「兼職」から離れることが明らかな場合には、当該「兼職」は「重要な」ものではないとされています(大野晃宏ほか「会社法施行規則、会社計算規則等の一部を改正する省令の解説——平成21年法務省令第7号」商事法務1862号(2009年)19～20頁)。

現任取締役の再選議案が上程されたような場合には、当該再任候補者の事業報告における「重要な兼職」と株主総会参考書類における「重要な兼職の状況」の内容は、基本的には一致させる必要があります(施行規則74条2項2号)。

株主総会参考書類における重要な兼職の記載は、「略歴、地位、担当および重要な兼職の状況」等の項目を設け、当該項目内において記載します。また、略歴中に「重要な兼職の状況」の小項目を設けて一括で記載し、純粋な略歴と区別することで、どのような兼職の事実が「重要な兼職」に該当するのかを明確に記載している事例も見受けられます。

施行規則上は「重要な兼職」とのみ規定されているので、会社の役員等に限らず、兼務している職業等で重要なものがあると判断した場合には、当該兼職の事実を記載することが考えられます。

　「重要な兼職」の記載にあたっての留意点は、①事業報告の「取締役および監査役の氏名等」で記載する「重要な兼職」と「社外役員に関する事項」で記載する「重要な兼職」、②事業報告の「取締役および監査役の氏名等」で記載する「重要な兼職」と役員選任議案で記載する「重要な兼職」は、事業年度の末日後の異動によるものを除き、同じ内容とすることです。

●関連規定●
【施行規則】
　　（取締役の選任に関する議案）
　第74条
　2　前項に規定する場合において、株式会社が公開会社であるときは、株主総会参考書類には、次に掲げる事項を記載しなければならない。
　　二　候補者が当該株式会社の取締役に就任した場合において第121条第8号に定める重要な兼職に該当する事実があることとなるときは、その事実

　　（監査等委員である取締役の選任に関する議案）
　第74条の3
　2　前項に規定する場合において、株式会社が公開会社であるときは、株主総会参考書類には、次に掲げる事項を記載しなければならない。
　　二　候補者が当該株式会社の監査等委員である取締役に就任した場合において第121条第8号に定める重要な兼職に該当する事実があることとなるときは、その事実

　　（監査役の選任に関する議案）
　第76条
　2　前項に規定する場合において、株式会社が公開会社であるときは、株主総会参考書類には、次に掲げる事項を記載しなければならない。
　　二　候補者が当該株式会社の監査役に就任した場合において第121条第8号に定める重要な兼職に該当する事実があることとなるときは、その事実

6 役員選任議案(取締役・監査役共通)

Q 116 候補者の所有する株式数は役員持株会の所有数を合算してもよいですか。

A 候補者の所有する株式数は、会社への関与の程度を明らかにする情報の1つであり、オーナー経営者かどうかを判断する材料にもなるので、候補者が実質的に所有する株式の数を記載すべきものとされています(弥永真生『コンメンタール会社法施行規則・電子公告規則』(商事法務、2007年)408頁・409頁)。

これにより、候補者名義の株式に係る株式数に限らず、役員持株会を通じて候補者が実質的に所有する株式数を合算して問題ありません。

また、いつの時点の所有株式数を記載するかという点については明文規定はなく、振替株式については、事業年度末日時点の株主名簿の株式数に把握できる直近時点の役員持株会等の持分を加算することになります。この場合、合算している旨を注記して記載する例が見られます。

●関連規定●
【施行規則】
　(取締役の選任に関する議案)
　第74条
　2　前項に規定する場合において、株式会社が公開会社であるときは、株主総会参考書類には、次に掲げる事項を記載しなければならない。
　　一　候補者の有する当該株式会社の株式の数(種類株式発行会社にあっては、株式の種類及び種類ごとの数)

　(監査等委員である取締役の選任に関する議案)
　第74条の3
　2　前項に規定する場合において、株式会社が公開会社であるときは、株主総会参考書類には、次に掲げる事項を記載しなければならない。

一　候補者の有する当該株式会社の株式の数（種類株式発行会社にあっては、株式の種類及び種類ごとの数）

（監査役の選任に関する議案）
第76条
2　前項に規定する場合において、株式会社が公開会社であるときは、株主総会参考書類には、次に掲げる事項を記載しなければならない。
　一　候補者の有する当該株式会社の株式の数（種類株式発行会社にあっては、株式の種類及び種類ごとの数）

■記載事例■

戸田建設株式会社

（注）1．※印は新任候補者です。
　　　2．各候補者と当社との間に特別の利害関係はありません。
　　　3．所有する当社の株式数には、戸田建設役員持株会における各自の持ち分を含めた実質所有株式数を記載しております。
　　　4．下村節宏、網谷駿介の両氏は社外取締役候補者であります。なお、当社は下村節宏、網谷駿介の両氏を東京証券取引所の定めに基づく独立役員として指定し、同取引所へ届出ております。

6 役員選任議案(取締役・監査役共通)

Q 117 特別の利害関係とはどのようなものですか。

　公開会社である場合、候補者が取締役に就任したときに、職務遂行に影響を及ぼすおそれがある重要な事実を記載します。

特別の利害関係があると考えられるケースとしては、
- 競業会社の役員(主に代表取締役)であるものが候補者である場合
- 候補者と会社との間に重要な取引関係・賃借関係・係争等がある場合
- 候補者が役員(主に代表取締役)となっている会社と会社との間に重要な取引関係・賃借関係・係争等がある場合
- 候補者が子会社の役員(主に代表取締役)を兼務し、親会社との間に製品の取引関係がある場合、親会社が子会社に資金の貸付け、債務保証を行っている事実がある場合

等があります。

なお、親会社が100%の株式を所有している子会社との関係では、子会社の役員の兼務は親会社の職務の一環としているので、実質上の利害関係がない、という指摘があります(東京弁護士会会社法部編『新・株主総会ガイドライン〔第2版〕』(商事法務、2015年)215頁)。

●関連規定●
【施行規則】
　(取締役の選任に関する議案)
　第74条
　2　前項に規定する場合において、株式会社が公開会社であるときは、株主総会参考書類には、次に掲げる事項を記載しなければならない。
　　三　候補者と株式会社との間に特別の利害関係があるときは、その事実の概要

（監査等委員である取締役の選任に関する議案）
第74条の3　取締役が監査等委員である取締役の選任に関する議案を提出する場合には、株主総会参考書類には、次に掲げる事項を記載しなければならない。
　二　株式会社との間に特別の利害関係があるときは、その事実の概要

（監査役の選任に関する議案）
第76条　取締役が監査役の選任に関する議案を提出する場合には、株主総会参考書類には、次に掲げる事項を記載しなければならない。
　二　株式会社との間に特別の利害関係があるときは、その事実の概要

■記載事例■

小松精練株式会社

第2号議案　取締役9名選任の件
　本総会終結の時をもって、取締役全員（9名）が任期満了となります。つきましては、取締役9名の選任をお願いいたしたいと存じます。
　取締役候補者は、次のとおりであります。

候補者番号	氏名 生年月日	略歴、地位、担当及び重要な兼職の状況	所有する当社の株式の数
4	尾野寺　賢（おのでら　まさる） 昭和32年5月24日生	昭和56年 4月　当社入社 平成15年 4月　小松精練(蘇州)有限公司開設準備室部長 平成20年 6月　執行役員　関連事業本部長補佐 平成21年 6月　取締役執行役員　関連事業本部長補佐 平成21年10月　取締役執行役員　生産本部長補佐 平成23年 6月　取締役　生産本部長補佐 平成25年 2月　取締役　生産技術本部長代理 平成26年 6月　常務取締役　エンジニアリング本部長 ＜重要な兼職の状況＞ 小松精練(蘇州)有限公司董事長	32,300株

7	首藤 和彦 しゅとう かずひこ 昭和32年12月31日生	昭和55年 4月　東レ㈱入社 平成10年 6月　ペンファブリック社取締役 平成17年 2月　東レ㈱海外繊維部主幹 平成17年 7月　東麗即発(青島)染織股份有限公司董事 平成20年 4月　東レ㈱スポーツ・衣料資材事業部長 　　　　　　　兼繊維リサイクル室主幹 平成22年 5月　同社テキスタイル事業部門長 平成23年 6月　当社取締役 平成25年 5月　東レ㈱機能製品・縫製品事業部門長兼繊維本部 　　　　　　　縫製品事業開拓室担当兼機能製品事業部長 　　　　　　　兼繊維グリーンイノベーション室参事 平成26年 6月　東レ㈱取締役　繊維事業本部副本部長 　　　　　　　兼テキスタイル事業部門長(現任) 平成26年 6月　当社取締役(現任) ＜重要な兼職の状況＞ 東レ㈱取締役	0株
8	天雲 一裕 てんくも かずひろ 昭和26年9月3日生	昭和49年 4月　㈱クラレ入社 平成 9年 6月　同社産業資材事業本部東京資販売部長 平成17年 6月　同社繊維部門繊維資材カンパニー長 平成18年 7月　同社理事　繊維カンパニー繊維資材事業部長 平成19年 6月　同社執行役員　繊維カンパニー繊維資材事業部長 平成22年 4月　同社執行役員　繊維カンパニー長 平成22年 6月　同社取締役常務執行役員 平成22年 6月　当社取締役(現任) 平成23年10月　㈱クラレ取締役常務執行役員　繊維カンパニー長 　　　　　　　兼大阪本社担当(現任) ＜重要な兼職の状況＞ ㈱クラレ取締役常務執行役員	0株
9	北野 均 きたの ひとし 昭和31年4月18日生	昭和55年 4月　三菱商事㈱入社 平成19年 4月　同社関西支社アパレル部長 平成22年 6月　三菱商事ファッション㈱取締役専務執行役員　営業部門 　　　　　　　統括兼業務総括本部長 平成25年 6月　当社取締役(現任) 平成25年 6月　三菱商事ファッション㈱代表取締役社長(現任) ＜重要な兼職の状況＞ 三菱商事ファッション㈱代表取締役社長	0株

(注) 1．各候補者と当社との間の特別の利害関係は以下のとおりであります。
　①尾野寺賢氏は、小松精練（蘇州）有限公司の董事長であり、当社と同社との間には、繊維素材の染色加工の取引関係
　　があり、当社は同社に対して債務保証を行っております。
　②首藤和彦氏は、東レ㈱の取締役であり、当社と同社との間には、製品の売買等の取引関係があります。
　③天雲一裕氏は、㈱クラレの取締役常務執行役員であり、当社と同社との間には、製品の売買等の取引関係があります。
　④北野　均氏は、三菱商事ファッション㈱の代表取締役社長であり、当社と同社との間には、製品の売買等の取引関係
　　があります。

6 役員選任議案(取締役・監査役共通)

Q 118 役員候補者の中に当社株式を50%超保有している者がいますが、その候補者について特別に開示する事項はありますか。

A 当社株式を50%超保有している者は当該株式会社の親会社等(=当該株式会社を子会社等とする者)であり、当該株式会社の経営を支配している自然人に該当しますので(会社法2条4号の2)、株主総会参考書類において、その旨を開示することが求められます。

また、その者が経営を支配している他の子会社等(当該株式会社を除き、当該株式会社の子会社を含む)の業務執行者を兼務しているときや、過去5年間に兼務していたことを当該株式会社が知っているときは、その業務執行者としての地位および担当も記載することになります。

●関連規定●

【施行規則】

(取締役の選任に関する議案)

第74条

3 第1項に規定する場合において、株式会社が公開会社であって、かつ、他の者の子会社等であるときは、株主総会参考書類には、次に掲げる事項を記載しなければならない。

一 候補者が現に当該他の者(自然人であるものに限る。)であるときは、その旨

二 候補者が現に当該他の者(当該他の者の子会社等(当該株式会社を除く。)を含む。以下この項において同じ。)の業務執行者であるときは、当該他の者における地位及び担当

三 候補者が過去5年間に当該他の者の業務執行者であったことを当該株式会社が知っているときは、当該他の者における地位及び担当

(監査等委員である取締役の選任に関する議案)

第74条の3

3 第1項に規定する場合において、株式会社が公開会社であり、かつ、他の者の子会

社等であるときは、株主総会参考書類には、次に掲げる事項を記載しなければならない。
　一　候補者が現に当該他の者（自然人であるものに限る。）であるときは、その旨
　二　候補者が現に当該他の者（当該他の者の子会社等（当該株式会社を除く。）を含む。以下この項において同じ。）の業務執行者であるときは、当該他の者における地位及び担当
　三　候補者が過去５年間に当該他の者の業務執行者であったことを当該株式会社が知っているときは、当該他の者における地位及び担当

（監査役の選任に関する議案）
第76条
3　第１項に規定する場合において、株式会社が公開会社であり、かつ、他の者の子会社等であるときは、株主総会参考書類には、次に掲げる事項を記載しなければならない。
　一　候補者が現に当該他の者（自然人であるものに限る。）であるときは、その旨
　二　候補者が現に当該他の者（当該他の者の子会社等（当該株式会社を除く。）を含む。以下この項において同じ。）の業務執行者であるときは、当該他の者における地位及び担当
　三　候補者が過去５年間に当該他の者の業務執行者であったことを当該株式会社が知っているときは、当該他の者における地位及び担当

■記載事例■

エヌアイシ・オートテック株式会社

第1号議案　取締役5名選任の件

　　取締役全員（5名）は、本総会終結の時をもって任期満了となりますので、取締役5名の選任をお願いいたしたいと存じます。
　　取締役候補者は、次のとおりであります。

候補者番号	氏　名 生年月日	略歴、地位、担当及び重要な兼職の状況	所有する当社の株式数
1	にしかわ ひろし 西川 浩司 昭和31年1月8日生	昭和55年4月　株式会社不二越入社 昭和61年4月　当社入社 平成4年6月　取締役 平成9年7月　代表取締役専務 平成11年8月　代表取締役社長 平成20年4月　代表取締役社長　管理本部長兼経営企画室長 平成21年10月　代表取締役社長　管理部長兼経営企画室長 平成23年6月　代表取締役社長　経営企画室長 平成26年5月　代表取締役会長 CEO（最高経営責任者）（現任） （重要な兼職の状況） 株式会社ホンダ自販タナカ　取締役	3,704,900株
5	の むら りょういち 野村 良一 昭和36年6月17日生	昭和60年4月　当社入社 平成10年10月　開発部長 平成18年6月　執行役員　開発部長 平成21年10月　執行役員　技術開発部長 平成24年4月　執行役員　技術開発部長兼開発グループ長 平成24年6月　取締役　執行役員　技術開発部長兼開発グループ長 平成26年4月　取締役　執行役員　技術開発部長 平成27年4月　取締役　執行役員　技術開発部長兼開発グループ長（現任）	3,200株

（注）1．各取締役候補者と当社との間には、いずれも特別の利害関係はありません。
　　　2．取締役候補者西川浩司氏は、当社の経営を支配している者であります。

Q 118

6 役員選任議案(取締役・監査役共通)

Q 119 社外役員が他の会社の取締役等に在任していたときの法令定款違反の事実を開示する場合の「過去5年間」はいつからですか。

「過去5年間」とは、株主総会参考書類作成時から起算して5年間と考えられています。

公開会社である場合、社外取締役候補者が「過去5年間」に他の会社の取締役等に就任していた場合で、その在任中に、その会社において不当な業務執行が行われた事実を当社が知っているときは、その事実等(重要でないものを除く)を記載します。

施行規則上は法令定款違反の事実その他不当な業務の執行が行われた事実なので発生時点と解せられますが、事実が発生したのは5年間より以前ではあるが、5年の期間内にその事実が発覚した場合にも記載されている事例が多く見られます。

●関連規定●
【施行規則】
　(取締役の選任に関する議案)
第74条
4　第1項に規定する場合において、候補者が社外取締役候補者であるときは、株主総会参考書類には、次に掲げる事項(株式会社が公開会社でない場合にあっては、第3号から第7号までに掲げる事項を除く。)を記載しなければならない。
　四　当該候補者が過去5年間に他の株式会社の取締役、執行役又は監査役に就任していた場合において、その在任中に当該他の株式会社において法令又は定款に違反する事実その他不当な業務の執行が行われた事実があることを当該株式会社が知っているときは、その事実(重要でないものを除き、当該候補者が当該他の株式会社における社外取締役又は監査役であったときは、当該事実の発生の予防のために当該候補者が行った行為及び当該事実の発生後の対応として行った行為の概要を含む。)

（監査等委員である取締役の選任に関する議案）
第74条の3
4　第1項に規定する場合において、候補者が社外取締役候補者であるときは、株主総会参考書類には、次に掲げる事項（株式会社が公開会社でない場合にあっては、第3号から第7号までに掲げる事項を除く。）を記載しなければならない。
　四　当該候補者が過去5年間に他の株式会社の取締役、執行役又は監査役に就任していた場合において、その在任中に当該他の株式会社において法令又は定款に違反する事実その他不当な業務の執行が行われた事実があることを当該株式会社が知っているときは、その事実（重要でないものを除き、当該候補者が当該他の株式会社における社外取締役又は監査役であったときは、当該事実の発生の予防のために当該候補者が行った行為及び当該事実の発生後の対応として行った行為の概要を含む。）

（監査役の選任に関する議案）
第76条
4　第1項に規定する場合において、候補者が社外監査役候補者であるときは、株主総会参考書類には、次に掲げる事項（株式会社が公開会社でない場合にあっては、第3号から第7号までに掲げる事項を除く。）を記載しなければならない。
　四　当該候補者が過去5年間に他の株式会社の取締役、執行役又は監査役に就任していた場合において、その在任中に当該他の株式会社において法令又は定款に違反する事実その他不正な業務の執行が行われた事実があることを当該株式会社が知っているときは、その事実（重要でないものを除き、当該候補者が当該他の株式会社における社外取締役（社外役員に限る。次号において同じ。）又は監査役であったときは、当該事実の発生の予防のために当該候補者が行った行為及び当該事実の発生後の対応として行った行為の概要を含む。）

6 役員選任議案（取締役・監査役共通）

Q 120 候補者が「独立役員」である場合、追加すべき記載事項はありますか。

A 会社法上の記載事項はありませんが、各証券取引所では上場会社に対して、独立役員に関する情報を株主総会の議決権行使に役立てやすい形で株主に提供するよう努めることを求めており、具体的には、株主総会参考書類の役員選任議案において下記の開示をすることが考えられます。

- 社外役員を独立役員として指定する、または、すでに指定している旨
- 社外役員が属性情報の記載事項に該当している場合には、その旨およびその概要

これらの開示は努力義務であるため、実際に記載するか否かは各社の判断に委ねられますが、独立役員として指定する旨は機関投資家を中心に表示を求める声が強かったこともあり、その旨を表示する実務が定着しています。また、属性情報は「取引」、「相互就任」、「寄付」の関係など独立役員届出書やコーポレート・ガバナンスに関する報告書において開示が必要とされている情報であり、詳細は下記のとおりです。

東証（属性情報）（上場規程施行規則211条4項6号、226条4項6号、229条の10第4項6号）

a. 過去に当該会社またはその子会社の業務執行者であった者
b. 過去に当該会社またはその子会社の業務執行者でない取締役であった者または会計参与であった者（社外監査役を独立役員として指定する場合に限る。）

c. 過去に当該会社の親会社の業務執行者であった者または業務執行者でない取締役であった者
d. 過去に当該会社の親会社の監査役であった者（社外監査役を独立役員として指定する場合に限る。）
e. 過去に当該会社の兄弟会社の業務執行者であった者
f. 過去に当該会社を主要な取引先とする者の業務執行者であった者
g. 過去に当該会社の主要な取引先の業務執行者であった者
h. 当該会社から役員報酬以外に多額の金銭その他の財産を得ているコンサルタント、会計専門家または法律専門家（法人、組合等の団体であるものに限る。）に過去に所属していた者
i. 当該会社の主要株主（当該主要株主が法人である場合には、当該法人の業務執行者等（業務執行者または過去に業務執行者であった者をいう。）をいう。）
j. 当該会社の取引先またはその出身者（f．g．又はh．に該当する場合は除く。）
k. 社外役員の相互就任の関係にある先の出身者
l. 当該会社が寄付を行っている先またはその出身者

※ａからｉまでに掲げる者（重要でない者を除く。）については、その近親者も同様の取扱い

●関連規定●
【上場規程】
（独立役員等に関する情報の提供）
第445条の6 上場内国株券の発行者は、独立役員に関する情報及び会社法施行規則第2条第3項第5号に規定する社外役員の独立性に関する情報を株主総会における議決権行使に資する方法により株主に提供するよう努めるものとする。

■記載事例■

東レ株式会社

候補者番号	氏　　名 (生年月日)	略歴、地位、担当および重要な兼職の状況		候補者の有する当社の株式数
3	新任 社外 の　より　りょう　じ 野　依　良　治 (1938年9月3日生)	1968年2月 1972年8月 1997年1月 2001年6月 2003年10月 2003年10月 2003年10月 2004年10月 2015年3月	名古屋大学理学部助教授 名古屋大学理学部教授 名古屋大学大学院理学研究科長・理学部長 高砂香料工業株式会社取締役（現） 名古屋大学特任教授 独立行政法人理化学研究所理事長 独立行政法人科学技術振興機構研究開発戦略センター首席フェロー（現） 名古屋大学特別教授（現） 独立行政法人理化学研究所理事長退任	10,000株
	【社外取締役候補者とした理由】 野依良治氏につきましては、大学教授としての豊富な経験と当社基幹技術の一つでもある有機合成化学に関する高度な専門的知識に加え、企業の社外取締役としての経験を有し、人格、識見ともに高く、学術的かつ技術的な視点を踏まえた客観的な立場から経営を監督し重要な意思決定に参画いただくため、新たに社外取締役として選任をお願いするものであります。 なお、同氏は、社外役員となること以外の方法で会社経営に関与したことはありませんが、上記理由により、社外取締役としての職務を適切に遂行いただけるものと判断しております。 【独立性に関する事項】 同氏は東京証券取引所の規則に定める独立役員の要件を満たしております。 同氏は2015年4月まで当社の研究・技術戦略に関する特別顧問であり、2014年度に当社が同氏に支払った報酬額は、同氏が受領した報酬等総額の10％未満であります。なお、今後当該顧問契約を締結する予定はありません。 また、同氏が2015年3月まで理事長であった独立行政法人理化学研究所に対し、研究活動を支援する目的で寄付を行っておりますが、2014年度の寄付金額は1百万円未満であり、当社売上高に対する割合は0.1％未満であります。 上記理由により、同氏の独立性は確保されていると判断しております。			

7　補欠役員選任議案

Q 121　補欠役員としての選任決議はいつまで有効ですか。

　補欠役員の選任決議後最初に開催する定時株主総会の開始の時までです（施行規則 96 条 3 項）。

ただし以下の場合は選任の効力を変更できます。
① 株主総会の決議により短縮する場合
② 定款に定めを置くことにより伸長する場合

定款により補欠監査役の選任の効力を伸長する場合、監査役の任期に合わせて、予選の効力を有する期間を 4 年とする例のほか、2 年とする例も見受けられます。

なお、定款により選任の効力を伸長した場合でも、次の場合にはその効力は制限されます。
① 選任決議の際に特定の役員の補欠として選任した場合、当該被補欠者の任期が満了したときは、当該補欠役員は就任条件を満たすことがなくなるため、補欠役員の選任の効力は当然に失われる。
② 補欠役員が正規の役員に就任したときは、当該役員の任期は、補欠として選任された日から起算されるので、選任日から起算して補欠の対象となる役員の任期を超えることとなった場合には、補欠役員としての選任の効力も失われる。

（参考文献）
相澤哲・葉玉匡美・郡谷大輔編著『論点解説　新・会社法――千問の道標』（商事法務、2006 年）302 頁

●関連規定●
【施行規則】
　（補欠の会社役員の選任）
　第 96 条
　3　補欠の会社役員の選任に係る決議が効力を有する期間は、定款に別段の定めがある場合を除き、当該決議後最初に開催する定時株主総会の開始の時までとする。ただし、株主総会（当該補欠の会社役員を法第 108 条第 1 項第 9 号に掲げる事項についての定めに従い種類株主総会の決議によって選任する場合にあっては、当該種類株主総会）の決議によってその期間を短縮することを妨げない。

7 補欠役員選任議案

Q 122 複数の補欠監査役を選任する場合、現任監査役との紐付けあるいは補欠として就任する場合の順位を定めなければならないでしょうか。補欠社外監査役は、社外監査役ではない監査役の補欠として監査役に就任できるでしょうか。

A 補欠監査役を複数選任するのであれば、監査役に就任しなければならない事態に至った場合に混乱しないよう、現任監査役との紐付けあるいは就任する場合の順位を定めなければなりません。

　補欠社外監査役は、監査役会設置会社では、社外監査役が半数以上と定められているため（会社法335条3項）、社外監査役ではない監査役の補欠として監査役に就任することができます。したがって現任監査役が3名で補欠監査役が社外の1名であっても、監査役の員数が法令または定款に定める数に1名欠ける事態に至った場合、臨時株主総会の開催または一時監査役の職務を行うべき者の選任を裁判所に申し立てる（会社法346条2項）必要はありません。

　しかしながら、社外監査役ではない監査役は社内の情報収集に有用と考えられることから、現任監査役の年齢、体調等によっては社外監査役ではない補欠監査役も併せて選任しておくことが望ましいということになります。

　補欠社外監査役と社外要件を満たさない補欠監査役を各1名選任する場合、社外監査役と補欠社外監査役を、社外ではない監査役と社外要件を満たさない補欠監査役をそれぞれ紐付けします。なお、社外補欠監査役は、社外ではない監査役の補欠として監査役に就任することができるため、社外ではない監査役の第二順位の補欠としておくこともできます。

　補欠社外監査役のみを2名以上選任するときは、監査役の員数が会社法または定款の定める員数に満たなくなった場合の監査役就任の順位を定めなければなりません。

　社外ではない監査役が欠けた場合に就任する補欠社外監査役の順位、社外

監査役が欠けた場合の補欠社外監査役の順位を決定しておけばよいと思います。

●関連規定●
【会社法】
　（選任）
　第329条
　　3　第1項の決議をする場合には、法務省令で定めるところにより、役員（監査等委員会設置会社にあっては、監査等委員である取締役若しくはそれ以外の取締役又は会計参与。以下この項において同じ。）が欠けた場合又はこの法律若しくは定款で定めた役員の員数を欠くこととなるときに備えて補欠の役員を選任することができる。

【施行規則】
　（補欠の会社役員の選任）
　第96条　法第329条第3項の規定による補欠の会社役員（執行役を除き、監査等委員会設置会社にあっては、監査等委員である取締役若しくはそれ以外の取締役又は会計参与。以下この条において同じ。）の選任については、この条の定めるところによる。
　2　法第329条第3項に規定する決議により補欠の会社役員を選任する場合には、次に掲げる事項も併せて決定しなければならない。
　　一　当該候補者が補欠の会社役員である旨
　　二　当該候補者を補欠の社外取締役として選任するときは、その旨
　　三　当該候補者を補欠の社外監査役として選任するときは、その旨
　　四　当該候補者を1人又は2人以上の特定の会社役員の補欠の会社役員として選任するときは、その旨及び当該特定の会社役員の氏名（会計参与である場合にあっては、氏名又は名称）
　　五　同一の会社役員（二以上の会社役員の補欠として選任した場合にあっては、当該二以上の会社役員）につき2人以上の補欠の会社役員を選任するときは、当該補欠の会社役員相互間の優先順位
　　六　補欠の会社役員について、就任前にその選任の取消しを行う場合があるときは、その旨及び取消しを行うための手続
　3　補欠の会社役員の選任に係る決議が効力を有する期間は、定款に別段の定めがある場合を除き、当該決議後最初に開催する定時株主総会の開始の時までとする。ただし、株主総会（当該補欠の会社役員を法第108条第1項第9号に掲げる事項についての定めに従い種類株主総会の決議によって選任する場合にあっては、当該種類株主総会）の決議によってその期間を短縮することを妨げない。

■記載事例■

事例1　筆者作成

第○号議案　補欠監査役2名選任の件

　監査役が法令に定める員数を欠くことになる場合に備え、あらかじめ補欠監査役2名の選任をお願いしたいと存じます。当該補欠監査役候補者のうち、○○○○氏は社外監査役以外の監査役の補欠の監査役として、△△△△氏は社外監査役の補欠の社外監査役として、それぞれ選任をお願いするものであります。

　なお、本議案に関しましては、監査役会の同意を得ております。

　補欠監査役候補者は、次のとおりであります。

事例2　筆者作成

第○号議案　補欠監査役2名選任の件

　監査役が法令に定める員数を欠くことになる場合に備え、予め補欠監査役2名の選任をお願いするものであります。

　なお、本議案の提出につきましては、予め監査役会の同意を得ております。

　補欠監査役候補者は、次のとおりであります。

　補欠監査役が監査役に就任する順序につきましては、○○○○氏を第1順位とし、△△△△氏を第2順位といたします。

7 補欠役員選任議案

Q 123 補欠監査役の選任の有効期間が4年の場合、監査役に就任した補欠監査役の監査役としての任期は、いつまででしょうか。

　公開会社の監査役の任期は、選任後4年以内に終了する事業年度のうち最終のものに関する定時株主総会終結の時までです。

また、任期の満了前に退任した監査役の補欠として選任された監査役の任期を、退任した監査役の任期の満了する時までとする規定を定款に設けることができます。

補欠監査役の任期は、これらによるため、監査役に就任した場合の任期は、前任監査役の任期と補欠監査役の選任の有効期間のいずれか短いほうとなります。

例えば補欠監査役に選任された2年6か月後に監査役に就任した場合、前任の監査役の任期が3年6か月残っていても、1年6か月後（選任の有効期間の満了時）に任期満了となります。

また、上記と同じ時期に補欠監査役に選任された場合でも、前任の監査役の任期が6か月しか残っていなければ、6か月後（前任の監査役の任期）に任期満了となります。

●関連規定●

【会社法】

　（監査役の任期）

　第336条　監査役の任期は、選任後4年以内に終了する事業年度のうち最終のものに関する定時株主総会の終結の時までとする。

　3　第1項の規定は、定款によって、任期の満了前に退任した監査役の補欠として選任された監査役の任期を退任した監査役の任期の満了する時までとすることを妨げない。

【施行規則】
　（補欠の会社役員の選任）
第96条　法第329条第3項の規定による補欠の会社役員（執行役を除き、監査等委員会設置会社にあっては、監査等委員である取締役若しくはそれ以外の取締役又は会計参与。以下この条において同じ。）の選任については、この条の定めるところによる。
2　法第329条第3項に規定する決議により補欠の会社役員を選任する場合には、次に掲げる事項も併せて決定しなければならない。
　一　当該候補者が補欠の会社役員である旨
　二　当該候補者を補欠の社外取締役として選任するときは、その旨
　三　当該候補者を補欠の社外監査役として選任するときは、その旨
　四　当該候補者を1人又は2人以上の特定の会社役員の補欠の会社役員として選任するときは、その旨及び当該特定の会社役員の氏名（会計参与である場合にあっては、氏名又は名称）
　五　同一の会社役員（二以上の会社役員の補欠として選任した場合にあっては、当該二以上の会社役員）につき2人以上の補欠の会社役員を選任するときは、当該補欠の会社役員相互間の優先順位
　六　補欠の会社役員について、就任前にその選任の取消しを行う場合があるときは、その旨及び取消しを行うための手続
3　補欠の会社役員の選任に係る決議が効力を有する期間は、定款に別段の定めがある場合を除き、当該決議後最初に開催する定時株主総会の開始の時までとする。ただし、株主総会（当該補欠の会社役員を法第108条第1項第9号に掲げる事項についての定めに従い種類株主総会の決議によって選任する場合にあっては、当該種類株主総会）の決議によってその期間を短縮することを妨げない。

7 補欠役員選任議案

Q 124 補欠監査役の選任の効力を取り消したい場合はどのような手続をすればよいのでしょうか。

A 補欠の会社役員は就任の条件が成就しない限り会社役員ではありませんので、必ずしも正規の会社役員の解任決議と同一の手続を用いる必要はなく、選任の取消しに関する事項を選任決議の際にあらかじめ決議している場合には、その手続により補欠者の選任を取り消すことができます（施行規則96条2項6号）。

補欠監査役の選任を取り消す場合の具体的な方法としては、選任の際に監査役会の同意を得ることを勘案して、選任の取消しについても同様に、監査役会の同意を得たうえで、取締役会の決議により取り消すことなどが考えられます。当該事項を定める場合はその旨を株主総会参考書類に記載します。

補欠取締役の選任を取り消す場合の具体的な方法としては、補欠監査役と同様に、株主総会参考書類に取締役会の決議により取り消す等を記載することが考えられます。

●関連規定●
【施行規則】
　　（補欠の会社役員の選任）
　第96条
　2　法第329条第3項に規定する決議により補欠の会社役員を選任する場合には、次に掲げる事項も併せて決定しなければならない。
　　六　補欠の会社役員について、就任前にその選任の取消しを行う場合があるときは、その旨及び取消しを行うための手続

■記載事例■

トヨタ自動車株式会社
第4号議案　補欠監査役1名選任の件

　法令に定める監査役の員数を欠くことになる場合に備え、予め補欠監査役1名の選任をお願いいたしたく、その候補者は次のとおりであります。
　本議案は、現社外監査役の北山禎介氏、および第3号議案が承認された場合の和気洋子氏、小津博司氏の3名の補欠として、選任をお願いするものであります。
　監査役として就任した場合、その任期は前任者の残存期間とします。
　また、本決議の効力は次回定時株主総会開始のときまでとしますが、監査役就任前に限り、監査役会の同意を得た上で、取締役会の決議によって取り消すことができるものといたします。
　なお、本議案を今回の株主総会に提出することにつきましては、監査役会の同意を得ております。

7　補欠役員選任議案

Q 125　補欠役員を選任するにあたって候補者の就任承諾は必要ですか。

A　補欠役員候補者でも他の役員と同様に候補者となる事への、同意・承諾を得ることは必要です。また補欠役員候補者が役員に就任するにあたっては、補欠役員に選任の際「欠員が出た場合には、直ちに就任することを承諾する」旨の就任承諾を得ていれば改めて就任承諾書を申し受ける必要はありません。実際に就任するまでには時間の経過もあり状況の変化もあることから、補欠役員に選任された者であっても、役員に就任承諾をするまでは就任を義務付けられたものではないので、就任を辞退することができます。

　役員就任にあたっては就任後の登記手続書類を含め、改めて就任承諾書を申し受けることが実務上は多数派です。

●関連規定●
質問に係る規定はありません。

7　補欠役員選任議案

Q 126　監査役会設置会社において社外取締役の欠員に備えて補欠の社外取締役を選任することはできますか。

　監査役会設置会社において、補欠の社外取締役が社外取締役として就任することができるのは以下の場合に限られます。

・取締役の数が取締役会設置会社の法定上の最低員数である3名を欠いた場合
・定款に社外取締役の員数を定めている会社がその員数を欠いた場合

　補欠役員は「役員が欠けた場合またはこの法律もしくは定款で定めた役員の数を欠くこととなるとき」に役員としての選任の効力が生じます。
　具体的には、「役員が欠けた場合」は法律上員数を明示していない役員が1人もいなくなった場合、「法律で定めた役員の員数が欠けた場合」は取締役会設置会社における取締役が3人を欠いた場合など、法律で最低員数が明示されている役員につき当該法律上の最低員数を欠くこととなった場合、「定款で定めた役員の員数が欠けた場合」は定款で法律上の最低員数以上の最低員数を定めた場合の当該定款上の最低員数を欠くこととなった場合、とされています（相澤哲・葉玉匡美・郡谷大輔編著『論点解説　新・会社法――千問の道標』（商事法務、2006年）305～306頁）。
　したがって、取締役の員数が3名である会社が取締役を欠いた場合は、補欠の社外取締役としてあらかじめ選任した社外取締役を就任させることができます。また、例えば、取締役が10名のうち1名が社外取締役の場合、そのような状況で1名の社外取締役を欠いたとしても、社外取締役の就任は会社法上の義務ではないため、補欠の社外取締役を就任させることはできませ

んが、社外取締役を1名以上置く旨の定款の定めがあれば社外取締役の選任が必須になりますので、補欠の社外取締役を就任させることが可能となります。

●関連規定●
【会社法】
　（選任）
　第329条
　3　第1項の決議をする場合には、法務省令で定めるところにより、役員（監査等委員会設置会社にあっては、監査等委員である取締役若しくはそれ以外の取締役又は会計参与。以下この項において同じ。）が欠けた場合又はこの法律若しくは定款で定めた役員の員数を欠くこととなるときに備えて補欠の役員を選任することができる。

■記載事例■

テクノクオーツ株式会社
　第2号議案　定款一部変更の件
　1．提案の理由
　　(1) 補欠役員の予選に関する条文「定款で定めた役員の員数を欠くこととなるときに備えて補欠役員を選任することができる」（会社法第329条第3項）とされていることから、社外取締役が欠けた場合に備えて予め補欠の社外取締役を選任できるように、第19条第2項を新設するものであります。
　　(2) 補欠取締役の選任決議の効力について、第20条第4項を新設するものであります。
　　(3) 取締役として有用な人材を確保するため、今般の会社法改正を受け、社外取締役に限らず業務執行取締役等を除く取締役と責任限定契約の締結ができるよう、第26条の内容を変更するものであります。なお、この規定の変更を本株主総会に付議することについては、監査役全員の同意を得ております。
　　(4) 監査役として有用な人材を確保するため、今般の会社法改正を受け、社外監査役に限らず監査役と責任限定の契約の締結ができるよう、第34条の内容を変更するものであります。

2．変更の内容

（下線は変更部分を示します。）

現　行　定　款	変　更　案
第4章　取締役および取締役会 （取締役の員数） 第19条　　　　（条文省略） 　　　　　　　（新　　設）	第4章　取締役および取締役会 （取締役の員数） 第19条　　　　（現行どおり） 　２．<u>当会社の社外取締役は、1名以上とする。</u>
（取締役の選任方法） 第20条　　　　（条文省略） 　２．　　　　（条文省略） 　３．　　　　（条文省略） 　　　　　　　（新　　設）	（取締役の選任方法） 第20条　　　　（現行どおり） 　２．　　　　（現行どおり） 　３．　　　　（現行どおり） 　４．<u>補欠取締役の予選の効力は、決議後最初に開催する定時株主総会の開始の時までとする。</u>
第21条～第25条（条文省略）	第21条～第25条　（現行どおり）
（<u>社外取締役</u>との責任限定契約） 第26条　当会社は、会社法第427条第1項の規定により、<u>社外取締役との間で会社法第423条第1項</u>の賠償責任を限定する契約を締結することができる。ただし、当該契約に基づく賠償責任の限度額は、法令が定める額とする。	（取締役との責任限定契約） 第26条　当会社は、会社法第427条第1項の規定により、取締役<u>（業務執行取締役等を除く）</u>との間で会社法第423条第1項の賠償責任を限定する契約を締結することができる。ただし、当該契約に基づく賠償責任の限度額は、法令が定める額とする。
第5章　監査役および監査役会	第5章　監査役および監査役会
第27条～第33条（条文省略）	第27条～第33条　（現行どおり）
（<u>社外監査役</u>との責任限定契約） 第34条　当会社は、会社法第427条第1項の規定により、<u>社外監査役</u>との間で会社法第423条第1項の賠償責任を限定する契約を締結することができる。ただし、当該契約に基づく賠償責任の限度額は、法令が定める額とする。	（監査役との責任限定契約） 第34条　当会社は、会社法第427条第1項の規定により、監査役との間で会社法第423条第1項の賠償責任を限定する契約を締結することができる。ただし、当該契約に基づく賠償責任の限度額は、法令が定める額とする。
第35条～第41条（条文省略）	第35条～第41条　（現行どおり）

8　会計監査人選任議案

Q 127　会計監査人候補者とした理由は、どのような観点から記載すればよいでしょうか。

A　改正法により、会計監査人の独立性をさらに確保する観点から、その選解任等に関する議案の内容は、監査役等が決定することとされました（会社法344条、399条の2第3項2号、404条2項2号）。

これを受け、監査役等の決定権の行使の実効性を高めるための方策として、法制審議会会社法制部会における意見とその支持を得て、従来の会計監査人選任議案等が監査役等により提案された旨の記載に代えて、監査役等が当該候補者を会計監査人の候補者とした理由の記載を求めることとされました。

日監協は、その監査役監査基準（平成27年7月23日最終改正）において、選任等の手続を定めており（34条、31条）、監査役等が会計監査人候補者とした理由は、その観点に従って記載することが考えられます。

また、記載箇所としては、提案の理由に記載するもの、候補者の記載の注記とするものがあります。

●関連規定●
【施行規則】
　　（会計監査人の選任に関する議案）
　第77条
　　　三　監査役（監査役会設置会社にあっては監査役会、監査等委員会設置会社にあっては監査等委員会、指名委員会等設置会社にあっては監査委員会）が当該候補者を会計監査人の候補者とした理由

【日本監査役協会監査役監査基準（平成27年7月23日最終改正）】
　　（会計監査人の職務の執行が適正に行われることを確保するための体制の確認）
　第31条　監査役は、会計監査人の職務の遂行が適正に行われることを確保するため、

次に掲げる事項について会計監査人から通知を受け、会計監査人が会計監査を適正に行うために必要な品質管理の基準を順守しているかどうか、会計監査人に対して適宜説明を求め確認を行わなければならない。
一　独立性に関する事項その他監査に関する法令及び規程の遵守に関する事項
二　監査、監査に準ずる業務及びこれらに関する業務の契約の受任及び継続の方針に関する事項
三　会計監査人の職務の遂行が適正に行われることを確保するための体制に関するその他の事項

（会計監査人の選任等の手続）
第34条　新たな会計監査人候補者の検討に際しては、取締役及び社内関係部署から必要な資料を入手しかつ報告を受け、第31条に定める事項について確認し、独立性や過去の業務実績等について慎重に検討するとともに、監査計画や監査体制、監査報酬水準等について会計監査人候補者と打合せを行う。

■記載事例■

事例1　岩塚製菓株式会社
第8号議案　会計監査人選任の件

　当社の会計監査人であります監査法人セントラルは、本総会終結の時をもって任期満了により、退任されますので、新たに新日本有限責任監査法人を後任の監査法人として選任をお願いいたしたいと存じます。
　なお、本議案に関しましては監査役会の決定に基づいております。
　会計監査人候補者は、次のとおりであります。

名称	新日本有限責任監査法人
主たる事務所の所在地	東京都千代田区内幸町二丁目2番3号　日比谷国際ビル
主たる事務所	東京、札幌、仙台、新潟、長岡他　国内事業所全33カ所 ロンドン、パリ、ニューヨーク他　海外駐在全47カ所
沿革	平成12年4月　太田昭和監査法人とセンチュリー監査法人の合併により監査法人太田昭和センチュリーとなる 平成13年7月　新日本監査法人に名称変更 平成20年7月　新日本有限責任監査法人となる
人員構成	公認会計士　　　　　　　　　3,463名（社員627名、職員2,836名） 公認会計士試験合格者等　　　1,091名（職員1,091名） その他　　　　　　　　　　　1,710名（社員 22名、職員1,688名） 合計　　　　　　　　　　　　6,264名（社員649名、職員5,615名） ※平成27年3月31日現在の非常勤を除く人員

（注）監査役会が新日本有限責任監査法人を会計監査人の候補者とした理由は、監査法人の概要、欠格事由の有無、海外事業に係る会計監査を含めた監査実績、職業的専門家としての高い知見、独立性および監査品質の確保、監査計画および監査体制の適切性等に適っており、当社の会計監査の適正と信頼性を確保する上で、最適と判断し、決定したものであります。

事例2　持田製薬株式会社

第4号議案　会計監査人選任の件

当社の会計監査人であります有限責任監査法人トーマツは、本総会終結の時をもって任期満了となります。

つきましては、監査役会の決議に基づき、新たな会計監査人の選任をお願いするものであります。

なお、監査役会が新日本有限責任監査法人を会計監査人の候補者とした理由は、現会計監査人の継続監査年数を考慮し、新たな視点での幅広い情報提供等が期待でき、また、独立性および専門性、ならびに監査活動の適切性、妥当性および効率性その他職務の執行に関する状況等を総合的に勘案し、会計監査が適正に行われることを確保する体制を備えているものと判断したためであります。

会計監査人候補者は、次のとおりであります。

(平成27年3月31日現在)

名　　称	新日本有限責任監査法人		
主たる事務所の所在地	東京都千代田区内幸町二丁目2番3号　日比谷国際ビル		
沿　革	昭和60年10月	監査法人太田哲三事務所と昭和監査法人が合併し、太田昭和監査法人となる	
	昭和61年1月	センチュリー監査法人設立	
	平成12年4月	太田昭和監査法人とセンチュリー監査法人が合併し、監査法人太田昭和センチュリーとなる	
	平成13年7月	新日本監査法人に名称変更	
	平成20年7月	有限責任監査法人への移行に伴い、新日本有限責任監査法人に名称変更	
概　要	資本金		913百万円
	構成人員	公認会計士	3,463名
		その他監査従事者	1,091名
		その他職員	1,710名
		合計	6,264名
	被監査会社数		4,085社
	事務所等	国内　東京ほか	計38ヵ所
		海外　ニューヨークほか	計47ヵ所

8 会計監査人選任議案

Q 128 改正法により、会計監査人の選任議案の内容は、監査役会が決定することとなりましたが、株主総会に提出するのも監査役会でしょうか。

A 会計監査人選任議案の内容は監査役会が決定しても、取締役会設置会社においては、株主総会の目的事項は取締役会が決定します（会社法298条1項2号・4項）。

また、上場会社では書面あるいは電磁的方法による議決権行使を採用するときは、代表取締役は株主総会参考書類の作成義務を負うことになります（会社法301条、302条）。

実務では、多くの上場会社が株主総会参考書類の内容決定は、その他の重要な業務執行の決定に当たるもの（会社法362条4項柱書）として、取締役会規則において取締役会決議事項としています。このため形式的ではありますが、監査役会が作成した会計監査人選任議案を株主総会参考書類の内容とすることを取締役会が決定することになります。

株主総会の議長は、定款により代表取締役会長または社長としていることが多く、議長は株主総会の議事運営権限を有するため（会社法315条1項）、各議案の上程を誰が行うかを決定します。複数の議案のうち、会計監査人選任議案のみを議長の指示に基づき監査役が上程することもできますが、他の議案と合わせて議長が行うことが多いものと思われます。また、株主からこの議案の内容について質問があれば、議長の判断で作成した監査役会を構成する監査役（社外監査役ではない監査役）を回答者として指名し、指名を受けた監査役が回答することが考えられます。

以上のとおり、この議案を決定するのは監査役会ですが、株主総会への提出等は取締役会、株主総会の議長によるものと思われます。

●関連規定●
【会社法】
　（会計監査人の選任等に関する議案の内容の決定）
　第344条　監査役設置会社においては、株主総会に提出する会計監査人の選任及び解任並びに会計監査人を再任しないことに関する議案の内容は、監査役が決定する。
　2　監査役が2人以上ある場合における前項の規定の適用については、同項中「監査役が」とあるのは、「監査役の過半数をもって」とする。
　3　監査役会設置会社における第1項の規定の適用については、同項中「監査役」とあるのは、「監査役会」とする。

9 役員報酬改定議案

Q 129 取締役のストック・オプション報酬枠の新設・改定議案提出にあたり、新株予約権の内容はどの程度記載しなければならないでしょうか。

A 取締役および監査役の報酬を株主総会決議により定める場合、確定金額報酬はその確定額、不確定金額報酬はその具体的な算定方法そして非金銭報酬はその具体的な内容を決議しなければなりません。

ストック・オプションとしての新株予約権は、取締役にその職務執行の対価として割り当てる場合は、報酬等(会社法361条1項)にあたり、割り当てられる新株予約権の公正価値が確定金額報酬または不確定金額報酬のいずれかに該当するとともに、新株予約権そのものは非金銭報酬に該当します。

したがって、取締役会が決定するストック・オプションとしての新株予約権の具体的な内容を記載することになります。

「具体的な内容」について法令の定めはなく、「新株予約権の要綱」(相澤哲・葉玉匡美・郡谷大輔編著『論点解説 新・会社法——千問の道標(商事法務、2016年) 316頁)としては、会社法236条、238条および239条に規定されている内容等を勘案し、多くの事例では次の事項を記載しています。

ア 新株予約権の目的となる株式の種類および数

1個の新株予約権の目的となる株式の数(種類株式発行会社の場合、株式の種類および種類ごとの数)を記載します。その数について、法令上の制限はありませんが、単元株制度を採用する会社では単元株式数に合わせて記載しているのがほとんどです。

なお、株式分割、株式併合等の一定事由が生じた場合に新株予約権の目的となる株式数を調整する旨を記載するのが一般的です。

イ 発行する新株予約権の総数

取締役に対しストック・オプションとして発行する新株予約権の上限個数を記載します。

ウ 新株予約権の払込金額

　新株予約権の発行に際して払い込む金額を記載します。

　職務執行の対価としてストック・オプションとしての新株予約権を付与するため、発行に際して金銭の払込みを求めずに新株予約権を付与する方法や報酬債権を付与した上でそれと引換えに新株予約権を付与する方法が考えられます。

　そのため、新株予約権と引換えに金銭の払込みを要しない旨を記載する例や新株予約権の公正価額を払込金額とした上で、当該払込金額に相当する報酬債権と新株予約権の払込債務とを相殺するため払込みを要しない旨を記載する例が見受けられます（会社法238条1項2号・3号参照）。

エ 新株予約権の行使に際して出資される財産の価額またはその算定方法

　新株予約権の行使に際して出資される財産の価額またはその算定方法を記載します（会社法236条1項2号参照）。

　事例として、ストック・オプションの税制適格要件を踏まえ、1株当たりの行使価額が割当日現在の株式の時価と同額かそれを上回る金額となるように算定方法を定める例や権利行使を容易にするために行使価額を1円と定める例が見受けられます。

　なお、算定方法を定める場合、株式分割または株式併合、新株の有利発行等の一定の事由が生じたときに備えて、払込金額を調整する旨記載する例がほとんどです。

オ 新株予約権の権利行使期間

　会社法上の制限はありませんが、ストック・オプションの目的上、新株予約権の割当日から一定期間の待機期間を設けるのが一般的です。

　ストック・オプションの目的によりますが、事例として税制適格の要件を踏まえ、待機期間を当該割当日から2年程度とし、権利行使期間の終期は、新株予約権割当日から5年から10年の範囲内と定める例や退職した日から一定の期間までを権利行使期間とする例などが見受けられます。

　なお、株主総会で定める期間の範囲内で取締役会に権利行使期間を定めることを授権することも可能であるため、その旨を記載する例もあります。

カ　新株予約権の行使条件

　ストック・オプションの目的により様々な条件が考えられます。

　事例として、割当日から権利行使日までの間継続して取締役の地位を有することを条件として定める例や一定の業績の達成を条件としている例などが見受けられます。

キ　新株予約権の譲渡制限

　譲渡による新株予約権の取得について、取締役会の承認を要するとするときは、その旨を記載します。ストック・オプションの目的上、新株予約権の内容として、譲渡制限を定めるのが一般的です（会社法236条1項6号、265条1項参照）。

●関連規定●

【会社法】
　（取締役の報酬等）
　第361条　取締役の報酬、賞与その他の職務執行の対価として株式会社から受ける財産上の利益（以下この章において「報酬等」という。）についての次に掲げる事項は、定款に当該事項を定めていないときは、株主総会の決議によって定める。
　一　報酬等のうち額が確定しているものについては、その額
　二　報酬等のうち額が確定していないものについては、その具体的な算定方法
　三　報酬等のうち金銭でないものについては、その具体的な内容

■記載事例■

株式会社リクルートホールディングス

第5号議案 取締役に対する株式報酬型ストック・オプションとしての新株予約権に関する報酬等の額及び内容決定の件(第55期業績連動報酬として)

　当社は、第53期より業績目標を達成した場合に執行役員に対して業績連動報酬として株式報酬型ストック・オプションを付与してまいりました。当期（第55期）についても、業績目標指標を達成したため、業績連動報酬として、第55期に執行役員として経営に携わった当社の取締役に対し、株式報酬型ストック・オプションとしての新株予約権を付与することとしたいと存じます。

　つきましては、平成3年6月26日開催の第31回定時株主総会において承認された取締役の報酬等の額（月額5千万円以内。ただし、使用人兼務取締役の使用人分の給与は含まない。）とは別枠で、第56期（平成27年4月1日から平成28年3月31日まで）において4億3千万円以内で、取締役に対し、非金銭報酬として以下の内容で新株予約権を付与することについて、ご承認をお願いするものであります。報酬等としての新株予約権の公正価値は、新株予約権の割当日における諸条件をもとにしたブラックショールズ・モデル等の一般的なオプション評価モデルに基づき算定いたします。

　なお、本議案の対象となる取締役は、社外取締役以外の取締役4名となります。

1．取締役等に対し新株予約権を発行する理由
　　当社は、取締役に対する報酬制度に関して、当社の取締役に業績向上や企業価値を増大させるためのインセンティブを与えることを目的とし、株式報酬型ストック・オプションとして、新株予約権を発行するものであります。

2．新株予約権の内容
　(1) 新株予約権の目的である株式の種類及び数
　　　新株予約権の目的である株式の種類は普通株式とし、各新株予約権の目的である株式の数（以下「付与株式数」という。）は100株とする。なお、株式分割（当社普通株式の株式無償割当てを含む。）または株式併合を行う場合等、付与株式数の調整を必要とするやむを得ない事由が生じたときは、当社は取締役会の決議により合理的な範囲で付与株式数の調整を行うことができる。
　(2) 新株予約権の数の上限
　　　本定時株主総会の日から1年以内に割り当てる新株予約権の数は、当社取締役会決議において、上記の4億3千万円の範囲内で新株予約権の発行価額の総額を定め、これをブラックショールズ・モデル等の一般的なオプ

ション評価モデルに基づき算定した割当日における新株予約権1個当たりの公正価値をもって除して得られた数（ただし、1個未満の端数は切り捨てる。）を上限とする。
（3）新株予約権の払込金額
　　新株予約権につき金銭の払込みを要しないものとする。
（4）新株予約権の行使に際して出資される財産の価額
　　新株予約権の行使に際して出資される財産の価額は、当該各新株予約権を行使することにより交付を受けることができる株式1株当たりの払込金額を1円とし、これに付与株式数を乗じた金額とする。
（5）新株予約権を行使することができる期間
　　新株予約権を割り当てる日の翌日から20年を経過する日までの範囲内で、当社取締役会が定めるものとする。
（6）新株予約権の行使条件
　① 新株予約権者は新株予約権を行使することができる期間内において、当社の取締役、執行役員または専門役員のいずれの地位も喪失した日から10日（新株予約権者が、新株予約権を割り当てる日において、既にいずれの地位も喪失している場合には、新株予約権を割り当てる日の翌日から1年）を経過する日までに限り、新株予約権を行使できるものとする。
　② 上記①にかかわらず、新株予約権者の相続人は、新株予約権者が死亡した日から1年間または上記（5）に定める行使期間の終期のいずれか早い日までに限り、新株予約権を行使できるものとする。
（7）その他の新株予約権の内容については、取締役会の決議において定める。

9 役員報酬改定議案

Q 130 役員報酬改定議案において、確定額報酬の算定の基準はどのように記載すればよいでしょうか。

A 算定の基準は、報酬等の算定が適切かどうかを判断するのに必要な情報として記載されるべきものであるとされており、基本となる額、役職、勤続年数等を要素として数式化した基準でも、数式化されない主観的な基準でもよいが、どのような判断過程をたどって議案に記載された報酬等が算定されたかを理解することができるものでなければならないとされています。

報酬額改定議案の記載事項は、算定の基準のほか、変更の理由および2名以上の取締役についての定めであるときは当該定めに係る取締役の員数も必要ですが、それぞれを個別に記載することなく、これらに提案の理由（施行規則73条1項2号）を含めて記載するのが一般的です。

記載事例の下線部分がこれらにあたります。

（参考文献）
相澤哲・葉玉匠美・郡谷大輔編著『論点解説　新・会社法――千問の道標』（商事法務、2006年）310頁

●関連規定●
【会社法】
　（取締役の報酬等）
　第361条　取締役の報酬、賞与その他の職務執行の対価として株式会社から受ける財産上の利益（以下この章において「報酬等」という。）についての次に掲げる事項は、定款に当該事項を定めていないときは、株主総会の決議によって定める。
　一　報酬等のうち額が確定しているものについては、その額
　二　報酬等のうち額が確定していないものについては、その具体的な算定方法
　三　報酬等のうち金銭でないものについては、その具体的な内容

【施行規則】
　（取締役の報酬等に関する議案）
　第82条　取締役が取締役（株式会社が監査等委員会設置会社である場合にあっては、監査等委員である取締役を除く。以下この項及び第3項において同じ。）の報酬等に関する議案を提出する場合には、株主総会参考書類には、次に掲げる事項を記載しなければならない。
　　一　法第361条第1項各号に掲げる事項の算定の基準
　　三　議案が二以上の取締役についての定めであるときは、当該定めに係る取締役の員数

■記載事例■

筆者作成
第○号議案　取締役の報酬額改定の件
　当社の取締役の報酬額は、平成○年○月○日開催の第○回定時株主総会において、年額○○百万円以内（うち社外取締役分年額○百万円以内）とご承認いただき今日に至っておりますが、その後の経済情勢の変化（および第○号議案が原案どおり承認可決されますと取締役○名増員されることになる）等諸般の事情と、今後は役員賞与を報酬枠内で支給いたしたいことを考慮して、取締役の報酬額を年額○○百万円以内（うち社外取締役分○百万円以内）と変更させていただきたいと存じます。
　なお、取締役の報酬額には、従来どおり使用人兼務取締役の使用人分給与は含まないものといたしたいと存じます。
　また、現在の取締役の員数は○名（うち社外取締役○名）でありますが、第○号議案が原案どおり承認可決されますと取締役は○名（うち社外取締役○名）となります。

9 役員報酬改定議案

Q 131 役員報酬改定議案において、社外取締役が存する場合に記載しなければならない事項はどのようなものでしょうか。

A 公開会社において、報酬等の対象となる取締役の一部に社外役員である社外取締役が存する場合には、報酬等の額などの「算定の基準」、「変更の理由」および「対象となる取締役の員数（報酬等の額が2名以上の取締役についての定めである場合）」については社外取締役（社外役員に限る）とそれ以外の取締役を区分して記載しなければなりません。

なお、算定の基準については、不確定額報酬においては明確に記載しやすいのに対して、確定額報酬においては当該基準を記載するのは難しいものと思われ、このような事情からか、実務では、株主総会で決議する最高限度額を算定の基準として捉えており（三井住友信託銀行証券代行部編著『会社法制最新事情と株式実務Q&A』（商事法務、2012年）297頁）、確定額報酬の場合には最高限度額および対象となる取締役の員数を、社外取締役とそれ以外の取締役に区分して記載しています（「変更の理由」については、社外取締役とそれ以外の取締役とで同一であるため、まとめて記載しているものと思われます）。

●関連規定●
【施行規則】
（取締役の報酬等に関する議案）
第82条　取締役が取締役（株式会社が監査等委員会設置会社である場合にあっては、監査等委員である取締役を除く。以下この項及び第3項において同じ。）の報酬等に関する議案を提出する場合には、株主総会参考書類には、次に掲げる事項を記載しなければならない。
一　法第361条第1項各号に掲げる事項の算定の基準
二　議案が既に定められている法第361条第1項各号に掲げる事項を変更するものであるときは、変更の理由
三　議案が2以上の取締役についての定めであるときは、当該定めに係る取締役の員

数
3　第1項に規定する場合において、株式会社が公開会社であり、かつ、取締役の一部が社外取締役（監査等委員であるものを除き、社外役員に限る。以下この項において同じ。）であるときは、株主総会参考書類には、第1項第1号から第3号までに掲げる事項のうち社外取締役に関するものは、社外取締役以外の取締役と区別して記載しなければならない。

■記載事例■

住友精化株式会社
第3号議案　取締役の報酬額改定の件
　　当社の取締役の報酬額は、平成19年6月28日開催の第94回定時株主総会において、年額3億6,000万円以内（うち社外取締役分1,000万円以内）にする旨の承認を得て今日に至っておりますが、今般、コーポレート・ガバナンス体制を強化するため、社外取締役を増員する必要性があることを考慮して、取締役の報酬額を現在の年額3億6,000万円以内に据え置いたうえで、社外取締役の報酬額を年額2,000万円以内といたしたいと存じます。なお、現在の取締役は9名（うち社外取締役2名）でありますが、第1号議案「取締役10名選任の件」が承認可決されますと、取締役は10名（うち社外取締役3名）となります。

9 役員報酬改定議案

Q132 内外の機関投資家の株式保有割合が高い場合、役員報酬改定議案に必要な任意の記載事項は、どのようなものでしょうか。

Q130に記載したもののほか、以下を記載することが考えられます。
ア　報酬体系の決定プロセス
イ　役員の属性毎の報酬体系
ウ　株式報酬制度（ストック・オプションを含む）の内容
エ　業績連動型報酬がある場合のその実際の支給額の決定プロセス

●関連規定●
【施行規則】
　第73条
　2　株主総会参考書類には、この節に定めるもののほか、株主の議決権の行使について参考となると認める事項を記載することができる。

【CGコード】
　（原則3－1．情報開示の充実）
　上場会社は、法令に基づく開示を適切に行うことに加え、会社の意思決定の透明性・公正性を確保し、実効的なコーポレートガバナンスを実現するとの観点から、（本コードの各原則において開示を求めている事項のほか、）以下の事項について開示し、主体的な情報発信を行うべきである。
　（ⅲ）取締役会が経営陣幹部・取締役の報酬を決定するに当たっての方針と手続

■記載事例■

三菱商事株式会社

第5号議案　取締役賞与支給の件

平成26年度の連結業績等を勘案して、同年度末における取締役9名(社外取締役を除く)に対し、取締役賞与として、総額2億5,000万円を支給いたしたいと存じます。

なお、社外取締役を除く取締役の報酬は、取締役報酬、加算報酬、賞与、株式報酬型ストックオプション及び積立型退任時報酬で構成されており、このうち、賞与につきましては、業績との連動性が高いことから、毎年、株主総会の決議を経て支給することとしています。

(取締役及び監査役の報酬等の決定方針等については、20〜21ページをご参照ください)

[取締役及び監査役の報酬等の決定方針等]

コーポレート・ガバナンスに関する基本方針(16ページ)に基づき、継続的な企業価値向上につながるよう、役員報酬及び関連制度を定め、透明性の高い運用に努めています。その基本方針、報酬等の構成、決定方法については、次のとおりです。

■取締役の報酬等
　1. 取締役(社内)
　　(1) 基本方針
　　　　取締役(社内)の報酬等については、業績との連動強化、株主の皆様との価値共有、業績や継続的な企業価値の向上に対する意欲や士気向上を図ることを狙いとした役員報酬制度を定めています。水準については、同業他社や本邦における同程度の規模の主要企業と比較を行い、業績に見合った水準を目安として設定しています。なお、執行役員を兼務する取締役については、執行役員としての役位等も取締役報酬額決定に際する要素の一つとして取り扱っています。
　　　　また、取締役(社内)の報酬等の決定方針、水準の妥当性及びその運用状況については、ガバナンス・報酬委員会で審議・モニタリングを行っています。
　　(2) 構成
　　　　取締役(社内)の報酬等は、取締役報酬、加算報酬、賞与、株式報酬型ストックオプション及び積立型退任時報酬で構成されており、それぞれの内容は21ページのとおりです。
　2. 社外取締役
　　　社外取締役の報酬等に関する基本方針及び報酬等の構成については、独立した立場から経営の監督機能を担う役割であることから、取締役報酬のみを支給しており、業績により変動する要素はありません。
　3. 決定方法
　　　取締役報酬、加算報酬、株式報酬型ストックオプション及び積立型退任時報酬については、平成21年度定時株主総会で、その報酬枠を年額16億円以内として支給することを決議しており、報酬枠の範囲内で、取締役会の決議を経て支給することとしています。
　　　また、賞与は、業績との連動性が高いことから、毎年、株主総会の決議を経て支給することとしています。

■監査役の報酬等
　1. 基本方針及び構成
　　　監査役の報酬等は、独立した立場から監査を行う役割であることから、監査役報酬のみを支給しており、業績により変動する要素はありません。
　2. 決定方法
　　　平成18年度定時株主総会で、その報酬枠を月額15百万円以内として支給することを決議しており、報酬枠の範囲内で、監査役の協議を経て支給することとしています。

《取締役（社内）の報酬等》

報酬等の種類	報酬等の内容	固定／変動 (注1)	給付の形式	報酬枠内に含まれる報酬等 (注2)
取締役報酬※	役位等に応じて決定した額を、毎月支給しています。	固定	現金	○
加算報酬※	執行役員を兼務する取締役に対しては、毎年、社長が、前年度の各役員の業績評価を行い、その結果を反映して、個人別支給額を決定の上、支給しています。そのうち、社長の業績評価は、ガバナンス・報酬委員会の下部機関であり、同委員会の委員長である会長、社外委員をメンバーとする社長業績評価委員会における審議を経て決定しています。	変動（単年度）	現金	○
賞　与	前年度の連結業績等に基づき、支給の有無と支給の場合の総額を決定し、個人別支給額を決定の上、支給しています。なお、賞与の支給は、企業価値の向上につながる利益水準を達成した場合に、この利益の一部を配分する方針としています。具体的には、当期純利益（当社の所有者に帰属するもの）が株主資本コストを上回る場合にのみ支給することとし、支給総額には上限を設けて運用しています。	変動（単年度）	現金	－ 毎年 株主総会決議 を経て支給
株式報酬型ストックオプション	株主の皆様との価値共有、中長期的な企業価値向上の観点から付与しています。ストックオプションは、原則、付与から2年間は行使できません。また、ストックオプション行使により取得した株式を含め、在任中は株式を保有することを基本方針とし、一定株数を超えるまでは売却を制限しています。	変動（中長期）	株式（新株予約権）	○
積立型退任時報酬	職務執行の対価として毎年一定額を積み立てており、役員の退任時に、累計額を算出し、支給額を取締役会で決定の上、支給しています。	固定	現金	○

※従来、「月例報酬」として表記していたものを、当年度より、その内容に応じて区別し表記しています。

(注1) 支給額が固定である場合には「固定」、業績等に連動して変動する場合には「変動」と記載しています。また、前年度の連結業績や個人の業績評価等に対応する場合には「単年度」と付記しています。株式報酬型ストックオプションは、中長期インセンティブとの位置付けのため、「中長期」と付記しています。
(注2) 平成21年度定時株主総会で決議した年額16億円の報酬枠の範囲内で、取締役会の決議を経て支給している報酬等には「○」を表示しています。

《取締役（社内）の報酬等の支給割合イメージ》

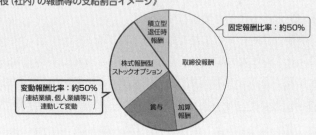

以上

9 役員報酬改定議案

Q 133 監査役（または監査等委員である取締役）に業績連動報酬を支払えますか。

A 監査役の報酬等に関する会社法387条には取締役の不確定報酬および非金銭報酬等（会社法361条1項2号および3号）についての規定がありません。これについて監査役にこれらの報酬を支払えるのかが問題になります。

会社法立案担当者の解説によれば「業績に応じて報酬の上限額が変動するという仕組みは、経営の意思決定に参画しない監査役としての職務に必ずしも適合しないため、387条は、取締役の報酬に関する361条とは異なり、『額』を定めるべきこと（少なくとも上限額を定めること）を要求しているからである。ただし、確定額として報酬の上限額を定めれば、その範囲内で業績連動型報酬制度の採用を工夫することは可能」（相澤哲・葉玉匡美・郡谷大輔編著『論点解説　新・会社法——千問の道標』（商事法務、2006年）406頁）と、少なくとも上限額を定めることを要求しています。

一方で、取締役に対しての業績連動報酬と同様なものが「ベンチャー企業等において人材を得るためには必要な場合もある。その際の株主総会決議には、取締役に関する規定を類推すべきである」（江頭憲治郎『株式会社法〔第6版〕』（有斐閣、2015年）536頁）など、監査役についても不確定報酬の定めをすることは可能としている学説もあります。

このため実務上は、両説を折衷して、上限額を確定させることを前提に、取締役と同様の議案構成として業績連動報酬が支払われています。

監査等委員である取締役については会社法361条1項の定めにより可能と解せられます。

このように業績連動報酬の支払は可能ですが、損金算入の問題、機関投資家からの反対が多いことなどから業績連動報酬制度については、非業務執行

取締役・監査役・監査等委員を除いた制度設計が一般的です。

●関連規定●
【会社法】
　（取締役の報酬等）
　第361条　取締役の報酬、賞与その他の職務執行の対価として株式会社から受ける財産上の利益（以下この章において「報酬等」という。）についての次に掲げる事項は、定款に当該事項を定めていないときは、株主総会の決議によって定める。
　一　報酬等のうち額が確定しているものについては、その額
　三　報酬等のうち金銭でないものについては、その具体的な内容

　（監査役の報酬等）
　第387条　監査役の報酬等は、定款にその額を定めていないときは、株主総会の決議によって定める。

9 役員報酬改定議案

Q 134 報酬額を変更する理由とはどの程度の記載が必要ですか。

報酬額の改定議案では、その変更の理由を記載しなければなりません（施行規則82条1項2号、84条1項2号）。

また算定の基準（施行規則82条1項1号、84条1項1号）の記載と報酬等のうち額が確定しないもの、金銭でないものについて改定を行う場合は株主総会において当該事項を相当とする理由を説明しなければならない（会社法361条4項）とされています。これら3項目はそれぞれ区分して記載すべき事項ですが、実務面では変更の理由に含めて記載が行われています。

記載事例としては「○名増員」「○名減員」「役員退職慰労金の廃止」「業績連動報酬制度の導入」等具体的な記載の一方で「経済情勢の変化等、諸般の事情を考慮して」などの抽象的な記載も多く見られます。

ISS等の議決権行使助言機関および国内の機関投資家の取締役報酬議案に対する議決権行使指針とそれに基づく行使状況を見ると、固定報酬の増加には個々の状況を見て個別判断、業務執行取締役への業績連動報酬の導入あるいは増加には賛成する傾向にあります。ただしこれらの機関からは判断するための具体的な理由の記載を求められているので、自社の株主構成を考え、より具体的な記載が必要となります。

●関連規定●
【会社法】
　（取締役の報酬等）
　第361条
　4　第1項第2号又は第3号に掲げる事項を定め、又はこれを改定する議案を株主総会に提出した取締役は、当該株主総会において、当該事項を相当とする理由を説明しなければならない。

【施行規則】
（取締役の報酬等に関する議案）
第82条　取締役が取締役（株式会社が監査等委員会設置会社である場合にあっては、監査等委員である取締役を除く。以下この項及び第3項において同じ。）の報酬等に関する議案を提出する場合には、株主総会参考書類には、次に掲げる事項を記載しなければならない。
一　法第361条第1項各号に掲げる事項の算定の基準
二　議案が既に定められている法第361条第1項各号に掲げる事項を変更するものであるときは、変更の理由

（監査役の報酬等に関する議案）
第84条　取締役が監査役の報酬等に関する議案を提出する場合には、株主総会参考書類には、次に掲げる事項を記載しなければならない。
一　法第387条第1項に規定する事項の算定の基準
二　議案が既に定められている法第387条第1項に規定する事項を変更するものであるときは、変更の理由

■記載事例■

太平電業株式会社
第4号議案　取締役の報酬額改定の件
　　当社の取締役の報酬額は、平成18年6月29日開催の第66回定時株主総会において年額2億6千万円以内と決議いただき今日にいたっております。
　　今後の報酬額につきましては、第1号議案が原案どおり承認可決されますと、取締役について11名以内に増員されること、また業績連動報酬の割合を高めることで、取締役の業績向上に関するインセンティブを強化し、一層の成果創出をはかるため、取締役の報酬額を年額3億3千万円以内（うち社外取締役分は年額2千万円以内）と改めさせていただきたいと存じます。
　　なお、取締役の報酬額には、従来どおり使用人兼務取締役の使用人分給与は含まないものといたしたいと存じます。
　　また、現在の取締役の員数は8名でありますが、第2号議案が原案どおり承認可決されますと取締役は9名（うち社外取締役2名）となります。

9　役員報酬改定議案

Q 135　年額方式の定額報酬枠を増額する株主総会決議を行う予定ですが、増額後の報酬枠を期首に遡って適用することはできますか。

A　株主総会の決議による年額方式の定額報酬枠の変更の効力は、当該決議がなされた時点で発生するのが原則ですが、決議時に効力発生時期を定めることも可能であり、さらに決議より前の時点を効力発生時期とすることもできると解されていますので、増額後の報酬枠を期首に遡って適用する旨の遡及文言を議案に付記して承認可決されれば、例外的に決議の効力を期首に遡及させることができます。

ただし、遡及支給（増額分の一括支給）分は法人税法34条1項の定期同額支給等のいずれにも該当しないものとして損金不算入となるため（2007年3月13日課法2－3他1課共同による旧法人税基本通達9－2－9の2（役員報酬の支給限度額の増額に伴う一括支給額）の廃止）留意が必要です。

（参考文献）
小林公明『会社法による役員報酬・賞与・慰労金の実務Q&A──法令・書式・判例のすべて』（税務研究会出版局、2013年）167～168頁

●関連規定●
質問に係る規定はありません。

■記載事例■

株式会社ヒマラヤ

第5号議案 取締役の報酬限度額改定の件

　当社の取締役の報酬限度額は、平成9年6月27日開催の第21期定時株主総会において、年額120百万円以内（ただし、使用人分給与は含まない。）と決議いただいておりますが、その後の経済情勢の変化、取締役の増員およびその他諸般の事情を考慮いたしまして、取締役の報酬限度額を200百万円以内（ただし、使用人分給与は含まない。）と改定させていただきたいと存じます。また、平成22年9月に遡ってこの報酬額を適用いたしたく存じます。

　なお、現在の取締役は6名であります。

10 ストック・オプション発行議案

Q 136 どのような場合に会社役員に対する有利発行のストック・オプション議案を上程するのでしょうか。その場合の作成の留意点は、どのようなものでしょうか。

A 公開会社では、取締役の報酬等の決議の範囲内で職務執行の対価に見合った新株予約権が取締役へ付与されるのであれば、新株予約権と引換えに金銭の払込みを要しないこととする場合でも、原則として取締役会において新株予約権の募集事項の決定を行うことができるものと考えられています。

一方、当該株式会社の取締役および子会社の取締役等に割り当てるストック・オプションとしての新株予約権を一括して有利発行とする事例があり、その理由として以下の指摘があります。

「従来から、有利発行該当性の判断が難しい場合に、株主総会で有利発行決議を念のため取得するといった取扱いは、種類株式の第三者割当などを中心に行われてきた実務であり、本年6月総会でのいわゆる有利発行決議を予備的なものと整理することも可能であろう。あるいは、株主に対する情報開示の方法として、新株予約権の発行に係る公告の中でその具体的内容を開示するのではなく、株主総会で包括的に決議を行うことを選択したとの理解も可能である旨の指摘もある。」

（参考文献）
澤口実・石井裕介「ストック・オプションとしての新株予約権の発行に係る問題点」商事法務1777号（2006年）38頁

●関連規定●
【会社法】
　（募集事項の決定）
　第238条

3 次に掲げる場合には、取締役は、前項の株主総会において、第1号の条件又は第2号の金額で募集新株予約権を引き受ける者の募集をすることを必要とする理由を説明しなければならない。
　一 第1項第2号に規定する場合において、金銭の払込みを要しないこととすることが当該者に特に有利な条件であるとき。
　二 第1項第3号に規定する場合において、同号の払込金額が当該者に特に有利な金額であるとき。

■記載事例■
コムシスホールディングス株式会社
第4号議案　ストックオプションとして新株予約権を発行する件
　会社法第236条、第238条及び第239条の規定に基づき、下記のとおり、当社の取締役（社外取締役を除く。）並びに当社子会社の取締役及び執行役員に対し、ストックオプションとして新株予約権を無償で発行すること及び募集事項の決定を当取締役会に委任することにつき、ご承認をお願いするものであります。
　また、当社取締役に割り当てる新株予約権については、会社法第361条第1項の取締役に対する報酬等に該当するため、同条第1項第2号に規定される報酬等の額の具体的な算定方法及び同条第1項第3号に規定される非金銭報酬の具体的内容についても、あわせてご承認をお願いするものであります。
記

1. 特に有利な条件をもって新株予約権を発行する理由
　当社の連結業績向上に対する貢献意欲や士気を一層高めるとともに、株式価値の向上を目指した経営を一層推進することを目的とし、当社の取締役（社外取締役を除く。）並びに当社子会社の取締役及び執行役員に対して新株予約権を次の要領により発行するものであります。

2. 新株予約権の発行要領
　(1) 新株予約権の割当てを受ける者
　　当社の取締役（社外取締役を除く。）並びに当社子会社の取締役及び執行役員
　(2) 新株予約権の目的である株式の種類及び数
　　当社普通株式600,000株を上限とする。ただし、以下に定める付与株式数の調整を行った場合は、調整後付与株式数に新株予約権の総数を乗じた数に調整されるものとする。
　　新株予約権1個当たりの目的である株式数（以下「付与株式数」という。）は、当社普通株式100株とする。なお、付与株式数は、新株予約権を割り当てる日（以下「割当日」という。）後、当社が株式分割（当社普通株式の無償割当てを含む。以下同じ。）または株式併合を行う場合は、次の算式により調整されるものとする。ただし、かかる調整は、当該時点で行使されていない新株予約権の付与株式数について行われ、調整の結果生じる1株未満の端数については、これを切り捨てるものとする。
　　　調整後付与株式数 ＝ 調整前付与株式数 × 分割または併合の比率

また、上記のほか、付与株式数の調整を必要とするときは、合理的な範囲で付与株式数を調整するものとする。
　(3) 新株予約権の総数
　　　6,000個を上限とする。
　(4) 新株予約権と引換えに払込む金銭
　　　本株主総会の委任に基づいて募集事項の決定をすることができる新株予約権につき、金銭の払込みを要しないものとする。

～～

3. 取締役の報酬等の具体的な算定方法
　　当社取締役の報酬等として発行する新株予約権の額は、割当日における新株予約権1個当たりの公正価額に、割当日において在任する取締役（社外取締役を除く。）に割り当てる新株予約権の総数（2,000個以内）を乗じた額といたします。新株予約権の公正価額は、割当日において適用すべき諸条件を元にブラック・ショールズ・モデルを用いて算定いたします。なお、第3号議案が原案どおり可決されますと取締役の員数は12名（うち社外取締役は2名）となります。

10 ストック・オプション発行議案

Q 137 使用人、子会社取締役および使用人または社外の協力者にストック・オプションとしての新株予約権を割り当てる場合、株主総会決議が必要でしょうか。

A 　公開会社では、職務執行の対価に見合った新株予約権が付与されるのであれば、新株予約権と引換えに金銭の払込みを要しないこととする場合でも、原則として取締役会において新株予約権の募集事項の決定を行うことができるものと考えられています。

　使用人および社外の協力者については、雇用契約あるいは業務委託等何らかの契約関係があれば、新株予約権と職務執行や役務提供との間に対価性があるため、新株予約権と引換えに金銭の払込みを要しない場合でも有利発行には当らないため、株主総会決議は不要であり、取締役会決議のみで割り当てることができます。

　しかしながら完全子会社の場合は別として、子会社の取締役および子会社の使用人については、新株予約権を発行する会社との間に対価性があるとすることは困難と思われます。このような場合には株主総会決議を経て、特に有利な条件の新株予約権を発行することができます。

●関連規定●
【会社法】
　（募集事項の決定）
　第238条
　3　次に掲げる場合には、取締役は、前項の株主総会において、第1号の条件又は第2号の金額で募集新株予約権を引き受ける者の募集をすることを必要とする理由を説明しなければならない。
　　一　第1項第2号に規定する場合において、金銭の払込みを要しないこととすることが当該者に特に有利な条件であるとき。
　　二　第1項第3号に規定する場合において、同号の払込金額が当該者に特に有利な金額であるとき。

■記載事例■

みらかホールディングス株式会社

第2号議案 業績連動型ストックオプション制度に基づき新株予約権を無償で発行する件

　当社は、当社の中期計画の達成に対する意欲を高め、かつ成果に報いるために、当社の執行役、従業員および当社子会社の取締役、従業員のうち一定の者に対し、当社グループの業績に連動した報酬として当社の新株予約権を割当てる、または、無償で新株予約権を発行する業績連動型ストックオプション制度（以下、「本制度」といいます。）を導入することを2014年5月2日に決定し、これに伴い、2013年度まで運用しておりました非業績連動型のストックオプション制度を廃止いたしました。

　つきましては、当社は、当社の中期計画の達成に対する意欲を高め、かつ本年3月31日をもって終了した第4次中期計画第1年目にかかる当社グループの業績への貢献に報いるために、本制度に基づき、会社法第236条、第238条および第239条の定めに従い、当社子会社の取締役、従業員に対して、下記の要領にて、ストックオプションとして新株予約権を無償で発行することおよび募集事項の決定を当社取締役会に委任することにつき、本株主総会でのご承認をお願いするものであります。なお、本制度のうち、当社の執行役、従業員に対するストックオプションとしての当社の新株予約権の付与は、本年度の上限を12,500株として、会社法第240条に基づき、別途取締役会決議に基づいて行うこととしております。

記

1. 特に有利な条件をもって新株予約権を発行する理由
　　当社の中期計画の達成に対する意欲を高め、かつ成果に報いるために、当社子会社の取締役、従業員のうち、当社の取締役会等が認めた者に対して、ストックオプションとして新株予約権を無償で発行する。

2. ストックオプションとしての新株予約権発行の要領
　(1) 新株予約権の割当て対象者
　　　当社子会社の取締役、従業員のうち、当社の取締役会等が認めた者。
　(2) 新株予約権の目的となる株式の種類及び数
　　　当社普通株式100,000株を上限とする。
　　　なお、当社が株式分割または株式併合を行う場合は、次の算式により目的となる株式の数を調整するものとする。ただし、かかる調整は、新株予約権のうち、当該時点で行使されていない新株予約権の目的となる株式の数について行われ、調整の結果生じる1株未満の端数については、これを切り捨てる。

　　　調整後株式数＝調整前株式数×分割・併合の比率

　(3) 発行する新株予約権の総数
　　　1,000個（新株予約権1個につき普通株式100株。ただし、前記(2)に定める株式の数の調整を行った場合は、同様の調整を行う。）を上限とする。
　(4) 新株予約権の払込金額
　　　無償とする。
　(5) 新株予約権の行使に際して出資される財産の価額
　　　新株予約権1個当たりの行使時に出資をなすべき金額は、次により決定される1株当たりの払込金額（以下、「行使価額」という。）に前記(3)に定める新株予約権1個当たりの目的となる株式の数を乗じた金額とする。
　　　行使価額は、新株予約権割当日の前30営業日の各日（取引が成立しない日を除く。）の東京証券取引所における当社普通株式の終値（以下「終値」という。）の平均値に1.05を乗じた金額とし、1円未満の端数は切り上げる。

ただし、当該価額が新株予約権割当日の終値（当日に終値がない場合は、それに先立つ直近日の終値）を
　下回る場合は、新株予約権割当日の終値をもって行使価額とする。
　　なお、新株予約権割当後、当社が株式分割または株式併合を行う場合、それぞれの効力発生の時をもって、
　次の算式により行使価額を調整し、調整により生ずる1円未満の端数は切り上げる。

$$\frac{調整後}{行使価額} = \frac{調整前}{行使価額} \times \frac{1}{株式分割・併合の比率}$$

　　また、新株予約権の割当日後、当社が時価を下回る価額で新株式の発行（時価発行として行う公募増資お
　よび第三者割当増資ならびに新株予約権の行使により新株式を発行する場合を除く。）を行う場合は、次の
　算式により行使価額を調整し、調整により生じる1円未満の端数は切り上げる。

$$\frac{調整後}{行使価額} = \frac{調整前}{行使価額} \times \frac{既発行株式数 + \dfrac{新規発行株式数 \times 1株当たりの払込価額}{1株当たりの時価}}{既発行株式数 + 新規発行株式数}$$

(6) 新株予約権の権利行使期間
　　平成29年8月1日から平成33年7月31日までとする。
(7) 新株予約権の行使の条件
　① 新株予約権の割当を受けた者（以下、「新株予約権者」という。）は、権利行使時に、当社または当社
　　子会社の取締役、執行役、監査役または従業員の地位にあることを要す。ただし、当社または当社子会社
　　の取締役、執行役、監査役または従業員を任期満了により退任した場合、定年退職その他正当な理由（転
　　籍、会社都合による退職・辞任を含む。）がある場合は、新株予約権を行使することができるものとする。
　② 新株予約権の分割行使はできないものとする（新株予約権1個を最低行使単位とする。）。
　③ その他の権利行使の条件は、当社取締役会の決議に基づき締結される新株予約権割当契約に定める。
(8) 新株予約権の取得事由
　① 当社が合併により消滅会社となる場合、会社分割により分割会社となる場合または株式交換もしくは株
　　式移転により完全子会社となる場合において、当該新株予約権に対し、存続会社、新設会社、承継会社ま
　　たは完全親会社の新株予約権の交付がなされないときは、当社は、新株予約権を無償で取得することがで
　　きる。
　② 新株予約権者が、新株予約権の全部または一部を放棄した場合には、当社は、当該新株予約権を無償で
　　取得することができる。
(9) 新株予約権の譲渡制限
　　譲渡による新株予約権の取得については、当社取締役会の承認を要する。
(10) 新株予約権の行使により株式を発行する場合における増加する資本金および資本準備金
　① 新株予約権の行使により株式を発行する場合において増加する資本金の額は、会社計算規則第17条第1
　　項に従い算出される資本金等増加限度額の2分の1の金額とし、計算の結果1円未満の端数が生じたとき
　　は、その端数を切り上げるものとする。
　② 新株予約権の行使により株式を発行する場合において増加する資本準備金の額は、前記①の資本金等増
　　加限度額から前記①に定める増加する資本金の額を減じた額とする。

第5編

その他

Q 138 ウェブ修正が行える範囲はどこまでですか。また、ウェブ修正後、株主総会当日においてどのような対応が考えられますか。

A ウェブ修正が行える範囲は、「事業報告」・「計算書類」・「連結計算書類」・「株主総会参考書類」（ウェブ開示事項も含む）において、誤記、印刷ミス、予見可能な範囲、比較的軽微なもので議案の賛否に影響するような重大な修正でないものと考えられています。上記のような事象以外の議案の賛否に影響を与える重要な修正や議案の追加などはウェブ修正ではできないと考えられています。

なお、上記のウェブ修正では対応できない議案の差し替えや追加は、改めて株主に議決権行使期限の中14日前までに変更内容を送付することになります。

ウェブ修正後、株主総会当日の対応としては、修正事項が生じた書類のみ配布、完全版の招集通知（別冊方式の場合は添付書類）の配布、口頭のみで説明、対応しないなどに実務上分かれています。

ウェブ修正の内容は株主総会の終了時までは掲載しておく必要があると考えられますが、株主総会の終了後いつまで掲載しておくかは会社法上規定されておらず、株主総会終了後の掲載期間は会社の判断になります。ただし、ウェブ修正により重要な修正が行われた場合には、株主による株主総会に関する手続的適法性の確認を容易にするという観点から、株主総会決議取消しの訴えの提訴期間である株主総会決議の日から3カ月が経過するまでの間、ウェブ修正の掲載を継続することが望ましいとも考えられています。（郡谷大輔・松本絢子「WEB修正の実務対応」商事法務1834号（2008年）46頁）

●関連規定●
質問に係る規定はありません。

Q 139 事業年度末日後に生じた重要な事象（後発事象）について、事業報告ではいつまでの内容を記載することができるのでしょうか。

A 事業報告は株式会社の各事業年度に係る事項を記載することが原則ですが、事業年度の末日後から当該事業年度に係る事業報告作成時点までに生じた事象であっても当該事業年度の事業の経過および成果等の判断に影響を与えるものがありうることから、そのような観点から「重要な事項」ということができる事象については、当該事業年度に係る事業報告の内容として記載することができるとされています（小松岳志・澁谷亮「事業報告の内容に関する規律の全体像」商事法務1863号（2009年）11〜13頁、16〜18頁）。

記載対象となるものは、原則は事業報告を監査役に提出する前までの事象ですが、重要性が高いものについては監査役会の監査報告の内容決定前までの事象を記載することができます。

3月31日を事業年度の末日、5月15日に特定取締役が監査役会の監査報告の通知を受けることとして図示すると、次のとおりとなります。

この場合、事業報告への追加の記載にあたっては、各監査役にあらかじめ説明し、了承を得ることになります。

●関連規定●
【施行規則】
第118条　事業報告は、次に掲げる事項をその内容としなければならない。
一　当該株式会社の状況に関する重要な事項（計算書類及びその附属明細書並びに連結計算書類の内容となる事項を除く。）

（株式会社の現況に関する事項）
第120条　前条第1号に規定する「株式会社の現況に関する事項」とは、次に掲げる事項（当該株式会社の事業が2以上の部門に分かれている場合にあっては、部門別に区別することが困難である場合を除き、その部門別に区別された事項）とする。
九　前各号に掲げるもののほか、当該株式会社の現況に関する重要な事項

（株式会社の会社役員に関する事項）
第121条　第119条第2号に規定する「株式会社の会社役員に関する事項」とは、次に掲げる事項とする。ただし、当該事業年度の末日において指名委員会等設置会社でない株式会社にあっては、第6号に掲げる事項を省略することができる。
十一　前各号に掲げるもののほか、株式会社の会社役員に関する重要な事項

（株式会社の株式に関する事項）
第122条　第119条第3号に規定する「株式会社の株式に関する事項」とは、次に掲げる事項とする。
二　前号に掲げるもののほか、株式会社の株式に関する重要な事項

（株式会社の新株予約権等に関する事項）
第123条　第119条第4号に規定する「株式会社の新株予約権等に関する事項」とは、次に掲げる事項とする。
三　前2号に掲げるもののほか、当該株式会社の新株予約権等に関する重要な事項

■記載事例■

事例1　その他企業集団の現況に関する重要な事項で記載している事例
株式会社ヤマダ電機

(9) その他企業集団の現況に関する重要な事項

　　当社は、平成27年5月7日開催の取締役会において、ソフトバンク株式会社との間の資本業務提携契約の締結及び同社に対して第三者割当による自己株式の処分を行うことについて決議しました。

事例2　大株主の注記で記載している事例
日本金銭機械株式会社

④大株主（上位10名）

株　主　名	持株数	持株比率
	株	％
上東興産株式会社	4,661,713	17.28
上東　宏一郎	2,707,246	10.03
上東　洋次郎	1,458,283	5.41
上東　　保	874,400	3.24
株式会社りそな銀行	629,343	2.33
株式会社三井住友銀行	503,724	1.87
日本生命保険相互会社	403,226	1.49
株式会社みずほ銀行	389,058	1.44
トーターエンジニアリング株式会社	297,174	1.10
日本金銭機械従業員持株会	211,516	0.78

（注）1．当社は、自己株式2,684,669株を保有しておりますが、上記大株主から除外しております。なお、持株比率は自己株式を控除して計算しております。
　　　2．上記大株主の上東　保氏は、平成27年5月4日に逝去され、現在、遺産相続協議中であります。

事例3　取締役および監査役の氏名等の注記で記載している事例
株式会社文溪堂

(1) 取締役及び監査役の氏名等

地　位	氏　名	担当及び重要な兼職の状況
代表取締役会長	水　谷　邦　照	
代表取締役社長	川　元　行　雄	
専務取締役	水　谷　匡　宏	東京支店長・東京本社本部長
取　締　役	安　田　俊　治	編集・出版本部長
取　締　役	水　谷　泰　三	製作本部長、ICT事業本部長
取　締　役	岸　　保　好	物流本部長
取　締　役	井　川　　茂	営業本部長
取　締　役	渡　邊　明　彦	管理本部長
常勤監査役	日　比　治　男	
監　査　役	後　藤　真　一	弁護士
監　査　役	南　　博　昭	税理士
監　査　役	丹　羽　　修	

(注) 1. 常勤監査役及び監査役全員は社外監査役であります。
　　 2. 当期中の役員の異動
　　　 (1) 平成26年6月26日開催の第61期定時株主総会終結の時をもって、加藤茂春は監査役を退任いたしました。
　　　 (2) 平成26年6月26日開催の第61期定時株主総会において、丹羽修が監査役に選任され、就任いたしました。
　　 3. 監査役南博昭は、税理士の資格を有しており、財務及び会計に関する相当程度の知見を有するものであります。
　　 4. 当社は、常勤監査役及び監査役全員を名古屋証券取引所の定めに基づく独立役員として指定し、同取引所に届け出ております。
　　 5. 決算期後、平成27年5月14日付で次のとおり取締役の地位の異動がありました。なお、（　）内は従前の地位であります。
　　　　取締役副社長　（専務取締役）　水谷匡宏
　　　　常務取締役　　（取締役）　　　安田俊治
　　　　常務取締役　　（取締役）　　　水谷泰三

Q 140 事業年度末日後に生じた重要な事象（後発事象）について、株主総会参考書類ではいつまでの内容を記載することができるのでしょうか。

A 株主総会参考書類の記載事項のうちで後発事象の記載が定められているものには、組織再編に関する議案の参考事項として、当事会社の最終事業年度末日後に重要な財産の処分、重大な債務の負担その他会社財産の状況に重要な影響を与える事象が発生した場合におけるその内容がありますが（施行規則182条6項1号ハ・2号イ、86条3号など）、その他、取締役および監査役の選任議案の参考事項として、事業年度末日後の略歴、地位、担当および重要な兼職の異動・変更が考えられます。株主総会参考書類は、事業報告とは異なり記載期間が限定されていないことから、取締役会決議によりその内容を決定するまでの間の事象を記載することができます。

事業年度末日後の略歴、地位、担当および重要な兼職の異動・変更について、3月31日を事業年度の末日、5月17日に株主総会参考書類の内容を決定する決算取締役会を開催するとすれば、5月17日までに自社または他社の取締役会において決定された人事に基づいて、株主総会参考書類を作成することができます。

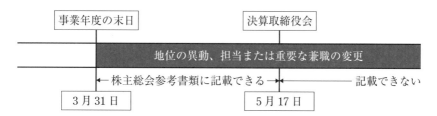

このため、事業報告における地位、担当および重要な兼職状況の記載と株主総会参考書類におけるそれが一部不一致となる場合があることになりますが、事業年度の末日後の異動・変更がなければ、事業報告と株主総会参考書

類のこれら記載は同一となります。

●関連規定●
質問に係る規定はありません。

■記載事例■

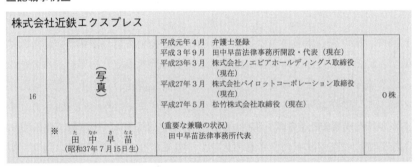

Q 141 事業年度末日後に生じた重要な事象(後発事象)について、計算書類ではいつまでの内容を記載することができるのでしょうか。

A 会社法では、事業年度の末日後に翌事業年度以降の財産および損益に重要な影響を及ぼす事象が発生した場合は、連結注記表および個別注記表の記載事項とされています(計算規則98条、114条)。

記載事項について計算規則には規定はなく、有価証券報告書における記載との平仄を考慮して記載することになります(財規ガイドライン参照)。

<財規ガイドライン>(連結財規ガイドラインにおいて準用)

> 8の4　規則第8条の4に規定する重要な後発事象とは、例えば次に掲げるものをいう。
> 1　火災、出水等による重大な損害の発生
> 2　多額の増資又は減資及び多額の社債の発行又は繰上償還
> 3　会社の合併、重要な事業の譲渡又は譲受
> 4　重要な係争事件の発生又は解決
> 5　主要な取引先の倒産
> 6　株式併合及び株式分割

連結・個別の注記表に記載しなければならない重要な後発事象は原則では連結・個別注記表作成までの事象ですが、会計監査人に提出した後であっても会計監査報告の内容の通知までに生じた事象であれば会計監査人の同意を得て記載が可能なほか、会計監査報告に後発事象として記載する場合があり、その後、監査役会の監査報告の内容の通知までであれば監査役の同意を得て事業報告に記載することが可能なほか、監査役会の監査報告に記載する場合があります。

事業年度の末日	会計監査報告	監査役会監査報告
「重要な後発事象」決定・発生		
連結・個別注記表に記載 （会計監査報告に 追加情報記載）	事業報告に記載 （監査役会監査報告に 追加情報記載）	記載できない
3月31日	5月10日	5月15日

●関連規定●

【計算規則】
　（会計監査報告の内容）
　第126条　会計監査人は、計算関係書類を受領したときは、次に掲げる事項を内容とする会計監査報告を作成しなければならない。
　　四　追記情報
　2　前項第4号に規定する「追記情報」とは、次に掲げる事項その他の事項のうち、会計監査人の判断に関して説明を付す必要がある事項又は計算関係書類の内容のうち強調する必要がある事項とする。
　　四　重要な後発事象

　（会計監査人設置会社の監査役の監査報告の内容）
　第127条　会計監査人設置会社の監査役は、計算関係書類及び会計監査報告（第130条第3項に規定する場合にあっては、計算関係書類）を受領したときは、次に掲げる事項（監査役会設置会社の監査役の監査報告にあっては、第1号から第5号までに掲げる事項）を内容とする監査報告を作成しなければならない。
　　三　重要な後発事象（会計監査報告の内容となっているものを除く。）

　（会計監査人設置会社の監査役会の監査報告の内容等）
　第128条
　2　監査役会監査報告は、次に掲げる事項を内容とするものでなければならない。この場合において、監査役は、当該事項に係る監査役会監査報告の内容が当該事項に係る監査役の監査役監査報告の内容と異なる場合には、当該事項に係る各監査役の監査役監査報告の内容を監査役会監査報告に付記することができる。
　　二　前条第2号から第5号までに掲げる事項

■記載事例■

事例1　会計監査報告に後発事象を記載する場合
株式会社長谷工コーポレーション

強調事項
　重要な後発事象に記載されているとおり、会社及びその子会社である不二建設株式会社は、平成27年4月23日開催の取締役会において、総合地所株式会社の全株式を取得し、子会社化することについて決議のうえ、同日付けで株式譲渡契約を締結した。
　当該事項は、当監査法人の意見に影響を及ぼすものではない。

事例2　会計監査報告受領後の後発事象を監査役会の監査報告に記載する場合
AGS株式会社

3．後発事象
　平成27年5月14日開催の取締役会において、会社法第178条の規定に基づき、保有する自己株式を消却することを決議いたしました。
　当該事項は、監査役会の意見に影響を及ぼすものではありません。

事例3　会計監査報告受領後の後発事象を事業報告と監査役会監査報告に記載する場合

株式会社ダスキン

(9) その他企業集団の現況に関する重要な事項

　　当社は、平成27年5月15日開催の取締役会において、会社法第165条第3項の規定により読み替えて適用される同法第156条第1項及び当社定款の規定に基づき自己株式を取得すること及びその具体的な取得方法について決議いたしました。

① 自己株式の取得を行う理由
　資本効率の向上を図り、株主還元を充実させると共に、経営環境の変化に応じた機動的な資本政策を可能とするため
② 自己株式取得の方法
　公開買付け
③ 自己株式取得に関する取締役会の決議内容
　　イ．取得する株式の種類
　　　　当社普通株式
　　ロ．取得する株式の総数
　　　　5,000,100株（上限）
　　　　（発行済株式総数（自己株式を除く）に対する割合　8.26％）
　　ハ．取得価額の総額
　　　　11,500,000,000円（上限）
　　ニ．取得期間
　　　　平成27年5月18日〜平成27年9月30日
④ 自己株式の公開買付けの概要
　　イ．買付け予定数
　　　　5,000,000株
　　ロ．買付け等の価格
　　　　1株につき　金2,003円
　　ハ．買付け等の期間
　　　　平成27年5月18日〜平成27年6月15日
　　ニ．公開買付開始公告日
　　　　平成27年5月18日
　　ホ．決済の開始日
　　　　平成27年7月7日

3．後発事象
　　当社は、事業報告に記載のとおり、平成27年5月15日開催の取締役会において、会社法第165条第3項の規定により読み替えて適用される同法第156条第1項及び当社定款の規定に基づき、自己株式の取得及びその具体的な取得方法として自己株式の公開買付けを行うことを決議いたしました。
　　当該事項は、監査役会の意見に影響を及ぼすものではありません。

宝印刷 総合ディスクロージャー&IR研究所

平成19年4月開設。ディスクロージャーを網羅する調査・情報収集体制を整え、ディスクロージャー制度と実務・実態に関する調査分析、研究活動を行う専門機関。レポートや書籍刊行、セミナー開催を通じ、成果を公表している。

株主総会招集通知作成の実務Q&A

2016年1月20日　初版第1刷発行

編　　者　　宝印刷 総合ディスクロージャー&IR研究所
発 行 者　　塚　原　秀　夫

発 行 所　　㍿ 商 事 法 務
　　　　　　〒103-0025 東京都中央区日本橋茅場町 3-9-10
　　　　　　TEL 03-5614-5643・FAX 03-3664-8844〔営業部〕
　　　　　　TEL 03-5614-5649〔書籍出版部〕
　　　　　　　　　　http://www.shojihomu.co.jp/

落丁・乱丁本はお取り替えいたします。　　印刷／広研印刷㍿
© 2016 宝印刷 総合ディスクロージャー&IR研究所　Printed in Japan
Shojihomu Co., Ltd.
ISBN978-4-7857-2375-0
＊定価はカバーに表示してあります。